汽车维修技能与技巧点拨丛书

汽车车载网络系统维修技能与技巧点拨

刘春晖　王桂波　主编

机械工业出版社

本书结合一线汽车车载网络系统维修工作实践,以汽车车载网络系统维修操作及检测维修技能为核心、以解决实际问题为主线,详细解答了汽车车载网络系统维修工作中经常遇到的技能与操作方面的问题,重点介绍了常见的汽车车载网络系统维修中的新技术、新诊断设备、新诊断方法,以及新维修理念。全书内容涉及奔驰车系、宝马车系、大众车系、通用车系、丰田车系,以及其他车系的车载网络系统维修技能与技巧点拨。书中内容涉及面广,基本涵盖了汽车车载网络系统维修工作的方方面面。

本书简明实用、通俗易懂、易学实用,内容均为汽车车载网络系统维修所必须掌握的维修技能和故障检测、诊断的基本技巧。

本书主要供汽车维修工、汽车机电维修人员、汽车维修电工、汽车维修一线管理人员使用,也可供职业院校、技工学校汽车运用与维修、汽车检测与维修技术、汽车电子技术、汽车维修专业的师生学习和参考。

图书在版编目（CIP）数据

汽车车载网络系统维修技能与技巧点拨/刘春晖,王桂波主编. —北京：机械工业出版社,2021.2

（汽车维修技能与技巧点拨丛书）

ISBN 978-7-111-67378-1

Ⅰ.①汽⋯ Ⅱ.①刘⋯ ②王⋯ Ⅲ.①汽车-计算机网络-维修 Ⅳ.①U472.41

中国版本图书馆 CIP 数据核字（2021）第 018051 号

机械工业出版社（北京市百万庄大街 22 号　邮政编码 100037）
策划编辑：连景岩　责任编辑：连景岩　刘　煊
责任校对：潘　蕊　封面设计：马精明
责任印制：常天培
北京虎彩文化传播有限公司印刷
2021 年 3 月第 1 版第 1 次印刷
184mm×260mm・16.75 印张・409 千字
0001—1900 册
标准书号：ISBN 978-7-111-67378-1
定价：69.90 元

电话服务　　　　　　　　　　网络服务
客服电话：010-88361066　　　机　工　官　网：www.cmpbook.com
　　　　　010-88379833　　　机　工　官　博：weibo.com/cmp1952
　　　　　010-68326294　　　金　书　网：www.golden-book.com
封底无防伪标均为盗版　　　　机工教育服务网：www.cmpedu.com

前言

随着电子技术的快速发展,汽车车载网络系统在汽车控制系统上的应用越来越广泛,数量越来越多,同时电子控制系统的结构变得越来越复杂,新的技术不断被应用到汽车控制系统中,因此故障也变得更加隐蔽。

广大维修人员在实际维修过程中渴望掌握一些相关的维修技能与技巧,以便能更加快捷地诊断故障,达到修复的目的。本书作者正是基于这样的目的,结合多年的一线汽车车载网络系统维修工作经验和多年的汽车维修教学经验,将汽车车载网络系统维修中的常用技能展现出来,密切结合汽车维修一线的实际内容,以使一线的汽车维修人员快速入门为切入点,内容全部为来自一线的汽车维修实践操作及检测维修方面的技能技巧与实际故障排除实例,有很强的指导意义,是汽车维修人员,特别是汽车机电维修人员初学入门及日常维修难得的学习资料。

本书以汽车车载网络系统维修技能与技巧知识为重点,联系实际操作过程中经常遇到的一些重点、难点问题,重点强化维修人员的实践操作及检测维修技能,同时采用较多篇幅介绍目前新型车辆所采用的新技术、新诊断设备、新诊断方法以及新维修理念,力求做到理论与实践相结合。本书从汽车使用与维修的角度出发,介绍了汽车车载网络系统的结构、使用、检测、维修方面的内容,重在强化一线维修人员的维修思路和维修操作技能,力求使维修人员在维修工作中达到举一反三的目的。

汽车维修技能与技巧点拨丛书包括《汽车电工维修技能与技巧点拨》《汽车发动机维修技能与技巧点拨》《汽车底盘控制系统维修技能与技巧点拨》《汽车车身控制系统维修技能与技巧点拨》《汽车中控门锁与防盗系统维修技能与技巧点拨》《汽车空调系统维修技能与技巧点拨》《汽车车载网络系统维修技能与技巧点拨》《汽车自动变速器维修技能与技巧点拨》《汽车维修技能与技巧点拨》《新能源汽车维修技能与技巧点拨》。

本书由刘春晖、王桂波主编,参加编写工作的还有尹文荣、方玉娟、王淑芳、何运丽、吴云、刘玉振和陈明。由于编者水平所限,书中难免有错误和不当之处,恳请广大读者批评指正。

目 录

前言
第一章 奔驰车系 ……………………………………………………………………………… 1
  第一节 奔驰车系 S 级 …………………………………………………………………… 1
    一、2008 款奔驰 S600 音响系统 COMAND 功能失效 …………………………… 1
    二、奔驰 S400L 起动功能不能长时间保持 ………………………………………… 3
    三、奔驰 S350 蓄电池故障灯报警 …………………………………………………… 6
  第二节 奔驰车系 E 级 …………………………………………………………………… 8
    一、2015 款奔驰 E300 COMAND 屏幕闪烁 ………………………………………… 8
    二、2018 款奔驰 E300 驻车制动系统报警 ………………………………………… 10
    三、2015 款奔驰 E260 车行驶过程中仪表灯突然熄灭 …………………………… 13
    四、2014 款奔驰 E260 仪表显示"请勿换档,请去特许服务中心" …………… 16
    五、2017 款奔驰 E300 锁车后电子风扇高速运转 ………………………………… 18
  第三节 奔驰车系其他级别 ……………………………………………………………… 22
    一、2019 款北京奔驰 A200 制动辅助系统功能范围受限 ………………………… 22
    二、2018 款北京奔驰 GLA200 行驶中偶尔多个故障灯亮 ……………………… 27
    三、2015 款奔驰 GLE400 发动机故障指示灯常亮 ……………………………… 32
    四、奔驰 GLC260 coupe 两前座椅不能正常调节 ………………………………… 34
    五、2016 款奔驰 CLS320 多个故障灯亮 …………………………………………… 37
    六、2015 款进口奔驰 C200 仪表灯全亮 …………………………………………… 40
    七、2012 款奔驰 C200 前排乘员侧电动座椅无法调节 …………………………… 42
第二章 宝马车系 ……………………………………………………………………………… 45
  第一节 宝马车总线特性及诊断技巧 …………………………………………………… 45
    一、宝马总线系统类型 ……………………………………………………………… 45
    二、K-CAN(车身-CAN)总线特性分析及故障快速诊断技巧 ………………… 46
    三、LIN 总线特性分析及故障快速诊断技巧 ……………………………………… 50
    四、PT-CAN(动力传动系统-CAN)总线特性及故障快速诊断技巧 ………… 51
    五、FlexRay 总线(底盘系统总线)总线特性及故障快速诊断技巧 …………… 56
  第二节 宝马 7 系 ………………………………………………………………………… 61
    一、2015 款宝马 750Li 组合仪表提示"传动系统有异常" …………………… 61
    二、2007 款宝马 750Li 发动机无法起动 …………………………………………… 63

三、2005款宝马750Li仪表故障灯全亮，转速表不动 …………………………… 64
　　四、2004款宝马730Li多个故障灯报警 …………………………………………… 66
　　五、宝马730Li发电机不发电，机油油位不能检测 ……………………………… 69
第三节　宝马5系　3系 ………………………………………………………………… 70
　　一、2012款宝马525Li燃油指示显示异常 ………………………………………… 70
　　二、2013款宝马320Li多个故障灯点亮报警 ……………………………………… 72
第四节　宝马X5 ………………………………………………………………………… 75
　　一、2016款宝马X5紧急呼叫出现异常 …………………………………………… 75
　　二、2009款宝马X5 K-CAN总线故障 ……………………………………………… 77
　　三、2009款宝马X5行驶车辆落水检修 …………………………………………… 79
　　四、2008款宝马X5电控系统存在大量故障码 …………………………………… 82
　　五、2005款宝马X5空调不制冷 …………………………………………………… 83

第三章　大众车系 …………………………………………………………………… 86
第一节　奥迪车系 ……………………………………………………………………… 86
　　一、2015款奥迪A8L室内灯、前后天窗、遮阳卷帘等不工作 ………………… 86
　　二、奥迪A6L警告灯报警，转速表有时不显示 ………………………………… 88
　　三、2017款奥迪A5车组合仪表提示电力系统故障 …………………………… 89
　　四、奥迪A4紧急警告灯自行闪烁 ………………………………………………… 91
　　五、一汽奥迪Q5发动机故障灯点亮 ……………………………………………… 92
　　六、奥迪Q5仪表上变速器和EPC报警 …………………………………………… 94
　　七、奥迪车系MOST总线系统特点 ………………………………………………… 96
　　八、奥迪车系MOST总线系统检修技巧 …………………………………………… 99
　　九、奥迪车CAN总线系统检修 …………………………………………………… 101
第二节　大众品牌 ……………………………………………………………………… 104
　　一、迈腾B7L左后电动车窗升降异常 …………………………………………… 104
　　二、2012款大众迈腾电子驻车制动不起作用 …………………………………… 106
　　三、2010款大众迈腾后门车窗升降器失效 ……………………………………… 109
　　四、帕萨特领驭中控门锁和电动车窗升降器不能正常工作 …………………… 111
　　五、2013款新途安左后升降器不能升降、左后车门不能上锁 ………………… 113
　　六、2017款途安驻车辅助系统不起作用 ………………………………………… 116
　　七、2016款上汽大众途安L熄火后空调鼓风机自动运行 ……………………… 117
　　八、2014款上海大众途观显示"倒车影像系统当前不可用" ………………… 119
　　九、上海大众途观后视镜无法折叠 ……………………………………………… 121
　　十、大众途昂中央显示屏显示"故障：驶出车位辅助/盲区监控传感器" …… 123
　　十一、POLO舒适总线系统单线模式下的故障诊断 ……………………………… 126
第三节　斯柯达车系 …………………………………………………………………… 130
　　一、2017款上汽斯柯达柯迪亚克发动机偶尔无法起动 ………………………… 130
　　二、明锐遥控钥匙失灵 …………………………………………………………… 132

三、2017款斯柯达野帝蓄电池亏电 135
四、车载网络系统与传统电控系统的差异 138
五、检修搭载车载网络系统车辆的思路与方法 140

第四章 通用车系 145

第一节 凯迪拉克车系 145
一、2015款凯迪拉克XTS显示"维修助力转向，请小心驾驶" 145
二、2016款凯迪拉克CT6提示"请速检修车辆" 147

第二节 别克车系 148
一、2015款新君越收音机显示屏黑屏，娱乐导航系统均无法使用 148
二、别克君越高速网络通信异常 151
三、别克君越仪表指示灯无规律点亮 155
四、别克新君越多个指示灯点亮 155
五、2011款新君越LIN线部件损坏引发的多个故障 157
六、2013款别克君越升降器主控开关控制功能偶尔失效 160
七、别克GL8更换变速器后不着车 162
八、2011款别克GL8安全气囊故障灯常亮后电动门无法开启 164
九、2011款别克GL8装复后发动机无法起动 165
十、2017款昂科威自动前照灯关不上 167
十一、2014款别克昂科拉换档背景灯不亮 171
十二、别克威朗总线系统故障诊断思路 173
十三、2018款别克全新君威高速网络通信故障 176

第三节 雪佛兰车系 178
一、科鲁兹车身修复后发动机无法起动 178
二、2013款雪佛兰科鲁兹停车后无法起动 181
三、2013款雪佛兰科鲁兹行驶中突然熄火且无法起动 184
四、雪佛兰科鲁兹起动机偶尔不能转动 185
五、2018款迈锐宝XL行驶中仪表提示"车身稳定控制系统关闭" 187

第五章 丰田车系 191

第一节 丰田凯美瑞 191
一、丰田凯美瑞CAN网络系统特点 191
二、丰田凯美瑞事故维修后出现多处异常 195
三、丰田凯美瑞使用遥控发射器时，中控锁无反应 196
四、丰田车系CAN通信系统故障的诊断思路 198

第二节 丰田卡罗拉 200
一、丰田卡罗拉多个故障指示灯常亮 200
二、丰田卡罗拉CAN通信系统及其检修 203

第三节 丰田其他车系 205
一、丰田车MOST系统及故障诊断 205

二、雷克萨斯RX350左侧后视镜无法正常调节 …………………………………… 207

第六章　其他车系 …………………………………………………………………… 210
第一节　路虎车系 ……………………………………………………………… 210
　　一、2016款路虎发现4洗车后发动机无法起动 ………………………………… 210
　　二、路虎车组合仪表提示"盲点系统不可用" ………………………………… 214
　　三、2015款路虎发现4行驶中组合仪表突然黑屏 ……………………………… 215
　　四、路虎神行者2放置一夜打不着车 …………………………………………… 216
　　五、2017款全新路虎发现车载网络系统 ………………………………………… 217
　　六、2017款全新路虎发现FlexRay通信网络 …………………………………… 221
第二节　福特车系 ……………………………………………………………… 224
　　一、蒙迪欧致胜多个故障指示灯点亮 …………………………………………… 224
　　二、福特嘉年华多个指示灯点亮 ………………………………………………… 226
　　三、福特野马仪表板上提示"斜坡起步辅助不可用" ………………………… 226
　　四、福特福克斯事故修复后起动机无法起动 …………………………………… 228
　　五、2013款福特探险者仪表信息中心报警 ……………………………………… 229
第三节　本田车系 ……………………………………………………………… 231
　　一、2007款东风本田思域网络故障 ……………………………………………… 231
　　二、2015款广汽本田奥德赛起停系统不工作 …………………………………… 232
　　三、本田雅阁2.4L多个功能失灵 ………………………………………………… 234
第四节　日产车系 ……………………………………………………………… 235
　　一、2012款东风日产轩逸无法起动 ……………………………………………… 235
　　二、2017款英菲尼迪QX30音响无法开启 ……………………………………… 237
第五节　北京现代车系 ………………………………………………………… 239
　　一、北京现代朗动车身电气系统的控制 ………………………………………… 239
　　二、2016款北京现代新名图行驶中发动机突然熄火 …………………………… 243
第六节　奔腾车系 ……………………………………………………………… 244
　　一、奔腾B30无法熄火，日间行车灯常亮 ……………………………………… 244
　　二、一汽奔腾B70发动机加速无力，无法正常行驶 …………………………… 246
　　三、奔腾B90仪表显示车辆认证失败 …………………………………………… 246
第七节　其他车系 ……………………………………………………………… 247
　　一、北汽BJ40L右前、右后及左后玻璃升降器间歇失效 ……………………… 247
　　二、2018款长安CS75起停系统不工作 ………………………………………… 249
　　三、比亚迪思锐车载网络系统瘫痪 ……………………………………………… 251
　　四、东风雪铁龙凯旋发动机无法起动 …………………………………………… 253
　　五、标致307加装音响后不能起动 ……………………………………………… 254

参考文献 ……………………………………………………………………………… 257

第一章

奔驰车系

第一节 奔驰车系 S 级

一、2008 款奔驰 S600 音响系统 COMAND 功能失效

故障现象 一辆 2008 款奔驰 S600 轿车，VIN：WDD2211761A252525，行驶里程 1.3 万 km。打开 COMAND 开关后，COMAND 显示屏只出现奔驰车标图像，同时发现无车载电话功能，收音机及电视功能全部失效。

故障诊断 COMAND 是奔驰研发的独立影音控制系统，这套系统由前台液晶屏下方的一排按键和中央扶手箱上的一个旋钮来控制。COMAND 使用起来直观、方便。液晶屏最上方的主菜单，共有导航、音响、电话、影像和车辆 5 个选项。

连接专用诊断仪 STARD 进行快速检测，发现 2 个故障码：D102-MOST——光纤部件在位置 2 处有开环；D100-MOST——光纤主机 COMAND 记录开环故障。

首先，测量 COMAND 的供给电压为 12.7V，供给电压正常。然后用奔驰专用示波器测量了到 COMAND 的 CAN 信号，如图 1-1 所示，CAN HIGH 载波电压为 2.7V，CAN LOW 载波电压为 2.4V，一切正常。这说明远程信息处理系统（即 Telematic 系统）的各个控制单元电子网络信号传输系统一切正常。

2008 款奔驰车型 Telematic 系统中，各控制单元之间也采用了 MOST 光纤信号传输系统。由于 Telematic 系统中各个控制单元电子网络信号传输系统一切正常，所以故障点应该在 MOST 光纤信号传输系统上面，此车 Telematic 系统包括了 A40/3（COMAND 控制单元）、N93/1（音频调谐器）、A90/1（电视调谐器）、N123/1（电话控制单元）和 N41/3（语音控制单元）5 个控制单元。而 A40/3 作为主控单元首先发送光纤信号（发送红色的光）传输给 N93/1，然后依次传输光纤信号，如图 1-2 所示，最后返回 A40/3，从而形成一个闭环回路。

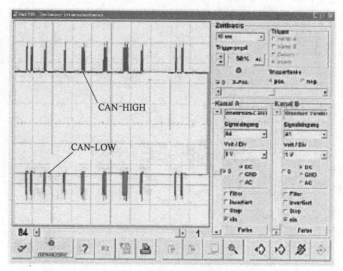

图 1-1　CAN 线信号波形图

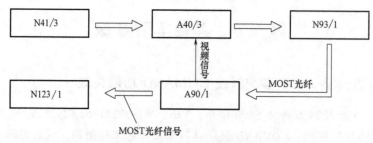

图 1-2　Telematic 系统控制单元

A40/3—Comand 控制单元　N93/1—音频调谐器　A90/1—电视调谐器
N123/1—电话控制单元　N41/3—语音控制单元

故障码 D102 中部件位置 2 的确定是沿逆时针进行确定的。奔驰车型 Telematic 系统中规定主控单元为部件位置 0，依次沿逆时针类推 N41/3 为部件位置 1，N123/1 为部件位置 2，A90/1 为部件位置 3，N93/1 为部件位置 4。根据故障码 D102 部件在位置 2 处有开环，怀疑在部件 A90/1（电视调谐器）的光纤输出有问题，部件位置 2（N123/1）不能接收到上游部件位置 3-A90/1（电视调谐器）输出的光纤信号。

分析出现这样的问题可能有：

① 从 A90/1 到 N123/1 的 MOST 光纤折断，从而导致光纤信号不能继续传输。

② 部件 A90/1 内部故障，从而不能输出光纤信号。

为了进一步确定故障的根源，断开 A90/1 与 N123/1 之间的光纤，用辅助工具手电筒照光纤的一端，发现在光纤另一端有可见光，从而确定 A90/1 与 N123/1 之间的光纤不可能折断。接着直接跨过 A90/1，把 N93/1 输出的光纤直接跨接到 N123/1 上，此时发现 A40/3 除电视功能失效以外，收音机及电话功能等恢复正常，而 A90/1 正是电视调谐器控制单元，从而确定 A90/1 控制单元内部故障导致产生了上述故障现象。

故障排除　更换 A90/1 后，COMAND 各功能恢复正常，故障现象消失。

技巧点拨 整个故障的检查思路非常清晰，所使用的仪器、设备也适合所检查的系统部件，最终排除故障也就不在话下了。

二、奔驰 S400L 起动功能不能长时间保持

故障现象 一辆奔驰 S400L 混合动力系统车，配置 M272 发动机和 722.9 变速器，行驶里程 25346km，VIN：WDDNG9FB8DA××××××。发动机起停功能不能长时间保持；车辆偶尔起动不着。

故障诊断 接车后与驾驶人一起试车，经过长时间的行驶，起停功能条件满足的情况下（也就是仪表中就绪 READY 指示灯的颜色变为绿色时）等红绿灯，车辆正常熄火后没过几秒钟自动又重新起动，多次尝试结果一样。驾驶人还提到车辆有时还打不着车，但一直未试出不能起动的现象。按照正常检查作业流程先用奔驰专用诊断仪（XENTRY）读取得到相关故障码。在 SG-BMS 蓄电池管理系统控制模块（N83/1）内存储有两个故障码：P0A0E00——高压车载电网的联锁回路存在偶发性功能故障 已储存；PC10000——与发动机控制模块的通信存在故障 当前已储存。

ME17.7 发动机电子设备（N3/10）故障码：U029800——混合动力控制器区域网络（CAN）总线断路故障 当前的；U029881——混合动力控制器区域网络（CAN）总线断路故障 当前的；U011000——与"电机 A"控制模块的通信存在功能故障 当前的；U011081——与"电机 A"控制模块的通信存在功能故障，接收到错误的数据 当前的。

由以上初步检查分析，故障点可能会出现在以下几点：

① 相关线路故障（首要排除）。
② 电力电子模块（功率电子装置）控制模块（N129/1）。
③ SG-BMS 高压蓄电池管理系统控制模块（N82/2）。
④ 发动机控制模块故障（N3/10）。
⑤ 混合动力控制器区域网络（CAN）电位分配器插接器（X30/44）损坏。

查阅混合动力系统相关资料（电路如图 1-3 所示），结合以往对此车的了解及经验，先对各控制模块的熔丝供电、搭铁点，以及各控制模块高低 CAN 的线路电压信号进行测量，均在正常值。

混合动力控制器区域网络（CAN）电位分配器插接器 X30/44 测量情况如下：第一步，检测 CAN 分配器本身电阻值，标准值为 55~65Ω。第二步，测量插头上面 CAN 线束的 1—2 脚之间的电阻值，测量值为 59.5Ω。结果都在额定值范围之内。诊断仪引导提示控制模块电阻值如图 1-4 所示。

但实际测量结果和提示有差别，不管重复测量几次都是以下结果：

① DC/DC 变换器控制模块 N83/1：48.5kΩ 左右。
② 蓄电池管理系统控制模块 N82/2：49kΩ 左右。
③ 发动机控制模块 N3/10：51kΩ 左右。
④ 电动制冷压缩机 A9/5：24~26kΩ。
⑤ 功率电子装置控制模块 N129/1：48kΩ 左右。

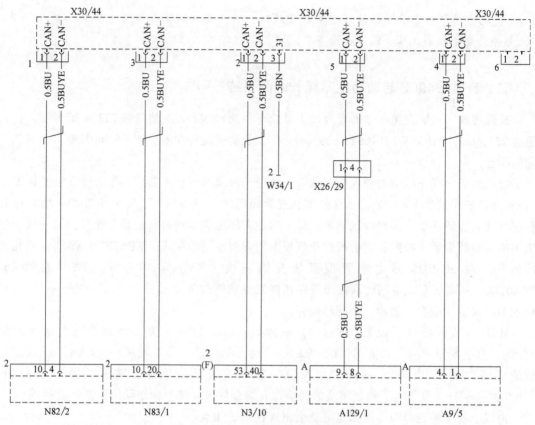

图1-3 混合动力系统相关电路图

A9/5—电动制冷压缩机 A129/1—功率电子装置控制模块 N3/10—发动机控制模块 N82/2—蓄电池管理系统控制模块 N83/1—DC/DC变换器控制模块 W34/1—电气装置接地（左侧脚坑） X26/29—发动机线束/发动机舱插接器 X30/44—混合动力控制器区域网络（CAN）电位分配器插接器

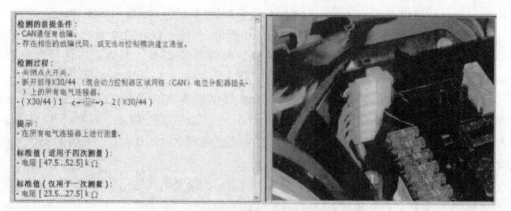

图1-4 诊断仪引导提示测量标准电阻值

从数据上看，压缩机控制模块内部电阻值过低，故障可能就是电动压缩机损坏。但凭这个数据还不能百分百确定压缩机完全损坏，因为空调系统制冷都正常，只能找到相同型号电动压缩机做过对比之后才能确定是否存在问题。正好有在修的S400，于是测量数据进行对比。测量结果还是和原车一样，说明该车的电动压缩机也是正常的。考虑到这个 CAN 通信故障和起动故障可能是一个原因造成，先将 P0A0E00 故障码进行引导检查，首先读取 N83/1 高压车载电网电压的实际值为 0，然后检查部件 A100（高压蓄电池模块）上的插头是否安装到位，为此拔下插头观察未发现异常，仔细地重新安装，故障依旧。注意：在安装时不允许使插头歪斜，否则插头无法完全插上，可能导致互锁回路断路，如图 1-5 所示。

图 1-5 A100 连接器插接

下一步检查电机软件（SG-EM）内的软件（SW）、软件版本为 12.04.00，无需任何升级，诊断仪检测电机控制模块（SG-EM）记录中的"总电容量的平均值"的数值。显示数值大于 $1\mu F$，接着评估电机控制模块（SG-EM）记录中的总电容量（总电容量的平均值数值），结果平均值小于 $800\mu F$，因此必须更换功率电子装置。检查蓄电池的 30A 熔丝是否正常运作，可以利用通路检测，结果高压车载电网无法试运行。再用万用表测量熔丝，此时电阻值无穷大，说明 30A 熔丝损坏，必须更换高压蓄电池熔丝。

从以上分析判断，需要将高压蓄电池管理控制模块、功率电子装置控制模块更换，再进行以下诊断。更换完之后，连接奔驰专用诊断仪（XENTRY）在线进行编程。起动发动机重新读取故障码：SG-BMS、蓄电池管理系统控制模块存在 C10000 与发动机通信故障；发动机控制模块有 U029A81、U029881 混合动力网络 CAN 总线断路故障，还有电子风扇故障码；SG-DDW、DC/DC 变换器控制模块（N83/1）、P060700 控制模块存在功能故障。本来 DC/DC 变换器控制模块没任何故障，而换过 N82/2 和 N129/1 这两个控制模块之后才出现的故障码，最后再检查。

最后，故障疑点指向 N83/1 DC/DC 变换器控制模块。既然之前的供电搭铁、CAN 通信之间的电阻值都正常，会不会是由于控制模块插头进水导致控制模块损坏，拆掉右前轮内衬拔下控制模块插头，发现插头内部有轻微腐蚀的痕迹，如图 1-6 所示。

图 1-6 N83/1 控制模块

既然线路正常，其他控制模块也都一一排除，最终锁定 N83/1 存在内部故障，该控制模块无法维修只能更换。由于配件无货，更换拆车备件，刚装好插上插头，电子风扇已不再高速运转。接着连接诊断设备读取故障码，发现都变为"已储存"并可以直接清除。

故障排除 更换功率电子装置控制模块 N129/1、高压蓄电池控制模块 N82/2，解决车辆偶尔打不着故障。最终更换 DC/DC 变换器控制模块 N83/1，彻底解决混合动力网络 CAN 通信故障。

技巧点拨 维修类似的疑难故障，都是通过由简到繁的检查步骤排查故障。怀疑控制模块本身故障的前提是，必须排除控制模块的供电和搭铁，还有就是通信线路故障，排除完之后，再结合维修经验的辅助，才有可能确定故障原因。

三、奔驰 S350 蓄电池故障灯报警

故障现象 一辆奔驰 S350 轿车，配备 M276 发动机，行驶里程 3.5 万 km，驾驶人反映车辆无法起动，仪表板显示屏出现蓄电池故障灯报警。

故障诊断 维修人员起动车辆，发现仪表板蓄电池故障灯报警（图 1-7），并提示蓄电池未充电，其他功能无异常。询问驾驶人，车子购买一年多正常保养，没有其他维修。昨天出现车辆没电无法起动，通过搭电起动，然后仪表就报警了。

图 1-7 蓄电池故障灯报警

使用奔驰专用诊断仪（DAS）对车辆进行快速测试，结果不少控制单元有电压过低的故障码（图 1-8）。

ZGW - 中央网关				i
MB 号码	HW 版本	SW 版本	诊断版本	插针
2219016900	09.29	10.06	0/14	101

FW 号码	FW 号码 '数据'	FW 号码 'Boot-SW'
2214481627 2219020802		

事件	文本	状态
9010	控制模块的供电电压过低 '电压过低' ·	事件"已存储"

EZS '电子点火开关' - EZS '电子点火开关'				-f-
MB 号码	HW 版本	SW 版本	诊断版本	插针
2169050000	09.13.01	09.13.02	000003	101

FW 号码	FW 号码 '数据'	FW 号码 'Boot-SW'

编码	文本	状态
900516	端子30' 电压过低 / 没有	已存储的

ABR - 自适应制动器				-f-
MB 号码	HW 版本	SW 版本	诊断版本	插针
2219014700	09.22.00	11.24.00	020808	101

FW 号码	FW 号码 '数据'	FW 号码 'Boot-SW'
2219029902		

编码	文本	状态
600100	控制模块的供电电压过低 '电压过低' ·	已存储的
516000	B24/15 '转速、横向和纵向加速度传感器'：电气故障（偏转率传感器）	已存储的

图 1-8 快速测试结果

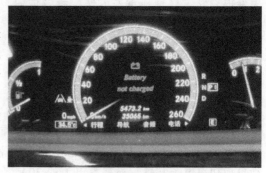

AIRmatic空气悬挂系统				-f-
MB号码 2215456532	HW版本 05.41	SW版本 10.38	诊断版本 8/4	插针 101
FW号码 2219028302		FW号码'数据'		FW号码'Boot-SW'
编码		文本		状态
5020		供电'端子30',电压过低		已存储的

驾驶员SAM - 驾驶员信号探测和控制模块				i
MB号码 2215452916	HW版本 09.30	SW版本 09.41	诊断版本 0/10	插针 101
FW号码 2219020902		FW号码'数据'		FW号码'Boot-SW'
事件		文本		状态
9200		端子30存在小于10.5V的电压过低.		事件"已存储"

后座区SAM - 后排信号获得和激活模块				i
MB号码 2219013000	HW版本 08.50	SW版本 09.44	诊断版本 0/8	插针 101
FW号码 2219028001		FW号码'数据'		FW号码'Boot-SW'
事件		文本		状态
9210		端子30存在小于10.5V的电压过低.		事件"已存储"

图1-8 快速测试结果（续）

起动发动机一段时间，确保发电量充足，待蓄电池电压正常后删除故障码，并重新快速测试，但故障依旧，很明显故障与车载电能管理系统有关。查找车辆电能管理的框图，如图1-9所示。

从图1-9中可知，蓄电池传感器B95监测车载电压，然后将信号传送给N10/1，在N10/1分析后，又将该信号通过CAN线传送至A1，以显示车载电压值或故障警告，即A1此时起执行器的作用。因此，其故障可暂时不考虑。

查找B95至N10/1的具体电路图后，综合分析可能的故障原因为：B95故障；B95的线路故障；N10/1故障。按以上分析，进行如下检查。

在车辆熄火和起动状态下，用DAS分别读取B95的测量值，结果分别为12.2V和13.7V，与万用表测量的蓄电池电压对比，数值非常接近，说明B95的测量值是正常的。即B95的线路和自身均正常。通过以上分析，故障点应落在前SAM自身故障上。维修人员对其重新编程升级，但没有新版本，且故障依旧。在排除软件可能后，与正常车辆对调前SAM控制单元，结果故障消失，确认了前SAM自身故障引起仪表板蓄电池灯报警。

故障排除 更换新的SAM控制单元，试车故障排除。

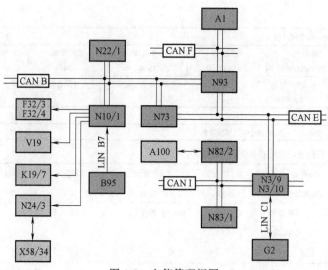

图 1-9 电能管理框图

A1—仪表板　A100—高电压蓄电池模块　B95—蓄电池传感器　F32/3—发动机舱熔丝盒　F32/4—内部熔丝盒　G2—发电机　K19/7—车载电气系统断路继电器　N3/9—柴油发动机（CDI）控制单元　N3/10—汽油发动机控制单元　N10/1—前侧信号采集及促动控制模组（SAM）控制单元　N22/1—自动空调（KLA）控制单元　N24/3—AC/DC 变换器控制单元　N73—点火开关（EZS）　CAN B—车内控制器区域网络　N82/2—蓄电池管理系统控制单元　CAN E—底盘控制器区域网络　CAN F—中央控制器区域网络　N83/1—DC/DC 变换器控制单元　CAN I—传动系统控制器区域网　N93—中央网关控制单元　V19—起动/停止功能二极管　LINC1—传动系统局域互联网（LIN）　X58/34—电源插座　LIN B7—车载电气系统局域互联网（LIN）

> **技巧点拨**　本案例的关键在于准确地将思路转移至车载电能管理上，在此基础上，通过相应的实际测量值来判断线路和 B95 的好坏，从而缩短了故障排查的范围和检测时间。

第二节　奔驰车系 E 级

一、2015 款奔驰 E300 COMAND 屏幕闪烁

故障现象　一辆 2015 款奔驰 E300，底盘号 E212，配置 272 型发动机。驾驶人投诉车辆近期出现 COMAND 使用时出现屏幕闪烁现象，有时明明车辆已起动，但 COMAND 屏幕上提示"起动车辆 3min 后关闭"。仪表指针有时乱跳，转向盘右侧按键均无反应。

故障诊断　接到这辆车后根据驾驶人描述测试此车，确有这些现象存在。按遥控钥匙偶尔无反应，空调在开启过程中出现自动停机又自动开机现象。

使用奔驰专用诊断仪（XENTRY）对该车进行诊断时有如下信息：
① 中央网关报车内 CAN 总线关闭故障。
② 仪表报与音频 COMAND 控制单元通信存在故障。
③ 转向柱模块报与前部信号控制采集模块通信存在故障。

④ 发动机控制单元报空调控制单元发送的一个或多个信息存在缺失。

另外,根据经验判断在这份快速测试中只有 20 多个控制单元,正常情况下这款车应该有 40 个左右控制单元。

按图索骥,依据当前所掌握的信息分析推理,可能的故障原因有两个:

① 网络系统存在断路、短路。

② 某个模块存在电气故障干扰其他模块的正常工作。

对此必须掌握奔驰 E 级车的整车网络结构原理,了解了 E 级车的网络拓扑图(图 1-10、图 1-11)后,再结合开始时进行的诊断仪快速测试,对比同款车型的控制单元模块数量后,发现诊断仪未能正常通信的模块都集中在 CAN-A 和 CAN-B 之中。因为这里涉及的控制单元数量较多,为了能更精确地找到故障点,再借助奔驰专用诊断示波器 HMS990,对车辆进行诊断。

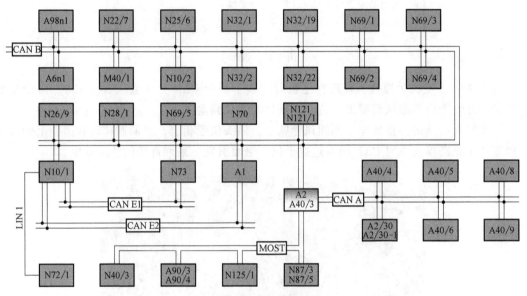

图 1-10 网络拓扑图(一)

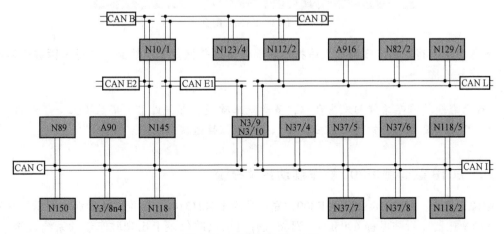

图 1-11 网络拓扑图(二)

查找到 CAN-A 与 CAN-B 分配器位置，先将线路连接到 CAN-B 上读取波形，波形异常（图 1-12），有非常多的杂波。于是逐个分开 CAN-B 上的插头，当断到 A40/3 时波形恢复正常。仔细查看网络拓扑图发现 A40/3 正是 CAN-A 与 CAN-B 的网关。将其他 CAN-B 插头都接上，只拔掉 A40/3 的插头再次快速测试，这时候 CAN-B 的模块都能正常通信了。到了这里越来越接近问题点了，于是将 A40/3 主机拆下来检查。

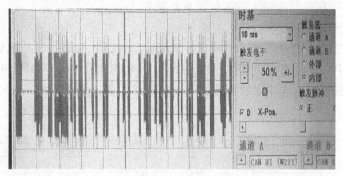

图 1-12　波形

拆下 A40/3 主机后检查，发现在主机后加装了一个 CAN 分配盒（图 1-13）。由于加装的盒子刚好处于空调通风管壁上，造成空调冷凝水流到盒子上。

因驾驶人加装部件正处于空调通风管壁上，插头位置朝上，空调制冷时管道壁上的冷凝水顺着插头流进模块中对 CAN 网络造成干扰，继而引发一系列奇怪的故障现象。

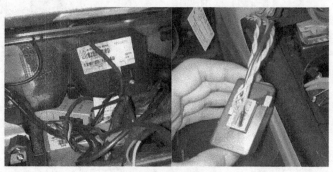

图 1-13　CAN 分配盒

故障排除　将原因告知驾驶人后将加装部件移除并恢复原车线路，再对车辆进行检测，功能均恢复正常。

> **技巧点拨**　汽车故障的发生部位，多是线束破损、部件进水、搭铁不良、部件损坏、性能不良等方面，进行常规的基础检查，往往可以快速找到故障发生的部位。

二、2018 款奔驰 E300 驻车制动系统报警

故障现象　一辆 2018 款奔驰 E300，底盘号为 LE4213148，装配 274 型涡轮增压发动机，9 速自动变速器，行驶里程 6995km。驾驶人打电话反映仪表上出现驻车制动系统报警。经沟通得知，仪表上出现报警后，车辆能行驶正常。

故障诊断　车辆拖回店里后，却发现发动机无法起动，点火钥匙置于 2 档起动时，起动机没有反应，多功能仪表上依次出现“主动制动辅助系统功能范围受限”“低压续跑指示器停止运作”“ESP 停止运作”“驻车制动器参见用户手册”等一系列报警。

连接诊断仪进行快速测试，发现无法检测到 ESP 控制单元，同时，在 N127、N10/6、N3/10、N118 等多个控制单元中储存有与通信相关的故障码（图 1-14~图 1-18）。

N127 - “传动系统”控制单元（PTCU）　-F

梅赛德斯—奔驰硬件号	000 901 61 02	梅赛德斯—奔驰软件号	000 902 60 43
梅赛德斯—奔驰软件号	000 903 83 18	软件的梅赛德斯—奔驰件号（引导程序）	000 904 20 00
诊断标识	023E0C	硬件版本	14/47 000
软件状态	17/36 000	软件状态	17/36 000
引导程序软件版本	15/17 000	引导程序软件版本	15/17 000
硬件供应商	Continental	软件供应商	Continental
软件供应商	Continental	引导程序软件供应商	Continental
控制单元型号	CPC_NG_R16A		

故障	文本	状态
U012287	与“牵引系统”控制单元的通信存在功能故障。 信息缺失。	A
U012200	与“牵引系统”控制单元的通信存在功能故障。 _	A

A=当

图 1-14　传动系统控制单元故障码

N118 - “燃油泵”控制单元（燃油系统控制单元（FSCU）08）　-i-

梅赛德斯—奔驰硬件号	000 901 38 06	梅赛德斯—奔驰软件号	000 902 02 38
梅赛德斯—奔驰软件号	000 903 53 13	诊断标识	00330C
硬件版本	16/34 000	软件状态	16/48 000
软件状态	17/10 000	引导程序软件版本	11/20 000
硬件供应商	Continental	软件供应商	Continental
软件供应商	Continental	控制单元型号	FSCM_GEN4_Programmstand_x30C

事件	文本	状态
U012287	与“牵引系统”控制单元的通信存在功能故障。 信息缺失。	A+S

A+S=当前并且已存储

图 1-15　燃油泵控制单元故障码

N3/10 - 内燃机'M274'的发动机电子设备'MED40'（ME（发动机电子设备））　-F-

梅赛德斯—奔驰硬件号	274 901 12 00	梅赛德斯—奔驰软件号	274 902 95 00
梅赛德斯—奔驰软件号	274 903 99 03	软件的梅赛德斯—奔驰件号（引导程序）	270 904 07 00
诊断标识	02405B	硬件版本	12/12 000
软件状态	16/44 000	软件状态	17/11 000
引导程序软件版本	12/11 000	引导程序软件版本	12/11 000
硬件供应商	Bosch	软件供应商	Bosch
软件供应商	Bosch	引导程序软件供应商	Bosch
控制单元型号	MED40_VC16_Star2_3		

故障	文本	状态
U012200	与“牵引系统”控制单元的通信存在功能故障。 _	A
U012287	与“牵引系统”控制单元的通信存在功能故障。 信息缺失。	A
U111029	未接收到车速信号。 存在一个无效的信号。	A

A=当前

图 1-16　发动机电子设备故障码

Y3/8n4 - 9档变速箱的变速箱控制系统（起动离合器油压传感器（VGS））　-i-

梅赛德斯—奔驰硬件号	000 901 50 00	梅赛德斯—奔驰软件号	000 000 00 00
梅赛德斯—奔驰软件号	000 902 06 39	梅赛德斯—奔驰软件号	000 000 00 00
诊断标识	000907	硬件版本	15/30 000
软件状态	14/49 000	软件状态	17/23 000
软件状态	17/23 000	引导程序软件版本	14/49 000
硬件供应商	Bosch	软件供应商	Bosch
软件供应商	MB	软件供应商	MB
控制单元型号	VGSNAG3_VGSNAG3_000907		

事件	文本	状态
U140C00	接收到不可信的右后车轮速度信号。 _	A
U140B00	接收到不可信的左后车轮速度信号。 _	A
U140A00	接收到不可信的右前车轮速度信号。 _	A
U140900	接收到不可信的左前车轮速度信号。 _	A
U140800	接收到一个不可信的“制动灯”开关信号。 _	A
U012100	与电控车辆稳定行驶系统（ESP）的通信存在故障。 _	A
U014600	与中央网关的通信存在故障。 _	A
U114129	未接收到制动扭矩信号和“制动灯”开关的信号。 存在一个无效的信号。	A
U114131	未接收到制动扭矩信号和“制动灯”开关的信号。 信号不存在。	A
U015531	与仪表盘的通信存在故障。 信号不存在。	A

A=当前

图 1-17　变速器控制系统故障码

汽车车载网络系统维修技能与技巧点拨

N10/6 – 前部信号采集及促动控制模组（前部信号采集及促动控制模组（SAM））			F
梅赛德斯－奔驰硬件号	213 901 41 03	梅赛德斯－奔驰软件号	167 902 17 01
诊断标识	000406	硬件版本	15/44 001
软件状态	17/02 001	引导程序软件版本	15/06 004
硬件供应商	Hella	软件供应商	Hella
控制单元型号	BC_F213_E117_2		
故障	文本		状态
U012241	与"牵引系统"控制单元的通信存在功能故障。存在一个一般校验和故障。		A+S
U012908	与"再生制动系统"控制单元的通信存在功能故障。存在一个信号故障或信息有错误。		A+S
事件	文本		状态
U012887	与电动驻车制动器的通信存在故障。信息缺失。		A+S
U012964	与"再生制动系统"控制单元的通信存在功能故障。存在一个不可信的信号。		A+S

A+S=当前并且已存储

图 1-18 前部信号采集及促动控制模组故障码

根据故障码进行引导性检测，但是都提示读取 N30/4（ESP 控制单元）内的故障存储器，只能继续在 N30/4 中进行故障诊断。由于无法检测到 N30/4，于是查找电路图（图 1-19），对 N30/4 的线路进行测量。从电路图（图 1-19）中可以看到，N30/4 的 1 号针脚和 30 号针脚都为 30t 供电，14 号针脚和 46 号针脚为搭铁。实际测量供电和搭铁之间的电压为 12.7V，判断供电正常。N30/4 上相连的数据总线有 CAN H 和 FlexRay，测量 CANXH H 的电压为 3.3V，CANH L 的电压为 1.7V，经与正常车辆对比，电压一致。测量 ESP 控制单元的 FlexRay 电阻值为 95Ω（测量 ESP 控制单元上的插针），测量 ESP 控制单元插头上的 FlexRay 电阻值为 2.4kΩ（线束侧），判断电阻值均正常。按照控制单元的工作原理，如果供电和搭铁正常，CAN 线正常，那么该控制单元就应该被检测到，否则就是该控制单元存在故障。

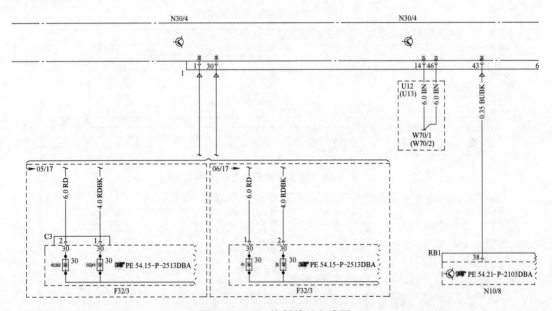

图 1-19 ESP 控制单元电路图

当对车辆进行断电后，发现 ESP 控制单元又可以被检测到。再次读取故障码，发现报了电动驻车制动器存在功能故障的故障码，如图 1-20 所示。检查电动驻车制动器功能时发现，当操作电动驻车制动器开关时，左后轮可以制动，但右后轮无法制动，证实了故障现象与故障码内容一致。车辆停放大约半个小时后，再次起动车辆时，又出现了发动机不能起动的故障现象，ESP 控制单元依然无法被检测到。

故障排除 由于该车刚买两个月，驾驶人情绪比较激动，于是向厂家申请更换 ESP 控制单元，得到肯定回复后，换上全新的 ESP 控制单元后试车，一切正常，故障被彻底排除。

C100577	电动驻车制动器存在功能故障，不能达到指定位置	当前并且已存储：
	控制单元专用的环境数据	
	依次出现的辅助信息	
C100BE1	电动驻车制动器存在功能故障；	已存储：
C100BE2	电动驻车制动器存在功能故障；	已存储：
B23AB29	右侧制动钳存在功能故障，存在一个无效的信号；	当前并且已存储：
C100BF9	电动驻车制动器存在功能故障；	已存储：

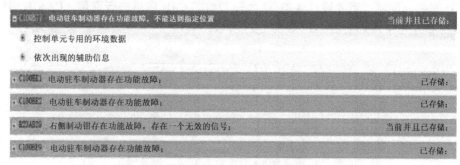

图 1-20 电动驻车控制系统故障码

技巧点拨 该车故障比较简单，但新款车型与前款车型不同的是，使用底盘 FlexRay 取代了 CAN E 数据总线。底盘 FlexRay 是一种串行的确定性容错总线系统。底盘 FlexRay 由用于发送差动信号的双绞数据线组成，可以改善抗干扰性，连接的各控制单元都能够发送或接收电压脉冲形式的数据，其传输速率为 10Mbit/s。

三、2015 款奔驰 E260 车行驶过程中仪表灯突然熄灭

故障现象 一辆 2015 款奔驰 E260 车，底盘号为 LE4212136，装配 M274 发动机和 722.9 自动变速器，行驶里程 1.9 万 km，因为行驶过程中仪表灯突然熄灭而进厂检修。

故障诊断 接车后试车验证故障，故障现象确实存在。故障发生时，仪表上的指示灯先全部点亮，随后熄灭，仪表指针归零（包括转速表和车速表等），就像是突然断电一样，而车辆却能正常换档和行驶。询问驾驶人得知，车辆此前并无涉水等不良使用情况，仔细检查车辆，未发现加装和改装等情况。在陪同驾驶人对车辆进行路试的过程中，上述故障现象反复出现，且当行驶在颠簸路面时，故障出现较频繁。由于故障为偶发，且出现时间较短，这给进一步的检查工作增添了很多麻烦。

连接故障检测仪，对车辆进行快速测试，读取到多个控制单元内均存储有故障码：U001988——车内控制器区域网络（CAN）通信存在故障 总线关闭（图 1-21）。根据故障码

A2 - Audio 20			
梅赛德斯—奔驰硬件号	218 901 00 01	梅赛德斯—奔驰软件号	212 902 18 11
梅赛德斯—奔驰软件号	212 902 83 10	梅赛德斯—奔驰软件号	218 902 86 04
诊断标识	027105	硬件版本	14/12 00
软件状态	15/04 06	软件状态	14/50 00
软件状态	15/03 05	引导程序软件版本	15/04 06
硬件供应商	Panasonic	软件供应商	Panasonic
软件供应商	Daimler	软件供应商	Panasonic
控制单元型号	Entry_CV15_6		
U001988 车内控制器区域网络（CAN）通信存在故障，总线关闭			已存储

图 1-21 故障检测仪读取到的故障码

的提示，结合故障现象进行分析，判断故障原因可能是车内控制器区域网络（CAN B）连接故障，CAN B 上的某个或几个控制单元及其相关线路故障。

查看维修资料可知，该车 CAN B 网络共有 2 个分配器，分别是 X30/32 和 X30/33，而且 X30/33 为副分配器，需要通过 X30/32 才能与整车 CAN 网络进行通信。CAN B 网络分配器的位置分布及连接方式如图 1-22 和图 1-23 所示。

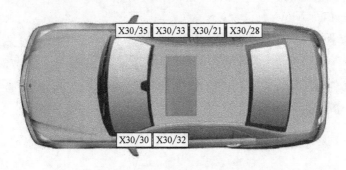

图 1-22　CAN B 网络分配器位置

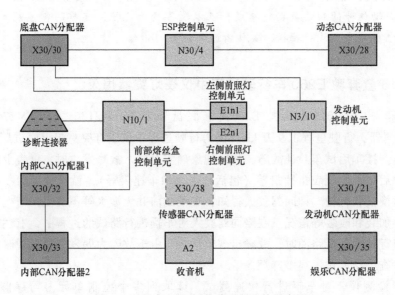

图 1-23　整车 CAN 网络分配器连接示意图

使用奔驰专用示波器在分配器 X30/32 上测量 CAN B 总线的波形，在路试过程中，故障出现时，波形确实出现异常，CAN-H 和 CAN-L 的载波电压均为 0.00V（图 1-24），正常应约为 2.50V。随后，拔下 X30/32 上通向 X30/33 的导线连接器，波形图恢复正常，载波电压和信号均正常（图 1-25）；将导线连接器装复，故障再次出现。由此可知，问题应该是出在分配器 X30/33 所在的支路上。X30/33 上连接的控制单元包括右前门控制单元、右后门控制单元、无钥匙起动控制单元、收音机控制单元等。逐一断开各控制单元与 X30/33 的连接，当拔下 X30/33 上与收音机控制单元（A2）相连的导线连接器后，波形立刻恢复正常，故障现象消失。

根据上述检查结果，故障范围可以锁定为 X30/33 与收音机控制单元（A2）之间的导线或连接器存在故障，以及收音机控制单元（A2）内部故障。

本着由简到繁的原则，首先根据电路图（图 1-26）对线路进行检查，断开 X30/33 与收音机控制单元（A2）之间的导线连接器 4，测量导线侧端子 1 和端子 2 与搭铁之间的电阻，测得端子 1 与搭铁之间的电阻为 0.3Ω，不正常（正常应为∞），说明该线对搭铁短路。测量端子 2 与搭铁之间的电阻，为∞，正常。拆下收音机总成检查线路，发现收音机一侧的 CAN B-H 导线有一处破损（图 1-27），破损的导线与仪表台支架接触造成线路对搭铁短路，导致 CAN B 停止运作，继而引发上述故障现象。

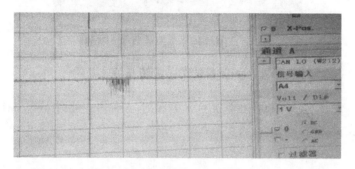

图 1-24 故障出现时 CAN B 的波形

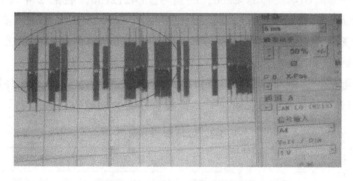

图 1-25 CAN B 正常时的波形

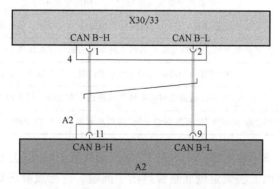

图 1-26 收音机与 CAN B 分配器之间的电路图

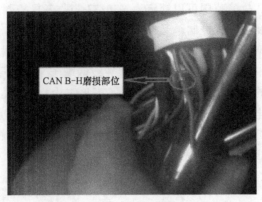

图 1-27 线路破损

故障排除 对破损的线路进行处理后试车，故障排除。

> **技巧点拨** 对线路损坏的检查是在汽车检测过程中需要做的常规工作，在检查过程中如果能够检查出这些问题，会大大缩短故障维修时间。

四、2014 款奔驰 E260 仪表显示"请勿换档，请去特许服务中心"

故障现象 一辆 2014 款奔驰 E260，底盘号 LE4212136，装配 274 发动机，行驶里程 3.7 万 km。驾驶人反映车辆正常行驶时，仪表上多个警告灯突然点亮、转向盘失去助力、停车熄火后车辆无法起动，打开点火开关，仪表上显示"请勿换档，请去特许服务中心"的字样。

故障诊断 接车后尝试起动车辆，可以顺利起动，并没有发现多个警告灯点亮现象。于是连接诊断仪进行快速测试，读取到若干关于通信方面的故障码（表 1-1）。

表 1-1 读取到的故障码

故障码	说　　明	状态
U103288	中央网关与底盘控制器区域网络（CAN）通信存在故障。总线关闭	A+S
U103212	中央网关与底盘控制器区域网络（CAN）通信存在故障。存在对正极短路	S
U118200	底盘控制器区域网络（CAN）网络管理不稳定	A+S
U021287	多功能摄像机（MFK）与转向柱模块通信存在故障。信息缺失	S
U012287	多功能摄像机（MFK）与牵引系统控制单元的通信存在故障。信息缺失	A+S
U015187	N148-360°摄像机与辅助防护装置（SRS）通信存在故障。信息缺失	S
U21287	N148-360°摄像机与转向柱模块通信存在故障。信息缺失	A+S
U012987	N148-360°摄像机与"再生制动系统"控制单元通信存在功能故障。信息缺失	A+S

根据故障现象及维修经验判断，肯定是 CAN 线路或者 CAN 线上某个部件出现问题，但因为故障码太多，一时也无法确定到底是哪里出了问题。清除故障码后再次读取，发现故障码全部消失了，故障现象也不存在，故障排除一时没了方向。

幸运的是过了一会儿，再次起动时，故障现象终于又出现了，此时起动机不能运转、仪表上多个警告灯点亮，确实如驾驶人所述。再次连接诊断仪读取故障码，依然是若干与通信相关的故障码。同时，发现检测仪检测不到发动机控制单元、变速器控制单元、转向柱模块、两个安全带拉紧器等。

查找 WIS 网络框图，发现这些检测不到的控制单元都在 CAN E 上（图 1-28）。看来此故障引起了整个 CAN E 系统的瘫痪，因此中央网关报了 CAN E 总线关闭的故障码。

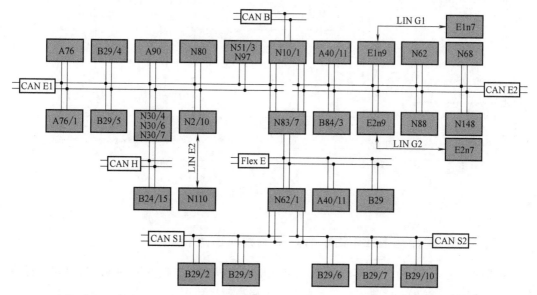

A76：左前双向安全带紧急拉紧器；
A76/1：右前双向安全带紧急拉紧器；
A90：防碰撞辅助系统控制单元；
N80：转向柱模块；
B29/4：左后保险杠雷达传感器；
B29/5：右后保险杠雷达传感器；
N2/10：辅助防护装置控制单元；
N62：驻车系统控制单元；

图 1-28 WIS 网络结构图

首先检查 CAN 分配器，掀开驾驶人侧地毯，用万用表测量 CAN 线电压，发现在 12V 左右，正常情况下 CAN 线电压应为 2V 左右，这说明某个地方存在对电源短路。对于此类故障，最简单、最有效的方法就是逐个拔掉 CAN 分配器上的插头，直到系统恢复正常，那么所断开的那一路 CAN 线路，就是故障点所在的线路了。

参考电路图（图 1-28），逐个拔去 CAN 分配器上插头，当拔掉其中一个插头时，发动机可以顺利起动了，此时把快速测试中的控制单元列表与正常车辆相比，发现少了两个后部保险杠雷达传感器。

故障排除 会不会是雷达传感器坏了？于是举升车辆，拔掉雷达传感器的插头，故障依旧，说明故障点在线路方面。从电路图（图 1-29）上可以看到，两个后部雷达传感器共用 X172/2 插头，当拔下此插头时，发现插头内已经被水腐蚀，从而造成线路短路，并引起 CAN 总线系统紊乱。对 X172/2 进行清洗处理后，重新插好试车，一切恢复正常。

技巧点拨 之所以能够顺利排除故障，一方面缘于清晰的故障排查思路，更重要的是采用了合适的总线故障诊断检修方法。

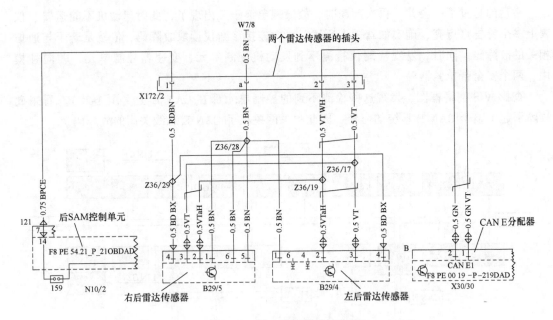

图 1-29 雷达传感器相关电路

五、2017 款奔驰 E300 锁车后电子风扇高速运转

故障现象 一辆 2017 款奔驰 E300，装配 274 型发动机，底盘号为 LE4213148，行驶里程为 28 585km，据车主反映该车锁车后电子风扇高速运转。

故障诊断 接车后同车主一起试车，发动机起动正常，起动后仪表上无任何报警。车主反映车辆无任何事故维修，且之前一直使用正常，突然出现锁车后电子风扇高速运转。于是熄火锁车，锁车后大约 1~2min，电子风扇开始高速运转（应急模式）。经过反复试车发现，每次锁车后故障现象都会出现。电子风扇高速运转时，使用遥控钥匙解锁，或操作一下座椅调节开关、天窗开关，甚至拉一下外部的门把手，电子风扇都会停止运转。如果车门没有打开，过一会车辆再次上锁后，电子风扇依然会高速运转。另外，通过反复验证发现，该车电子风扇高速旋转与冷却液温度没有关系。

连接诊断仪进行快速测试，在 N127 传动系统控制单元中发现两个故障码（图 1-30）：P068700——电路 87（内燃机）继电器输出端存在对正极短路；P069000——端子 87（内燃机）输入端对正极短路。

尝试清除故障码，发现故障码可以清除，再次刷新没有任何故障码。查找该车与电子风扇控制相关的电路（图 1-31、图 1-32）发现，电子风扇插头处共有四根线，分别为来自 F32/3 的供电、电子风扇搭铁、来自于节点 Z142z1 的 LIN 线、来自于节点 Z141/1z1 的 87C 供电。正常情况下，车辆解锁后，87C 就会有 12V 的供电，在锁车后 87C 供电会变为 0（87C 继电器断开），相应的 LIN 线在车辆休眠后也不再会有波形。通过对故障车进行检测发现，该车锁车后大约 1min 左右电子风扇就开始运转，此时 87C 和 LIN 线上都有 14V 左右的电压（已连接充电机）。由于单靠测量 LIN 线电压无法准确判断 LIN 线是否正常工作，于是用 HMS990 测量 LIN 线波形，发现 N127 确实发出了控制信号（图 1-33）。

第一章 奔驰车系

N73 - 电子点火开关（电子点火开关（EZS））			✓
型号	零件号	供货商	版本
Hardware	213 901 78 03	Kostal	16/18 000
软件	213 902 89 14	Kostal	17/27 010
引导程序软件	—	—	15/08 000
诊断标识	02F008	控制单元型号	EZS213_EZS213_Rel_15

N127 - "传动系统"控制单元（PTCU）			-F-
型号	零件号	供货商	版本
Hardware	000 901 44 06	Continental	18/50 000
软件	000 902 31 46	Continental	18/17 000
软件	000 903 33 41	Continental	19/39 000
引导程序软件	000 904 92 00	Continental	17/28 000
诊断标识	023E17	控制单元型号	CPC_NG_R17B

故障	文本		状态
P068700	"电路87（内燃机）"继电器的输出端存在对正极短路。		A
P069000	"端子87（内燃机）"输入端对正极短路。		A

A=当前

N118 - "燃油泵"控制单元（燃油系统控制单元（FSCU）08）			✓
型号	零件号	供货商	版本
Hardware	000 901 38 06	Continental	16/34 000
软件	000 902 02 38	Continental	16/48 000
软件	000 903 53 13	Continental	17/10 000
引导程序软件	—	—	11/20 000
诊断标识	00330C	控制单元型号	FSCM_GEN4_Programmstand_x30C

图 1-30　故障车上存储的故障码

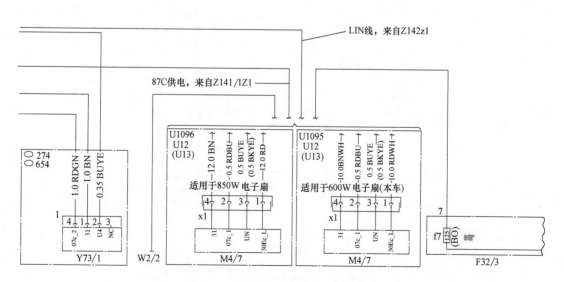

图 1-31　故障车型电子风扇控制电路图

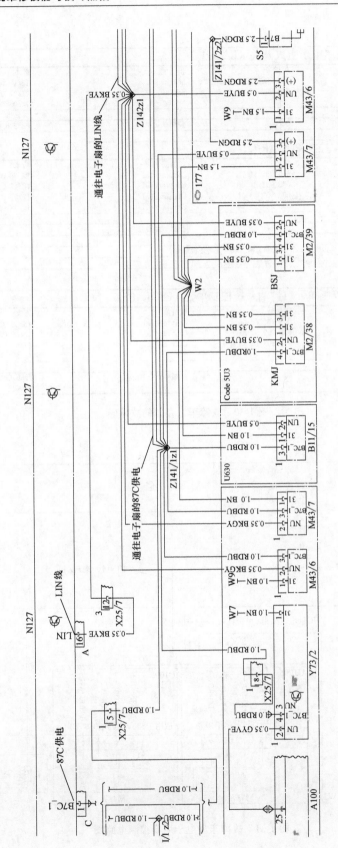

图 1-32 故障车型 LIN 线及 87C 电路

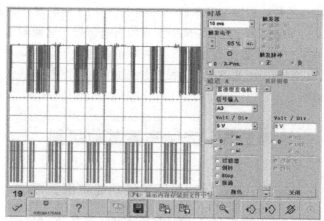

图1-33 故障车控制电子风扇的LIN线波形

通过查阅该车维修资料发现，传动系统控制单元N127通过传动系统局域互联网LIN进行电子风扇控制，转速可设置在0%~100%之间，如果控制出现故障，则电子风扇会以最高转速运转（电子风扇的应急模式）。点火开关关闭后，如果冷却液温度或发动机机油温度超过规定的最大值，则电子风扇最多继续运转6min，如果蓄电池电压下降过多，则会提前关闭电子风扇。鉴于此，怀疑N127控制单元存在故障，在锁车后持续发出LIN线控制信号。更换N127控制单元后试车，锁车后电子风扇依然会高速运转。再次读取故障码，依旧存储了与之前相同的故障信息。

故障排除 查阅相关电路（图1-34）发现，87C供电来自于发动机舱熔丝继电器盒K40/8中的KJ继电器，初步判断是该继电器内部触点存在粘连，导致锁车后无法及时断开。由于KJ继电器集成在K40/8里面，无法单独更换。更换K40/8后反复试车，该车故障被彻底排除。

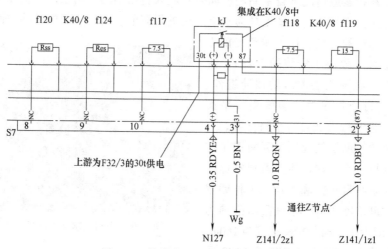

图1-34 故障车型KJ继电器电路图

技巧点拨 在本案例中，诊断时走了些弯路。因为实际测量时，N127的确发出了LIN信号去控制电子风扇，加上故障码可以清除，所以没有引起足够的重视，误以为是N127故障造成电子风扇处于应急状态，致使错误地更换了N127。

本案例中，故障车的故障原因是锁车后87C继电器（KJ继电器）该断开时断不开。诊断过程中，由于锁车后只有短短1~2min风扇就开始高速运转，这期间来不及通过测量来判断87C继电器的好坏。之所以能找到故障点，主要还是借助了故障码中提供的故障信息，并结合电路图进行综合判断。由此可见，在故障诊断过程中，不能忽视故障码中隐藏的故障信息，应认真加以解析。

第三节　奔驰车系其他级别

一、2019款北京奔驰A200制动辅助系统功能范围受限

故障现象　一辆2019款（CODE 809）北京奔驰A200，搭载282 914型发动机，VIN/FIN为LE41779871L××××××，行驶里程为4413km。据车主反映，该车右前部发生碰撞事故，修复后试车时，仪表上出现"主动制动辅助系统功能范围受限"的提示信息（图1-35）。

故障诊断　此车搭载有主动式制动辅助系统（代码258），系统使用散热器格栅上车标后方的主动式制动辅助控制单元A108（图1-36）和风窗玻璃后方的多功能摄像头，以监测车辆前方的道路空间。

图1-35　故障车仪表台上的提示信息

多功能摄像头可区分行人、自行车骑行者和车辆。在即将发生碰撞的情况下，系统及时警告驾驶人，并在紧急情况下自主制动。如果驾驶人自己制动，则系统根据相应的情况支持制动请求。碰撞警告系统的灵敏度分为三个阶段进行调节。由于广泛的道路空间监测，不仅可避免与前方车辆的碰撞，还可避免与前方交叉车辆的碰撞（取决于安装的设备）。主动式制动辅助系统（未装配驾驶辅助组件，代码为23P），可通过多功能摄像头（平面探测摄像头）检测行人和自行车骑行者。

主动式制动辅助系统控制单元集成了雷达传感器和控制单元，雷达传感器根据脉冲多普勒原理独立测量车距和车速，工作频率为77GHz，检测角度为45°时的探测范围为40m，检测角度为7.5°时的探测范围为160m。

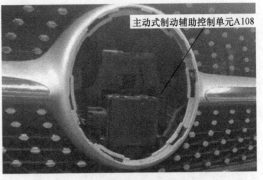

图1-36　主动式制动辅助控制单元A108

如果主动式制动辅助控制单元A108通过分析各种数据判断有发生碰撞的风险，则会传送以下请求：警告输出请求、启用预防性安全系统（PRE-SAFE）措施的请求、增大制动力矩请求、减小发动机转矩的请求。图1-37是主动式制动辅助控制系统的工作原理图。

主动式制动辅助控制单元A108的电路很简单，除电源和搭铁两根线以外，另有两根FlexRay的通信线（图1-38）。

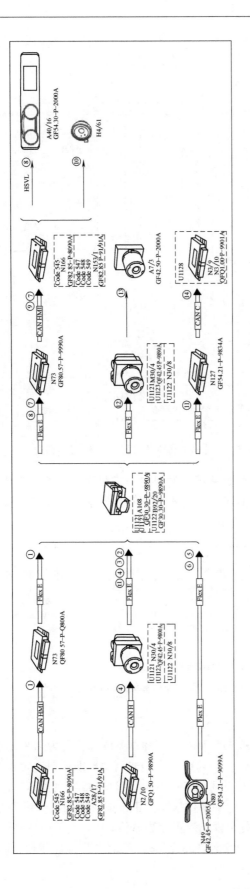

图 1-37 主动式制动辅助控制系统工作原理

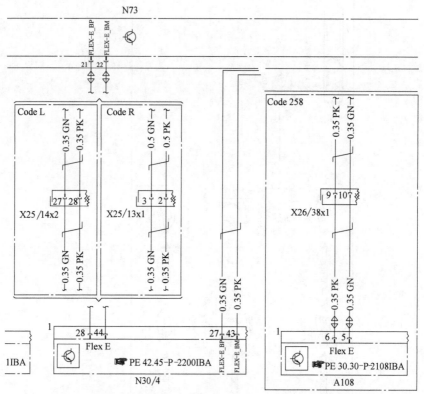

图 1-38　主动式制动辅助控制单元 A108 电路图

连接奔驰专用诊断仪进行快速测试，发现主动式制动辅助控制单元 A108 无法通信，传动系统控制单元 N127 内（图 1-39）和电控车辆稳定行驶系统 N30/4 内（图 1-40）均设置了与 A108 通信故障的当前状态故障码。

N127 - "传动系统"控制单元（PTCU）　　-F-

	物品号	供货商	诊断标识	软件（SW）版本	硬件（HW）版本
硬件	000 901 44 06	Continental	023E1B	18/18 000	18/27 000
软件	000 904 92 00	Continental		17/28 000	
软件	000 902 32 46	Continental		18/18 000	
软件	000 903 84 21	Continental		18/23 000	

故障代码	描述	状态
U11A600	与"雷达传感器"控制单元的通信存在故障。	当前的和已保存的

A108 - 主动式制动辅助 / 主动式车距辅助 DISTRONIC（主动制动辅助系统（ABA））

图 1-39　传动系统控制单元 N127 内存储的故障信息

故障车型配置了代码为 235 的主动式驻车辅助系统和代码为 258 的主动式制动辅助系统的 177 系统，共有 3 条 FlexRay（图 1-41）。主动式制动辅助控制单元 A108 位于这条 FlexRay 的末端，它与诊断仪通信的路径是通过 FlexRay，经过 N30/4 到达 N73，再通过诊断 CAN 与诊断仪通信；如果这条 FlexRay 的某根数据线对正极或对地短路，或者相互之间短路，则整条 FlexRay 将瘫痪，其连接的各个模块都将无法通信。

由于 N30/4 可以正常通信，而 A108 无法通信，因此可以排除 FlexRay 对正极或对地

N30/4 - 电控车辆稳定行驶系统 (ESP®) -Ⅰ-

	物品号	供货商	诊断标识	软件(SW)版本	硬件(HW)版本
硬件	177 901 91 02	Bosch	000E12	18/30 000	18/16 000
软件				18/13 000	
软件	177 902 12 04	Bosch		18/30 000	

事件	描述	状态
U105CFC	与"防碰撞辅助系统"控制单元的通信存在故障。_	当前的和已保存的
U105CFD	与"防碰撞辅助系统"控制单元的通信存在故障。_	当前的和已保存的
U105CFE	与"防碰撞辅助系统"控制单元的通信存在故障。_	当前的和已保存的
U105CFF	与"防碰撞辅助系统"控制单元的通信存在故障。_	当前的和已保存的
U1444E5	接收到来自"雷达传感器"控制单元的不可信数据。_	当前的和已保存的

图 1-40 电控车辆稳定行驶系统 N30/4 内存储的故障信息

短路，以及相互短路的可能。综合分析 A108 无法通信的可能原因有：A108 供电、搭铁故障；N30/4 到 A108 之间的 FlexRay 信号线断路故障；A108 模块损坏。

用万用表测量 A108 的电源电压实际值为 12.3V，正常；拔下 A108 的插头，测量 BP（绿）电压，实际值为 2.53V，经验值为 2.53V，正常；拔下 A108 的插头，测量 BM（粉）电压，实际值为 0，而经验值为 2.58V，不正常（图 1-42）。

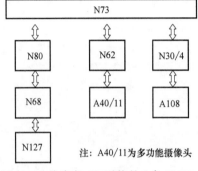

图 1-41 故障车 177 系统的 3 条 FlexRay

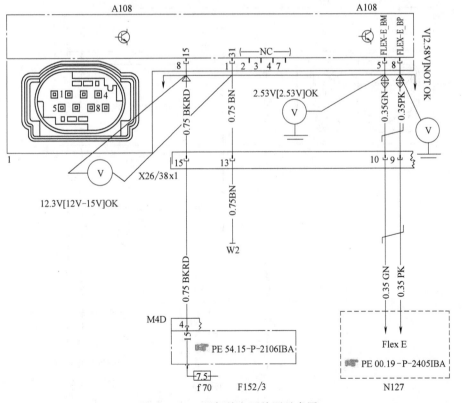

图 1-42 A108 相关电压检测示意图

重新连接 A108 的插头，拔下位于前杠右侧的插接器 X26/38x1（图 1-43），测量 N30/4 侧的 BP（绿）与 BM（粉）之间的电阻，实际值为 96Ω，标准值为 95Ω 左右，判断正常。接着测量 A108 侧的 BP（绿）与 BM（粉）之间的电阻，实际值为"OL"，标准值为 102Ω 左右，不正常（图 1-44）。

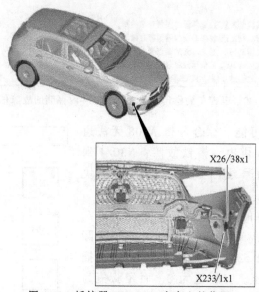

图 1-43 插接器 X26/38x1 在车上的位置

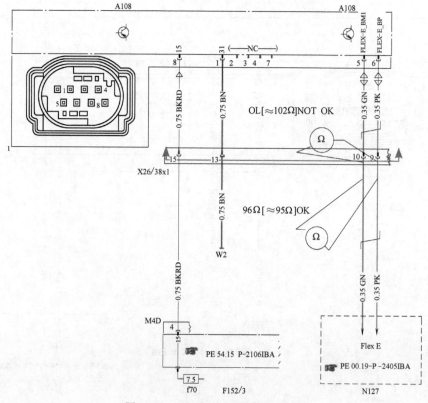

图 1-44 A108 相关电阻检测示意图

通过对上述检测结果进行分析，断路点应该位于插接器 X26/38x1 与 A108 插头之间。剥开 X26/38x1 与 A108 的线束，发现 FlexRay 的粉色 BM 信号线断路（图 1-45）。

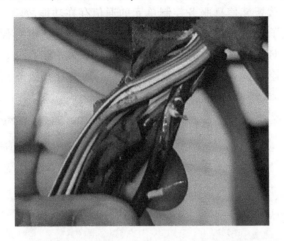

图 1-45　故障车 FlexRay 粉色 BM 信号线断路

综合分析，此车的故障原因是由于事故撞击导致 A108 与 N30/4 之间的 FlexRay 通信线断路，从而引起主动式制动辅助系统功能不可用。

故障排除　修复损坏的线束，并妥善固定好线束，重新进行主动式制动辅助控制单元 A108 的校准学习后，该车故障被彻底排除。

> **技巧点拨**　底盘 FlexRay 是一个快速、确定性和容错总线系统，其信号不是基于事件而传输，而是在固定的确定时间窗口期间传输，因此，可降低总线负载。时间窗口分为静态和动态两个部分。为了提高抗干扰性，悬架系统 FlexRay 由一条绞合双芯数据线组成，与之连接的每个控制单元都能够传输或接收数据。数据传输速率最高为 10Mbit/s，属于 C+ 类网络。

二、2018 款北京奔驰 GLA200 行驶中偶尔多个故障灯亮

故障现象　一辆 2018 款北京奔驰 GLA200，搭载 M270 型发动机，行驶里程为 3938km，VIN 为 LE4TG4DBXKL××××××，车主反映该车在行驶过程中仪表台上多个故障警告灯突然亮起，且故障灯点亮时车辆可以继续行驶，停车关闭发动机后重新起动，仪表台又恢复正常。

故障诊断　接车时，该车仪表台显示已恢复正常。连接诊断仪进行快速检测，发现车辆控制单元列表中，多个控制单元存有与仪表台控制单元存在通信故障的故障码，且状态均为"已存储"。

通过诊断仪进入仪表台控制单元，并读取其自身存储的故障码，发现仪表台控制单元存有多个故障码（图 1-46），具体包括：

U103288——底盘控制器区域（CAN）通信存在故障，总线关闭，已存储。

U015987——与驻车定位系统（PARK TRONIC）的通信存在故障，信息缺失，已存储。

U010087——与"内燃机"控制单元的通信存在故障，信息缺失，已存储。
U010100——与"变速器"控制单元的通信存在故障，已存储。
U118F87——与车载智能信息服务控制单元的通信存在功能故障，信息缺失，已存储。
U016887——与电子点火开关的通信存在故障，信息缺失，已存储。
U021287——与转向柱模块的通信存在故障，信息缺失，已存储。
U012187——与电控车辆稳定行驶系统（ESP）的通信存在故障，信息缺失，已存储。

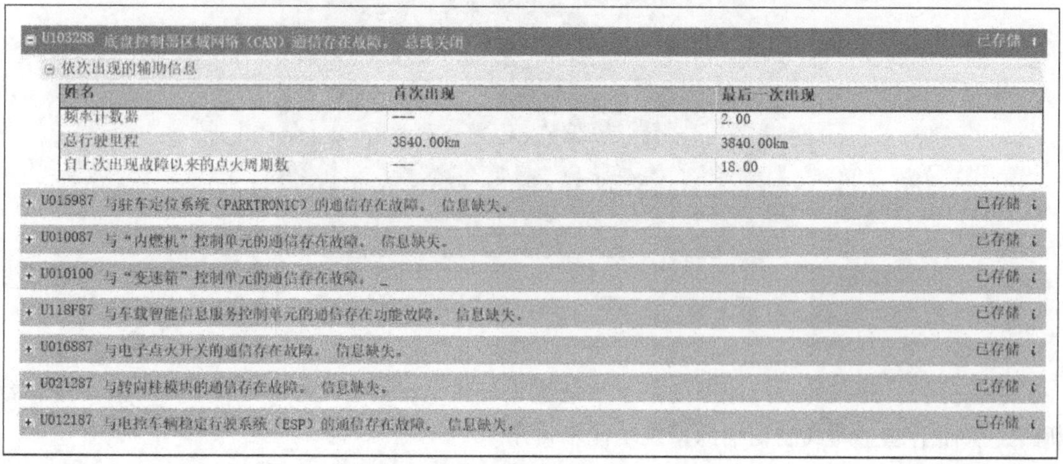

图 1-46　故障车仪表台控制单元故障码

在整车快速测试列表中，以上各控制单元都存有"与仪表台的通信存在故障"的故障码。由此分析，该车可能的故障原因有：

① 仪表台控制单元软件故障。
② 仪表台控制单元的供电和搭铁故障。
③ 仪表台控制单元的 CAN 通信故障。
④ 仪表台控制单元内部存在故障。

由于当前故障没有重现，我们决定先完成仪表台控制单元的软件升级，再检查与仪表台控制相关的供电和搭铁情况。

查阅故障车型仪表台控制单元电路图（图 1-47），F34（f88）熔丝（图 1-48）控制仪表台控制单元的供电安全，检查未发现有松动或烧蚀现象。W15/2 是仪表台控制单元的搭铁线（图 1-49），检查无松动以及腐蚀现象，重新打磨接触面后装回，以保证搭铁回路良好。拔插仪表台控制单元上的插头进行检查，未发现任何异常。

进一步检查仪表台控制单元的 CAN 通信线路。根据图 1-47 所示系统电路图可以看出，仪表台控制单元的 CAN 通信线路共接入两个 CAN 网络：车内的 CAN B 网络（X30/32）和底盘 CAN E2 网络（X30/75）。检查这两个 CAN 线路插头，未见异常，重新拔插插头后路试，故障现象不再重现。由于无法重现故障，且车主急于用车，只好草草交车。

大约半个月后，该车因同样的故障现象再次返厂。再次用诊断仪读取故障码，与之前的故障码信息一样。根据仪表台控制单元存储的故障信息"底盘 CAN E 通信存在故障，总线关闭"，重新整理诊断思路。对照车载控制单元网络拓扑图（图 1-50）发现，故障码当中并没有与车内 CAN B 控制单元的信息。

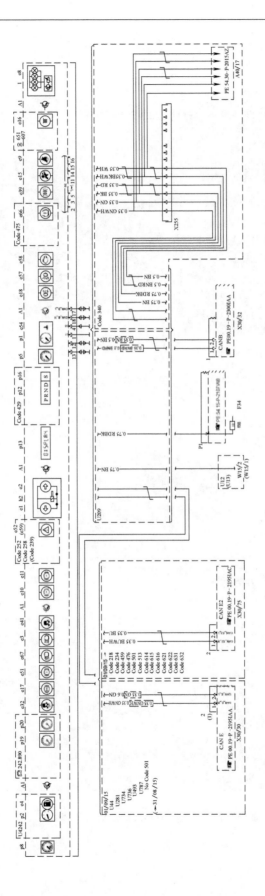

图 1-47 故障车型仪表合控制单元电路图

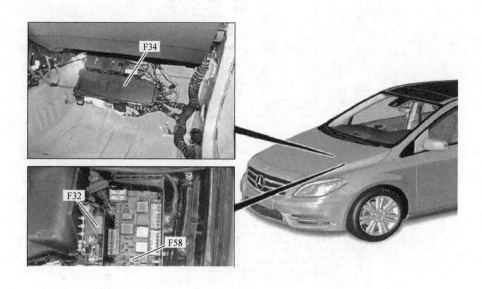

图 1-48 故障车型 F34 熔丝盒位置

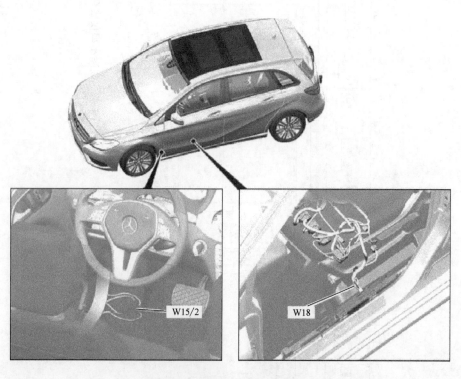

图 1-49 故障车型仪表台控制单元的搭铁点 W15/2 位置

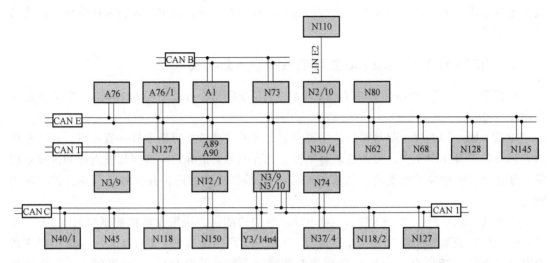

图1-50 车载控制单元网络拓扑图

分析仪表台控制单元故障码含义发现，存在通信故障的是与仪表台（A1）同时连接在底盘 CAN E 上的控制单元，包括驻车定位系统（N62）、发动机控制单元（N3/10）、变速器控制单元（Y3/14n4）、电子点火开关（N73）、转向柱模块（N80）和 ESP 电控车辆稳定行驶系统（N30/4）。

结合之前的维修记录，当前的故障点应该位于仪表台控制单元本身或底盘 CAN E 上。考虑到维修成本，以及之前从未遇过仪表台自身故障的案例，决定再次把底盘 CAN E 通信作为突破口。拔开仪表台控制单元的插头，使用匹配的针脚插入插头上的两根 CAN E 线针孔，拉拔时未发现松旷现象。用同样方法测试仪表台控制单元连接至底盘 CAN E 分配器上的针脚，发现有一个插头的针脚存在一定的旷量。

为进一步验证该插头是否属于仪表台控制单元，同时，也为了再现故障现象，拔开出现松旷的 CAN E 插头针脚（其他全部恢复）后，再次连接诊断仪，重新做一次快速测试，以读取仪表台控制单元的故障码。此时得到的故障码与刚进店时的一样，只是故障码状态由刚进店时的"已存储的 f"变成了"当前 F"状态（断开插头的原因）。

故障排除 更换仪表台控制单元至 CAN E 分配器插头上出现松旷的针脚，并删除全车故障码后试车，未见任何异常后交车。一周后，进行电话回访，车主反馈该车未再出现异常，该车故障被彻底排除。

> **技巧点拨** 本案例中的故障，是一起与车载控制单元网络通信相关的典型故障。遇到此类网络通信故障，一定要从整车控制单元的网络拓扑图上去找寻线索，同时要熟悉与故障相关的点或控制单元，用建模的方法逐步缩小故障范围，通过逐一排查锁定故障点。

通过本案例可以发现，在检查线路的过程中，除了检查线路是否有磨损或腐蚀外，还应检查针脚的插接情况，尤其是检查针脚是否出现松旷。

另外，对于偶发性电气故障，由于诊断时很难捕捉到异常的数据信息，这时往往需要用模拟电气故障的方法让故障重现，之后再通过诊断仪获取异常数据，进行对比分析，最终精确锁定故障点。

三、2015 款奔驰 GLE400 发动机故障指示灯常亮

故障现象　一辆 2015 款奔驰 GLE400 4MATIC 越野车，行驶里程 40104km，发动机故障指示灯常亮。

故障诊断　接车后，起动车辆，发现仪表台上的发动机故障指示灯一直点亮，且与车辆状态和冷热车等车况无关，发动机运转平稳，无异响等其他异常。询问驾驶人得知该故障现象是在正常行驶中突然出现的，之前在其他 4S 店检修过该故障，并保修了阀体，但故障未解决。

用奔驰专用诊断仪（XENTRY）对车辆进行快速测试，结果发动机控制单元（ME）无故障码，但在变速器控制单元（Y3/8n4）中发现了两个故障码：U113800——与"变速器内电动机油泵"控制单元的通信存在功能故障，当前并且已存储；U002800——与传动系 CAN 总线的通信存在功能故障，已存储。

Y3/8n4 报故障码为何会导致发动机故障指示灯亮？为理解相互之间的关系，在 WIS 中查找网络系统示意图（图 1-51）。

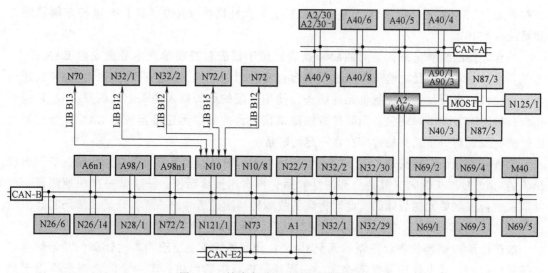

图 1-51　故障车 CAN 网络系统示意图

通过分析图 1-51 所示 CAN 网络系统示意图，可获知如下信息：

1）CAN 总线传输具有双向性，即各控制单元可传送信息至 CAN 网络，同时又可从网络中接收信息。

2）N73 是网络的中央网关，对于不同 CAN 网络之间的通信，需要通过 N73 来确定信号的传输优先权和转换 CAN 信号类型，即 N73 是不同 CAN 总线的数据交换接口。

3）故障车的 CAN C 网络由 Y3/8n4、N118、A80、N89 构成，ME 是该网络的网关（可理解为子网关），即 CAN C 网络需要通过 ME 才能与其他 CAN 网络进行数据交换，这样，ME 将 Y3/8n4 的故障传送至仪表，仪表据此点亮发动机故障指示灯，从而警告驾驶人。

根据上述分析，结合故障码，检查方向应该从 Y3/8n4 的通信入手，而任何一个控制单元能够与外界通信的前提条件为：控制单元自身、CAN 线、供电和接地均正常。为此，着手进行下述检查及分析：

1）故障码是当前存在的，而在此情况下 Y3/8n4 能顺利被奔驰专用诊断仪（XENTRY）测试到，说明其供电、接地、CAN 线均正常。

2）执行故障码的引导测试，检查 Y3/8n4 的线路和插头，结果正常，进一步验证了上述判断。

3）对 ME 和 Y3/8n4 进行软件升级，结果均无新软件，排除软件因素，这样，故障原因只剩下 Y3/8n4 自身硬件的可能。

4）鉴于故障车除了发动机故障指示灯常亮外，没有其他异常，在行驶过程中换档、提速等功能均正常，结合实际经验，判断此 Y3/8n4 是正常的，而且之前也更换过阀体，这样检查的思路应进一步延伸。

5）尝试在 WIS 中查找变速器控制系统的原理图，然后逐一分析图中的信号，结果大多数信号在车上是正常的，但对信号 24（变速器模式调节器状态）有疑义，操作该模式调节器，结果在仪表中没有显示变速器模式。

再次查看快速测试记录（图 1-52），结果发现在 N10 控制单元中有故障码 U11A787——与下部控制板 2 的通信存在故障，信息缺失，并且当前已存储，且刚好与信号 24 相对应。

图 1-52 故障车 N10 控制单元快速测试结果

变速器模式调节器（图 1-53）安装在中控台上，鉴于以往的经验，此类开关容易进水，询问驾驶人是否有过饮料或水倒在中控台上，驾驶人表示之前不慎将可乐倒在中控台和座椅之间。至此，诊断方向已经很明确。

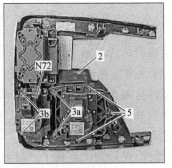

图 1-53 变速器模式调节器位置及构造

2—护盖　3a、3b、5—螺栓　N72—下部控制面板控制单元

故障排除 拆开变速器模式调节器,结果表面有明显的腐蚀痕迹,解体后发现调节器内部电子芯片已存在烧蚀的痕迹。更换新的变速器模式调节器,该车故障被彻底排除。

> **技巧点拨** 进水导致多种故障出现,驾驶人在日常的维护保养过程中,应注意做到车辆各处的防水,同时包括在高压洗车时防止车辆内部进水。

四、奔驰 GLC260 coupe 两前座椅不能正常调节

故障现象 一辆奔驰 GLC260 coupe,配置 274 发动机,9 速自动变速器,行驶里程:12058km。驾驶人反映两前座椅不能正常调节。

故障诊断 接车后同驾驶人一起验证故障现象,发现两前座椅调节正常,经询问驾驶人得知,在日常使用中经常出现调节左前座椅时,右前座椅会向相反的方向移动。有时一两天出现一次,有时好几天也不出现,故障现象的出现没有规律性。经初步检查该车的配置情况是,装配两前电动调节座椅,有座椅加热功能,未配备座椅通风和座椅记忆功能,左前座椅开关未装配调节右前座椅的按钮。由于没有故障现象,于是建议驾驶人留车观察并进一步检查。

经过反复试车后,故障现象终于出现了,当调节左前座椅向前移动时,右前座椅会向后移动,调节左前座椅向后移动时,右前座椅向前移动。但如果调节左前座椅的靠背,那么右前座椅靠背会和左前座椅的靠背同向移动。当按下两前车门上的座椅加热按钮后,1s 后加热指示灯就熄灭了(座椅加热不能使用)。连接诊断仪进行快速测试,读取到故障码如图 1-54 所示。

N10/8 - 后部信号采集及促动控制模组(后部信号采集及促动控制模组(SAM))				-i-
梅赛德斯—奔驰硬件号	222 901 12 03	梅赛德斯—奔驰软件号	222 902 48 13	
诊断标识	020017	硬件版本	13/09 001	
软件状态	16/06 001	引导程序软件版本	12/06 005	
硬件供应商	Hella	软件供应商	Hella	
控制单元型号	BC_R222_E19_1			
事件	文本			状态
U11BC87	与"驾驶员"座椅加热器的通信存在功能故障。信息缺失。			S
	姓名		首次出现	最后一次出现
	频率计数器			95
	总行驶里程		12048km	12048km
	自上次出现故障以来的点火周期数			1
U11BD87	与"前排乘客"座椅加热器的通信存在功能故障。信息缺失。			A+S
	姓名		首次出现	最后一次出现
	频率计数器			

图 1-54 读取的故障码

首先,根据故障引导进行检测,故障引导提示,关闭点火开关,将插头 1 从控制单元 N25/5(驾驶人座椅加热器控制单元)上拔下,然后接通点火开关并测量 2 号和 8 号针脚之间的电压,但是经过查阅车辆配置得知,该车装配的应该为 N32/1(驾驶人座椅控制单元),而 N25/5 为驾驶人座椅加热器控制单元,未装配座椅记忆组件,并且未装配电动调节式驾驶人座椅。说明故障引导存在错误。

故障现象短时间出现后就又消失了,只好本着先易后难的原则进行检查,先对左前车门控制单元、右前车门控制单元、后 SAM 控制单元进行了升级,但是故障现象依然存在。从网络图(图 1-55)上可以看出,左前车门或右前车门上的座椅调节开关信号,通过 LIN 线

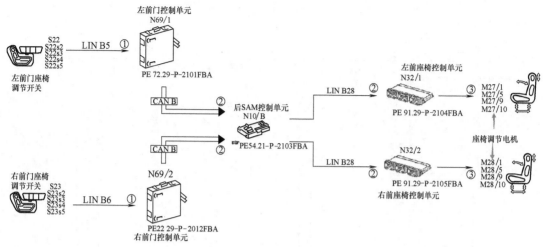

图 1-55 座椅调节网络图

传送到相对应的车门控制单元,然后通过 CAN B 传送到后 SAM 控制单元,后 SAM 控制单元又通过 LIN 线将信号传送到两前座椅控制单元,座椅控制单元通过促动相应的电动机实现座椅的调节。后 SAM 控制单元是信号的采集者,并且是座椅调节信号的主控单元,怀疑是后 SAM 控制单元内部程序紊乱,发送了错误信号,造成两前座椅向相反的方向移动。于是就更换了后 SAM 控制单元,之后多次试车一切正常,本以为故障就此解决了,谁知第二天再次试车时,故障现象再次出现了。

为了彻底排除故障,技师对整个信号传输线路进行了仔细排查。当故障出现时,进入左前车门控制单元查看实际值,操作左前座椅开关时,实际值能够正常变化,而此时进入右前车门控制单元查看右前座椅的实际值,实际值没有变化,说明座椅开关调节信号是正确的。根据维修经验判断,两前车门控制单元损坏的可能性是比较小的,但为了保险起见,还是和正常车调换了两前车门控制单元,但试车故障依然存在。接着找出后 SAM 控制单元的电路图进行测量,首先检查了 K40/5 熔丝盒内的 f466 及 f465 熔丝,都正常。测量 PWR-1 和 PWR-2 插头的电压,都在 12.3V,正常。测量 HR 插头的 16 号针脚(后 SAM 的 15 供电)的电压为 12.3V,也正常,如图 1-56 所示。使用 HMS990 测量 CAN B 波形,在故障出现时,波形没有异常变化,这基本可以说明座椅调节信号从开关发出,到左前车门控制单元,再到后 SAM 控制单元这一路是正常的。

后 SAM 控制单元的 LIN 线信号自 34 号针脚发出,通过 Z 节点 Z137/1z1 将 LIN 线信号传送至 N32/1(驾驶人座椅控制单元)、N32/2(前排乘客座椅控制单元)、N25/4(前排乘客座椅加热控制单元)、N25/5(驾驶人座椅加热控制单元)、N25/17(前部座椅加热器控制单元)。根据车辆的配置不同,该车只有 N32/1 和 N32/2,如图 1-57 所示。实际测量后 SAM 控制单元到两前座椅控制单元之间的 LIN 线的电阻值,为 1Ω 左右,也正常,检查插头及插针,也都没有松旷现象。

难道是座椅控制单元坏了?又和正常车调换了两个座椅控制单元,遗憾的是故障现象依然存在。就检查的结果来看,调换了所有的相关控制单元,测量了相关联的线路,没有任何问题。排查至此,故障陷入僵局。在没有排查方向的情况下,拔下右前座椅控制单元上的插

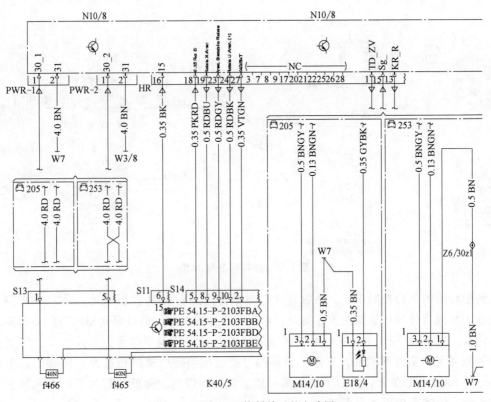

图 1-56　后 SAM 控制单元的电路图

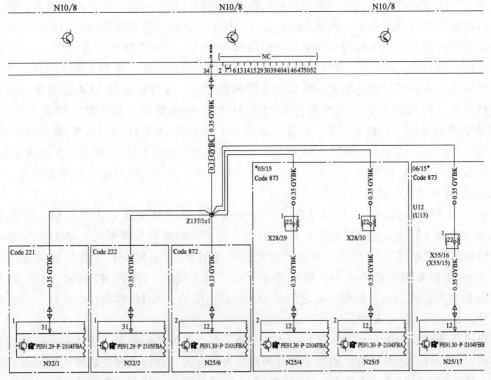

图 1-57　LIN 线电路图

头,准备把线束一根一根的排查,当轻轻拽动控制线(LIN 线)时,LIN 线从插针上脱开了,经仔细检查发现,线束出厂时没有压接牢固,存在虚接现象,故障位置如图 1-58 所示。

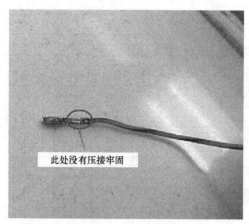

图 1-58 故障点位置

故障排除 更换插针后重新装复,多次试车,故障没有再出现。

> **技巧点拨** 一根关键的导线插针虚接导致出现异常现象,在实际线路的检查中,一定要注意插接器、导线等是否连接牢固,有时候这些地方就是我们要查找的故障点。

五、2016 款奔驰 CLS320 多个故障灯亮

故障现象 一辆 2016 款奔驰 CLS320,搭载 M276 型发动机和 722.9 型自动变速器,VIN 码为 WDDLJ 6CB1GA××××××,行驶里程约 110 000km,车主反映该车行驶过程中仪表台上多个故障灯常亮。

故障诊断 接车后首先验证故障现象,发现确实如车主所说,仪表台上有多个系统故障灯被点亮。连接专用诊断仪进行检测发现,车辆控制单元列表中多个控制单元储存了与各系统通信存在故障的故障码。根据故障码分析该车可能的故障原因有:中央网关存在故障、某个控制单元故障导致整个 CAN 系统通信故障、CAN 系统分配器故障、CAN 系统存在线路故障。

整车控制单元的列表中多个控制单元都存在故障码,且绝大部分控制单元都是由于接收不到故障点控制单元信息,或被故障点控制单元干扰而报出通信故障。为此,我们先打印初始快速测试单以存档,然后清除故障码,以便过滤掉"虚假"的故障信息。清除全车故障码后重新起动车辆,再次执行快速测试,此时只有 N93 中央网关控制单元存储有故障码(图 1-59)。

由此可进一步确认故障点在底盘 CAN 系统相关部件中,根据电路图找到位于驾驶人脚踏板地毯下的底盘 CAN 系统分配器 X30/30。在 X30/30 上接入示波器后,上路试车,仪表盘上多个故障灯再次亮起。同时,底盘 CAN 系统的波形出现异常(图 1-60)。

为缩小故障范围,笔者将底盘 CAN 系统上的插头逐个拔开,并同时观察示波器上的波形变化情况。当拔下图 1-61 所示的插头时,波形(图 1-62)开始恢复正常。

为进一步确认该底盘 CAN 的插头属于哪个控制单元,再次使用诊断仪进行快速测试,发现车后两个外部智能雷达测距传感器在列表中的状态显示为"!"(无法通信)。

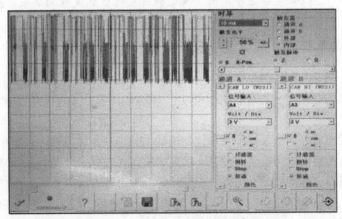

图 1-59　故障车 N93 中央网关控制单元存储的故障码

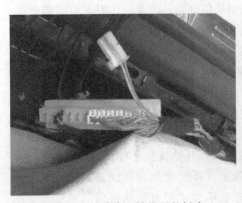

图 1-61　故障车上被拔下的插头

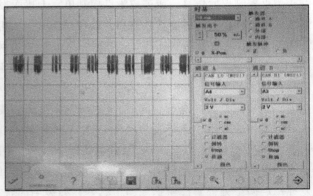

图 1-62　底盘 CAN 系统恢复正常的波形

综合以上检测分析情况，基本可以确定该车故障点在于车后两个外部智能雷达测距传感器，或它们连接至底盘 CAN 分配器的线路上。查阅相关电路图（图 1-63）发现，右后外部雷达测距传感器的 CAN 通信是通过节点接入左后外部雷达测距传感器的 CAN 线上，再由左后接入底盘 CAN 分配器 X30/30 中的。

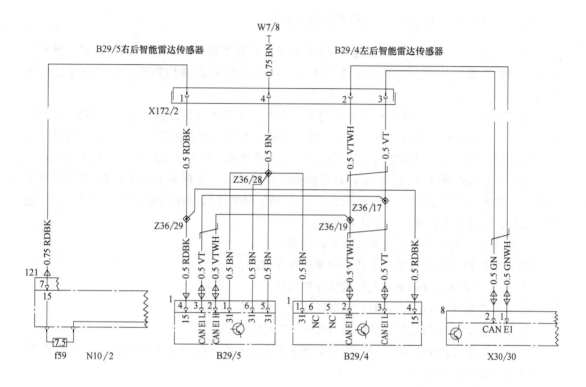

图 1-63　故障车外部雷达测距传感器电路

拆检车后两个外部雷达测距传感器的插头时发现，右后外部雷达测距传感器的插头有进水，且腐蚀严重（图 1-64），导致右后外部雷达测距传感器的 CAN 线对正极短路，从而影响整个底盘 CAN 的通信，并点亮仪表台上的多个故障灯。另外，通过检查还发现右后外部雷达测距传感器的插针也已经断开。

为验证该故障车是否只有这一个故障点，笔者又在断开该插头的情况下，插回其他所有的插头后再次进行路试，此时示波器显示的波形一直正常。

故障排除　更换损坏的右后外部雷达测距传感器以及相关的线束后，该车故障被彻底解决。

图 1-64　右后外部雷达测距传感器插头腐蚀严重

技巧点拨　通过本案例可以看出，在 CAN 总线系统中，哪怕只有一个故障点，系统也会存储诸多故障信息。反过来也一样，如果遇到系统存储有很多故障码，一般情况下就可以断定故障点出在 CAN 总线系统中。

六、2015 款进口奔驰 C200 仪表灯全亮

故障现象　一辆 2015 款奔驰进口 C200 轿车，行驶里程 1025km。驾驶人反映：该车在行驶过程中仪表灯全亮，发动机转速表不动，挂 D 档能听到挂档声音，但仪表还显示在 R 档。

故障诊断　该车为准新车，驾驶人刚提车不久，故障出现后，拖车进厂。接车后试车，未见异常。停放一晚上后打开点火开关，仪表黑屏，着车后仪表依然黑屏，且无法通过一键起动按钮熄灭发动机，只能把钥匙插入点火开关才可熄火。灯光、喇叭等用电器工作正常。

用奔驰专用诊断仪（XENTRY）对车辆进行快速测试，发现多个系统共存储有 30 多个故障码。从 XENTRY 读取的故障码来看，整车 CAN 网络通信存在功能故障，通过梳理快速测试结果，发现该车的故障呈现以下特点：

① 大多数控制单元与仪表的通信存在故障。
② 若干控制单元与电子点火开关的通信存在故障。
③ 若干控制单元与中央网关的通信存在故障。
④ 若干控制单元与用户界面控制器区域网络的通信存在故障。
⑤ 若干控制单元与辅助防护装置（SRS）的通信存在故障。

为进一步总结上述故障特点，理清故障码之间的关系，在 WIS 中查找故障车的 CAN 网络示意图，如图 1-65 所示。

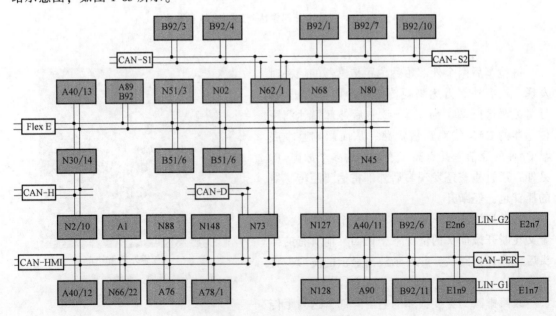

图 1-65　故障车 CAN 网络示意图

根据图 1-65 所示 CAN 网络示意图，进一步分析该车的故障特点。

各控制单元之间通过 CAN 总线相互通信，也就是说控制单元将自身的信息传送至 CAN 网络，同时从网络中接收自己所需要的或者与自己相关的信息，即 CAN 总线传输具有双向性。电子点火开关控制单元 N73 是整车网络的中央网关，对于不同 CAN 网络之间的通信，需要通过 N73 来确定信号的传输优先权和转换 CAN 信号类型，即 N73 作为中央网关是不同 CAN 总线的数据交换接口。仪表、SRS 均属于用户界面控制器区域网络，当用奔驰专用诊断仪（XENTRY）测试车辆时，包括仪表、SRS 在内的所有控制单元能够将自身的诊断结果通过 N73 和 CAN-D 传输给诊断仪，说明所有的 CAN 总线没有故障。

当车辆出现故障时，发动机可以起动，车载用电器也工作正常，这也说明了 N73 把起动信号传输至全车网络，同时也进一步证明全车的 CAN 总线正常。这样，若干控制单元与用户界面控制器区域网络的通信存在故障，肯定是由某个部件引起的，结合故障现象，判断是由 N73 或 A1 引起的。因此，应从 N73 和 A1 的通信入手，进行重点检查。考虑到之前发现的故障现象："仪表黑屏，用一键起动按钮无法熄火，只能用钥匙才可熄火"，而关闭发动机的信号由 N73 直接读取，然后通过 CAN 线传送至发动机控制单元，使发动机停止运转，这不受仪表黑屏的影响。据此，故障范围可进一步缩小至 N73 的通信。

而任何一个控制单元存在通信故障的可能原因有：控制单元自身故障、CAN 线故障、控制单元的供电或接地线故障。鉴于 CAN 总线出现故障的可能在之前已被排除，因此，可能的故障原因有：N73 自身硬件故障、N73 的供电故障或 N73 接地故障。

综合上述分析，笔者又查阅了 N73 的相关电路图（图 1-66 所示）。根据电路图，1 号插

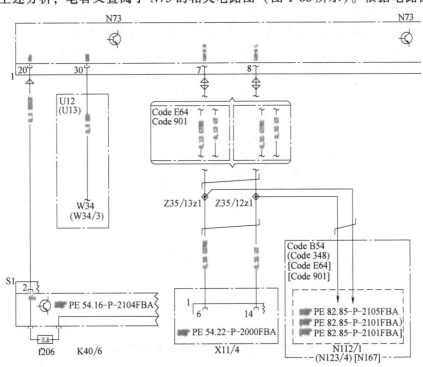

图 1-66　故障车发动机点火控制单元 N73 电路图

Code 348—紧急呼叫/辅助系统　Code 901 ECALL—预留装置　Code B54—实时交通信息　Code E64—ECALL　K40/6—驾驶人侧熔丝和继电器模块　K40/6f205—熔丝 205　N112/1—远程信息处理服务通信模块　N123/4—紧急呼叫系统控制单元　N73—电子点火开关控制单元　U12—适用于左座驾驶型车辆　U13—适用于右座驾驶型车辆　W34—左侧脚坑接地点　W34/3—右侧脚坑接地点　X11/4—诊断连接器　Z35/12z1—CAN-D low 结点　Z35/13z1—CAN-D high 结点

头的29针脚和30针脚分别为N73的供电和接地端，这两个针脚之间的电压在12V左右，说明N73的供电和接地均正常；对N73进行软件升级，但未发现新版本，排除软件因素，转而考虑N73硬件。

故障排除 通过上述检查和分析，确认该车故障是由N73硬件引起的，更换发动机点火开关控制电脑EIS，重新进行编程并删除故障码后试车，车辆恢复正常。试车后，又重新进行快速检测，未发现任何故障码。交车一周后回访，驾驶人反馈一切正常。至此，该车故障被彻底排除。

技巧点拨 当遇到此类故障时，可借助查找CAN网络图分析故障特点，找出各控制单元之间的相互关系，然后从控制单元、控制单元的供电或接地、CAN线这几个因素入手检查，结合实际情况，逐步缩小排查范围，直至发现问题点。

七、2012款奔驰C200前排乘员侧电动座椅无法调节

故障现象 一辆2012款奔驰C200轿车，行驶里程3.4万km。该车因前排乘员侧电动座椅无法调节而进厂检修。

故障诊断 接车后试车验证故障，故障现象确实存在，尝试操作前排乘员侧座椅开关对座椅进行调节，发现各个方向均无法调节。经询问驾驶人并查阅该车的维修记录，得知该车并无涉水及相关的维修记录。

连接STAR-D续取故障码，得到关于前排乘员侧电动座椅的故障码，如图1-67所示。根据故障码的提示，决定先对前排乘员侧座椅进行标准化设置，结果无法进行标准化设置（图1-68），系统提示“未发现新的控制模块软件，控制单元已用当前软件版本编程”（图1-69）。反复对前排乘员侧座椅进行标准化设置，结果均失败。

9D9B54 座椅前后位置调节的标准化未进行。校准缺失。	当前
9DAA54 座椅高度调节的标准化未进行。校准缺失。	当前
9DAB54 头枕调节的标准化未进行。校准缺失。	当前
9DAC54 靠背调节的标准化未进行。校准缺失。	当前
9E0454 座垫倾斜度的标准化未进行。校准缺失。	当前

图1-67 STAR-D读取到的故障码

✓ 控制单元”“前排乘员电动座椅调节”的编码 控制单元”“前排乘员电动座椅调节”的学习	标准化未成功进行。 中断的原因： 控制单元‘N32/1(驾驶人座椅控制单元)’的供电电压过高(过电压)。

图1-68 前排乘员侧座椅标准化设置未成功执行

“前排乘员”电动座椅调节

未发现新的控制模块软件。控制单元已用当前软件版本编程。

图1-69 系统提“未发现新的控制模块软件，控制单元已用当前软件版本编程”

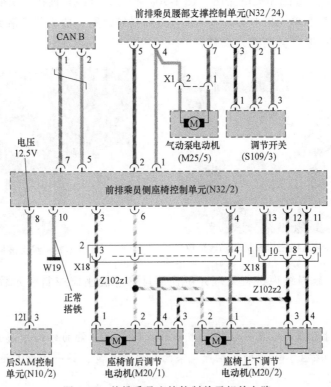

图 1-70 前排乘员座椅控制单元相关电路

系统提示标准化设置失败的原因是驾驶人侧座椅控制单元供电电压过高（图 1-68）。于是决定逐一对前排乘员侧座椅控制单元供电，及驾驶人侧座椅控制单元的供电进行检查。根据相关电路图（图 1-70），测量前排乘员侧座椅控制单元的电压，为 12.5V，正常；检查前排乘员侧座椅控制单元的搭铁，正常；检查驾驶人侧座椅控制单元的供电和搭铁，均正常。接着又检查了前排乘员侧座椅控制单元 CAN 总线的波形（图 1-71），也正常。

座椅控制单元的供电和搭铁均正常，而 CAN 线的波形也是正常的，怀疑是前排乘员侧座椅控制单元本身有问题。为验证这一猜测，维修人员分别给各前排乘员侧座椅调节电动机单独供电，各电动机均能正常运转。由此可知前排乘员侧座椅控制单元确实损坏了。

拆检前排乘员侧座椅控制单元，发现线路板已烧蚀（图 1-72）。至此，故障原因查明，是前排乘员侧座椅控制单元

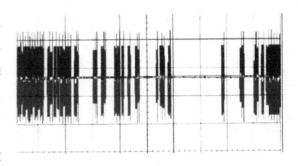

图 1-71 前排乘员侧座椅控制单元的 CAN 总线波形

内部的线路板损坏，导致前排乘员侧座椅无法进行标准化设置。是什么原因导致前排乘员侧座椅控制单元损坏的呢？怀疑线路有短路的情况。根据以往的维修经验，座椅的折叠处是线束容易磨损的位置。将座椅靠背拆下检查，并没有发现问题。

进一步检查发现前排乘员侧座椅控制单元与前排乘员腰部支撑控制单元之间的线路，发

现有破损（图1-73）。查阅相关电路图（图1-70）得知，该线是前排乘员侧座椅控制单元给前排乘员腰部支撑控制单元供电的，该线破损并对搭铁短路，造成前排乘员侧座椅控制单元内部损坏，导致前排乘员侧座椅无法调节。

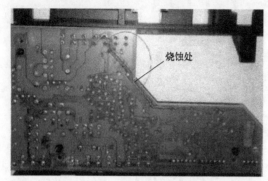

图1-72 烧蚀的前排乘员侧座椅控制单元线路板

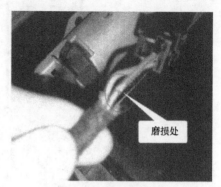

图1-73 线束破损位置

故障排除 对破损线束进行处理并更换前排乘员侧座椅控制单元后试车，故障彻底排除。

技巧点拨 对于线束破损导致搭铁造成的故障，在日常的维修中屡见不鲜，怎样避免类似问题故障的发生，一方面是生产厂家的布线要规范，另一方面应避免后期的改装、改线等不规范的情况。

第二章

宝 马 车 系

第一节 宝马车总线特性及诊断技巧

一、宝马总线系统类型

宝马车将总线系统分为主总线和子总线。主总线（表 2-1）系统负责控制单元之间跨系统的数据交换，其中包括诊断、编程和设码等系统功能。子总线（表 2-2）系统负责某个功能分组内的数据交换，主要采用 BSD 和 LIN 总线。由表 2-1 和表 2-2 可以看出，不同总线系统的数据传输速率和传输方法不同，为确保不同总线系统之间各控制单元之间的通信，用网关作为总线系统之间的接口，使数据交换成为可能，中央网关模块（ZGM）负责将信息从一个总线系统传递至另一个总线系统。

表 2-1 宝马车主总线

总线系统	数据传输速率	总线结构	运用
K-CAN	100kbit/s	线性、单线	车身电气
K-CAN2、3、4	500kbit/s	线性、单线	快速车身电气
PT-CAN	500kbit/s	线性、双线	动力传动
PT-CAN2	500kbit/s	线性、双线	动力传动 2
F-CAN	500kbit/s	线性、双线	底盘系统
D-CAN	500kbit/s	线性、双线	诊断访问
FlexRay	10Mbit/s	星形、双线	快速底盘
以太网	100Mbit/s	线性、无线	编程、导航
MOST	22.5Mbit/s	环形、光纤	娱乐系统

表 2-2 宝马车子总线

总线系统	数据传输速率/kbit/s	总线结构	运用
BSD	9.6	线性、单线	局域网络主从通信
LIN 总线	9.6~19.2	线性、单线	

随着驾驶人辅助系统和舒适娱乐系统的普及，车上电子装置和控制单元越来越多，为便于数据的交换和管理，宝马车总线系统经历了多次演变（图 2-1）。最新的控制单元集中方案将 ZGM 集成在 BDC 内，通过星形连接器连接方式，使所有主总线系统相互连接，将不同协议和数据传递速率的信息转换到其他总线系统上，使各总线系统提供的信息可以综合利用。另外，ZGM 通过以太网可将编程数据传输到车辆上。

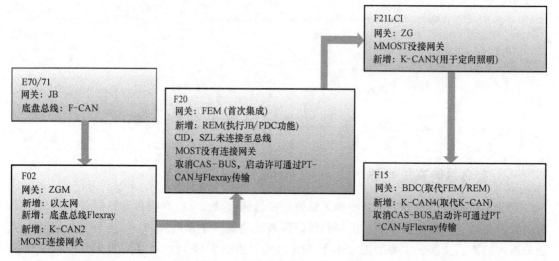

图 2-1 宝马车总线系统的演变

二、K-CAN（车身-CAN）总线特性分析及故障快速诊断技巧

下面对 K-CAN、LIN、PT-CAN、FlexRay 四种常见总线的特性进行分析，归纳出总线故障快速诊断的技巧。

K-CAN 电路如图 2-2 所示，K-CAN 数据传输率为 100kbit/s，采用双绞线结构，通过中央网关模块（ZGM）与其他总线系统相连，一般分成 2 条并联电路。K-CAN 通过总线来唤醒，无需附加唤醒导线；K-CAN 使用的是逻辑电阻，没有终端电阻。K-CAN 正常时，K-CAN-H 的电压为 0.2V，K-CAN-L 的电压为 4.8V，其正常波形如图 2-3 所示，K-CAN-H 在 0~4V 变化，K-CAN-L 在 5~1V 变化。

当 K-CAN-H 和 K-CAN-L 相互短路、

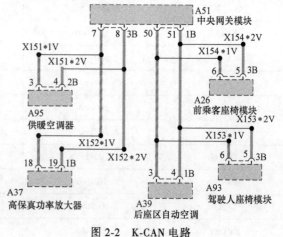

图 2-2 K-CAN 电路

并联电路总支上任意一根总线对搭铁或对电源短路时,K-CAN 可单线运行,车辆快速测试后,控制单元树中没有不通信的控制单元(一般不通信的控制单元显示黄色,如图 2-4 所示),但都会出现与该并联电路相关的很多故障码(图 2-5),此时可以通过测量波形进行故障区分:如果 K-CAN-H 和 K-CAN-L 的波形重合(图 2-6),则说明 2 根线相互短路;当其中一个波形正常变化,另一个波形为电源电压或 0V 时,说明该总线对电源或对搭铁短路(图 2-7 和图 2-8)。

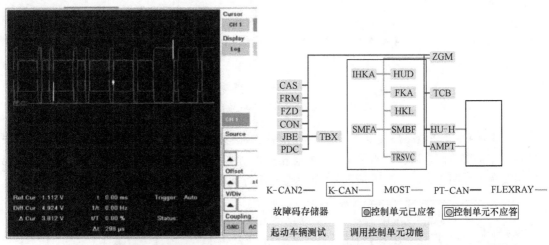

图 2-3 K-CAN 的正常波形

图 2-4 K-CAN 并联电路总支上单一总线故障在车辆快速测试后控制单元树状态

代码	说明	里程数	类别
CA840B	TRSVC:车身控制器区域网络,线路故障	3	
CD440B	ZGM,K-CAN:线路故障	3	
D8440B	HUD:车身控制器区域网络,线路故障	3	
E4440B	驾驶人座椅模块,CAN-Bus:线路故障/电气故障	3	
E4840B	前乘客侧座椅模块,CAN-Bus:线路故障/电气故障	3	
E7040B	IHKA,K-CAN:线路故障/电气故障	3	
E7440B	FKA:K-CAN:线路故障/电气故障	3	

图 2-5 K-CAN 并联电路总支上单一总线故障列表

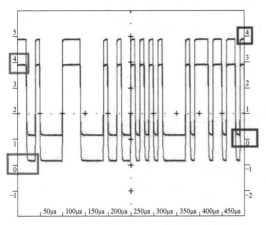

图 2-6 K-CAN-H 和 K-CAN-L 互相短路的波形

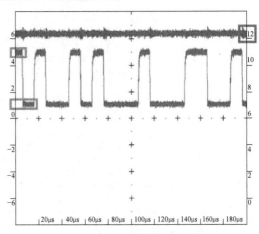

图 2-7 K-CAN-H 对电源短路的波形

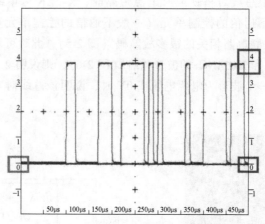

图 2-8 K-CAN-L 对搭铁短路的波形

当 K-CAN 并联电路总支上 2 根总线同时磨断或网关内相关部分损坏时，K-CAN 总线无法运行，车辆快速测试后，控制单元树中所有相关控制单元不通信（一般模块不通信的控制单元显示黄色，如图 2-9 和图 2-10 所示），并且会出现与 K-CAN 不通信相关的故障码（图 2-11）。

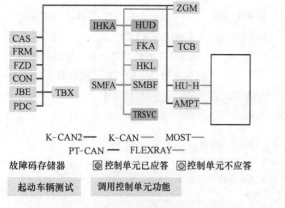

图 2-9 K-CAN 上某一并联电路不通信，在车辆快速测试后控制单元树状态

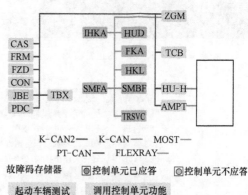

图 2-10 K-CAN 上网关不通信，在车辆快速测试后控制单元树状态

代码	说明	里程数	类别
S 0257	无法与下列装置通信：平视显示系统	3	
S 0313	无法与下列装置通信：全景摄像机	3	
S 0388	无法与下列装置通信：自动恒温空调	3	
B7F325	应急扬声器：断路	3	
C91402	信息（水阀, 0x2BF）缺失，接收器 JBE，发送器 IHKA	3	信息
C91404	信息（空调状态, 0x246）缺失，接收器 JBE，发送器 IHKA	3	信息
CDB804	信息（冷曝空调请求, 0x2F9）缺失，接收器 DME/DDE，发送器 IHKA	3	信息
DE9436	信息(IHKA - 内部调节信息, 0x32E)缺失，接收器 FZD，发送器 IHKA	3	信息
DE9439	信息(IHKA 停车功能, 0x2F0)缺失，接收器 FZD，发送器 IHKA	3	信息
E114C4	信息(HUD 状态 2, 0x213) 缺失，接收器 KOMBI，发送器 HUD	3	信息
E21405	信息（后视摄像机限定调状态, 0x37A）缺失，PDC 接收器，TRSVC 发射器	3	信息
E75401	信息(后座区空调控制, 0x3F8)缺失，FKA 接收器，IHKA 发射器	3	信息
E7540B	信息(前排乘客空调空气分配状态, 0x2EA)缺失，接收器 FKA，发射器 IHKA	3	信息
E7540C	信息(驾驶员空调空气分配状态, 0x2E6)缺失，接收器 FKA，发射器 IHKA	3	信息
E7541F	信息(后座区空调空气分配状态, 0x247)缺失，接收器 FKA，发射器 IHKA	3	信息

图 2-11 K-CAN 并联电路总支上不通信故障列表

当 K-CAN 并联电路分支上某一控制单元任意一根总线对搭铁或对电源短路时，K-CAN 可单线运行，车辆快速测试后控制单元树中没有不通信的控制单元（一般不通信的控制模块显示黄色，如图 2-4 所示），但会出现与该控制单元相关的故障码（如图 2-12）。同样，可以通过测量波形进行故障区分：当其中一个波形正常变化，另一个波形为电源电压或 0V 时，说明该总线对电源或对搭铁短路（如图 2-7 和图 2-8）。

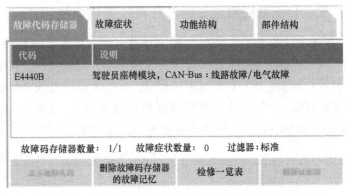

图 2-12　K-CAN 并联电路分支上某一总线故障列表

> **技巧点拨**　当 K-CAN 上某一控制单元自身 2 根总线同时磨断或控制单元内相关部分损坏时，与该控制单元相关的 K-CAN 总线无法运行，车辆快速测试后控制单元树中该控制单元不通信。一般不通信的控制单元显示为黄色，如图 2-13 所示。并且，会出现与该控制单元 K-CAN 不通信相关的故障码，如图 2-14 所示。

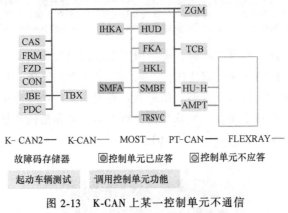

图 2-13　K-CAN 上某一控制单元不通信
在车辆快速测试后控制单元树状态

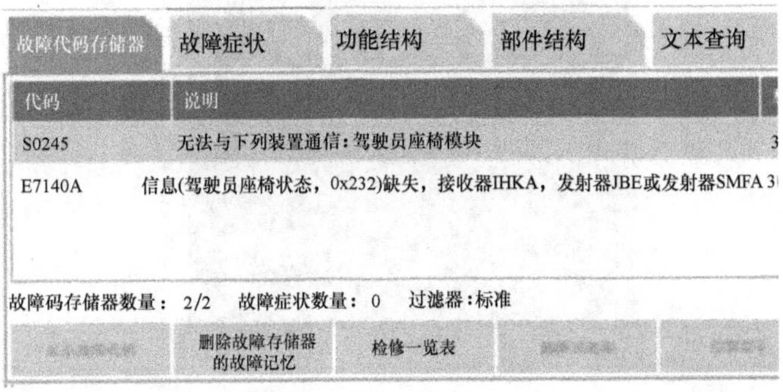

图 2-14　K-CAN 并联电路分支上某一控制单元不通信故障列表

三、LIN 总线特性分析及故障快速诊断技巧

LIN 是一个单线系统形式的子总线，实现主控单元和副控制单元之间快速、安全的通信，例如脚部空间控制单元至驾驶人侧车门开关组和外后视镜的连接（图 2-15）。其供电电压和信号传输电压与蓄电池电压相同。在 LIN 总线系统中，始终仅安装一个主控制单元，最多可以连接 16 个用户（即所谓的副控制单元）。没有规定的总线结构，数据传输速率为 9.6~19.2kbit/s，由于数据传输速率小，无需终端电阻。

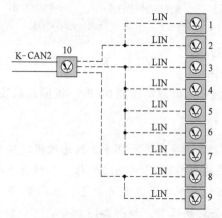

图 2-15　脚部空间控制单元（FRM）LIN 总线示例
1—灯光操作面板　2—驾驶人辅助系统操作面板　3—驾驶人侧外部视镜　4—前乘客侧外后视镜　5—驾驶人侧座椅调节开关组　6—前乘客侧座椅调节开关组　7—驾驶人侧车门开关组　8—左侧前照灯驱动器控制单元　9—右侧前照灯驱动器控制单元　10—脚部空间控制模块（FRM）

当 LIN 总线相关组件上出现故障时，需要根据电路图执行相关元件的动作测试和状态查询。如果状态查询或元件动作测试成功执行，则 LIN 总线上的通信无故障，在这种情况下无需在相关 LIN 总线上执行其他故障查询。如果状态查询或元件动作测试不成功，针对相关组件和伺服机构需要根据电路图检查 LIN 总线相关组件的供电和搭铁连接情况；当供电和搭铁均正常时，需要测量 LIN 总线波形（图 2-16）。

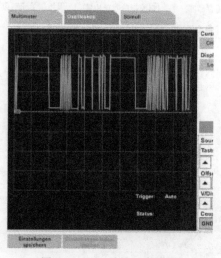

图 2-16　LIN 总线正常波形

技巧点拨 针对 LIN 总线上的控制单元不通信且供电和搭铁均正常时,测量 LIN 总线波形,如图 2-17 所示,在 LIN 总线上识别到一个恒定的占优势地位的信号时,需进一步测量相关 LIN 总线导线是否对正极和搭铁短路、是否断路及相关连接器连接是否接触不良。

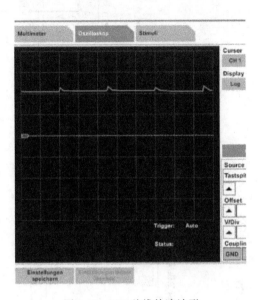

图 2-17　LIN 总线故障波形

四、PT-CAN(动力传动系统-CAN)总线特性及故障快速诊断技巧

由 PT-CAN 电路(图 2-18)可以看出,PT-CAN 用于连接发动机管理系统、自动变速器控制系统及安全和驾驶人辅助系统间的相互连接。PT-CAN 的数据传输率为 500kbit/s,并采用双绞线结构,通过中央网关与其他总线系统相连,一般分成 2 条并联电路,PT-CAN 不能单线运行,只要有一根 CAN 总线出现问题,相应线路上的所有控制单元都无法通信。PT-CAN 通过唤醒线来唤醒。为避免信号反射,在 2 个 CAN 总线的控制上(在 PT-CAN 网络中的距离最远),分别连接一个 120Ω 的终端电阻,这 2 个终端电阻并联,并构成一个 60Ω 的等效电阻。断开供电电压后可在数据线之间测量该等效电阻的电阻值。测量时,需要把一个便于拆装的控制单元从总线上脱开,然后在导线连接器上测量 CAN-L 和 CAN-H 导线之间的电阻。另外,单个终端电阻也可以各自分开测量电阻。PT-CAN 正常时,用万用表测量 CAN 线的电压,PT-CAN-H 的电压为 2.6V、PT-CAN-L 的电压为 2.3V;图 2-19 所示为 PT-CAN 的电压波形,PT-CAN-H 的电压在 2.5~3.5V 变化,PT-CAN-L 的电压在 2.5~1.5V 变化。

由于 PT-CAN 不能单线运行,当 PT-CAN-H 和 PT-CAN-L 并联电路总支上任意一根总线或 2 根总线都出现故障(断路、短路),PT-CAN 并联电路分支上的某一模块任意一根总线或 2 根总线对搭铁或对电源短路时,车辆快速测试后控制单元树中所有控制单元不通信(一般不通信的控制单元显示黄色,如图 2-20 所示),同时会出现与该并联电路相关的很多故障码(图 2-21),这主要是由于控制单元无法通信,导致信号不能接收和发出。

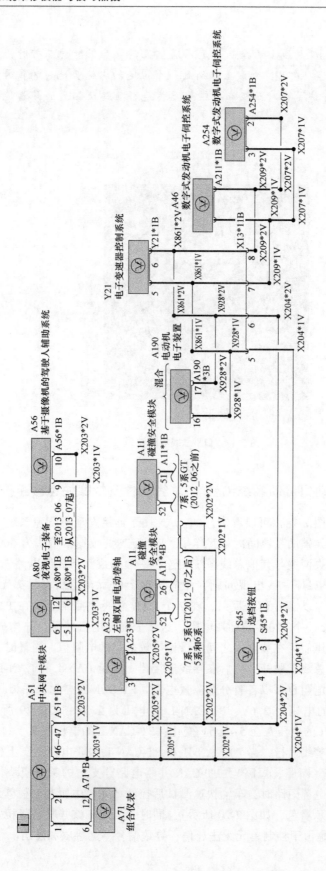

图 2-18 PT-CAN 电路

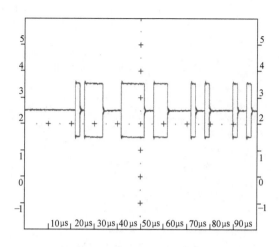

图 2-19 PT-CAN 的正常电压波形

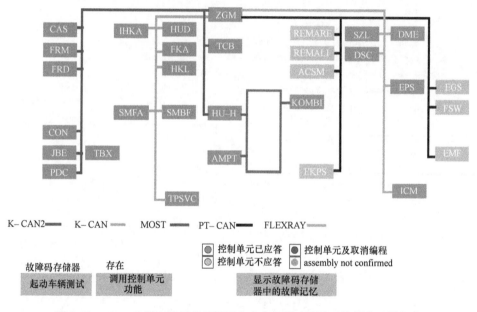

图 2-20 PT-CAN 所有控制单元不通信在车辆快速测试后控制单元树状态

虽然从控制单元通信和故障码上不能立即判断出故障原因,但由于出现不同故障时的波形是不一样的,因此可以通过测量波形进行故障区分:当 PT-CAN-H 和 PT-CAN-L 波形重合,且为 2.5V(图 2-22),说明 2 根 CAN 线互相短路;如果 PT-CAN-H 和 PT-CAN-L 波形重合,且为 0V(图 2-23),说明 2 根 CAN 线处于休眠状态;当其中一个波形被拉低向 0V 变化,另一个波形为 0V 时,说明为 0V 总线对搭铁短路(图 2-24 和图 2-25);当 2 个波形都为电源电压时,说明其中电压偏高一点的总线对电源短路(图 2-26 和图 2-27)。对于总线断路故障,在用万用表测量时电压为 0V(无电压且车辆不休眠),所以无需测量波形,直接通过电阻法判断导线通断即可。

代码	说明	里程数	类别
S 0235	无法与下列装置通信：电子变速箱控制系统	3	
S 0237	无法与下列装置通信：电动燃油泵控制单元	3	
S 0238	无法与下列装置通信：左侧电动卷轴	3	
S 0239	无法与下列装置通信：右侧电动卷轴	3	
S 0367	无法与下列装置通信：驻车制动器	3	
S 0379	无法与下列装置通信：选档按钮	3	
S 0380	无法与下列装置通信：碰撞安全性模块	3	
030215	SHD：不存在标准化设置	3	
030295	滑动挡板：不存在标准化设置	3	
10B104	车外温度传感器，信号：CAN 信息缺失	3	信息
4809C1	DSC：EMF，无法机械确定制动器	3	信息
B7F68C	KOMBI：选档杆显示器，换挡点指示器，CAN 信息缺失	3	信息
C91422	信息（碰撞预防主控单元状态，0x97）缺失，接收器 JBE，发射器 REMALI	3	信息
CA9400	信息（相对时间，0x328）缺失，TRSVC 接收器，KOMBI 发射器	3	信息
CA940A	信息（驱动系 2 数据，0x97 缺失），TRSVC 接收器，DME/DDE 发射器	3	信息
CA9423	信息（车外温度，0x3F9）缺失，TRSVC 接收器，KOMBI 发射器	3	信息
CAAC01	KOMBI 接口（里程数/可达里程，0x330）：信号无效	-1	信息
CAAC0F	KOMBI 接口（车外温度，0x3F9）：信号无效	3	信息
CD040A	ZGM，PT-CAN：通信故障	3	
CD840A	DME，PT-CAN：通信故障	3	
CDA322	信息（单位 BN2020, 252.0.4）缺失，DME/DDE，KOMBI 发射器	3	信息
CDA514	信息（座位占用安全带锁扣触头状态，0x297）缺失，接收器 DME/DDE，发送器 ACSM	3	信息
D01428	信息（车外温度，252.1.4）缺失，接收器 ICM，发射器 KOMBI	3	信息
D0142C	KOMBI 接口（车外温度，252.1.4）：信号无效	3	信息

图 2-21 PT-CAN 并联电路总支上总线故障列表

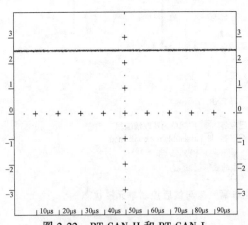

图 2-22 PT-CAN-H 和 PT-CAN-L
互相短路的波形

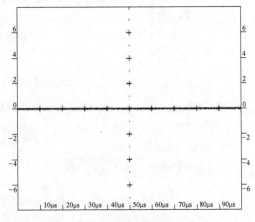

图 2-23 PT-CAN-H 和 PT-CAN-L
处于休眠状态的波形

技巧点拨 当 PT-CAN 上某一控制单元自身总线磨断或控制单元内相关部分损坏时，与该控制单元相关的 PT-CAN 总线无法运行，车辆快速测试后控制单元树中该控制单元不通信（一般模块不通信的控制单元显示为黄色，如图 2-28 所示），并且会出现与该控制单元 K-CAN 不通信的相关故障码（图 2-29）。在进行故障排除时只需要做单个控制单元的供电、搭铁和总线通断测量即可。

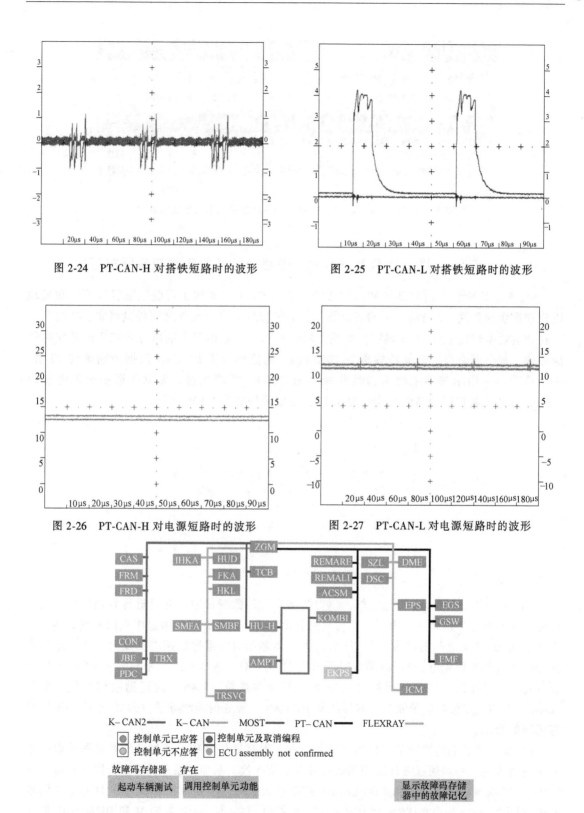

图 2-24　PT-CAN-H 对搭铁短路时的波形

图 2-25　PT-CAN-L 对搭铁短路时的波形

图 2-26　PT-CAN-H 对电源短路时的波形

图 2-27　PT-CAN-L 对电源短路时的波形

图 2-28　PT-CAN 上某一控制单元不通信在车辆快速测试后控制单元树状态

过程	车辆信息	车辆处理	售后服务计划	收藏	更换控制单元	修理厂材料/消耗材料	测量系统
修理/保养	故障查询	服务功能	软件更新			车辆改装	
故障码存储器	故障症状	功能结构	部件结构	文本查询	输入故障码		

代码	说明		里程数	类别
S 0237	无法与下列装置通信：电动燃油泵控制单元		3	
B7F325	应急扬声器断路		3	信息
CDA524	信息(燃油泵状态, 0x335)缺失，DME接收器，EKP发射器		3	信息

图 2-29 PT-CAN 并联电路分支上某一控制单元不通信故障列表

五、FlexRay 总线（底盘系统总线）总线特性及故障快速诊断技巧

FlexRay 是全新的总线系统和通信系统。通过 FlexRay 实现了行驶动态管理系统和发动机管理系统的联网。对 FlexRay 的要求是，在电气和机械电子元件之间提供可靠、实时和非常高效的数据传输。FlexRay 具有性能强大的记录功能，适用于车辆内分布式系统的实时数据传输，每个通道最大数据传输率为 10Mbit/s。此值相当于 PT-CAN 数据传输率的 20 倍，因此只能用专用示波器来测量信号曲线（图 2-30）。系统接通，无总线通信时的电压为 2.5V，有总线通信时的高电平信号为 3.1V，低电平信号为 1.9V。

图 2-30 FlexRay 信号曲线变化趋势

FlexRay 除支持更高的带宽之外，还支持确定性的数据传输，并可进行容错配置。这就是说，即使是在个别元件失效后，仍可允许剩余的通信系统运行。通过中央网关建立不同总线系统和 FlexRay 之间的连接。在 FlexRay 中，为避免向数据导线两端的反射，使用电阻器进行终止（作为终端电阻），终端电阻阻值为 90~110Ω。通过总线信号唤醒 FlexRay 上的控制单元，尽管如此，技师仍可通过便捷进入及起动系统（CAS）的辅助唤醒导线，激活 FlexRay 上的大多数控制单元。唤醒导线与 PT-CAN 中原先的唤醒导线（总线端 15WUP）具有相同的功能。

FlexRay 总线上的控制单元分为同步通道和非同步通信两种，通过总线概览图或电路图无法进行区别，必须通过拓扑结构图进行查看。第 5 代 7 系和 5 系车只有 1 个同步通道（图 2-31），在 ZGM、ICM、DSC 和 DME/DDE 控制单元之间；全新 3 系和 X 系列具有 2 个同步通道（图 2-32），一个在 FEM 和 ICM、DSC 控制单元之间，一个在 FEM 和 DME/DDE 控制单元之间。各控制单元与中央网关相通信，彼此之间不一定通信。

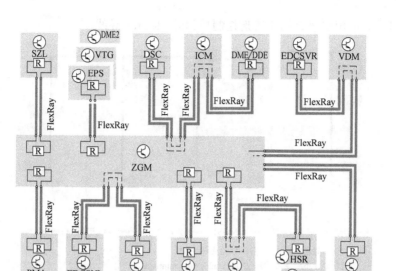

图 2-31 F02（7系）FlexRay 拓扑结构图（最大装备）

AL—主动转向控制单元　DME/DDE—数字式发动机电子伺服控制系统或数字式柴油机电子伺服控制系统控制单元　DME2—数字式发动机电子伺服控制系统2控制单元　DSC—动态稳定控制系统控制单元　EDCSHL—左后减振器卫星式控制单元　EDCSHR—右后减振器卫星式控制单元　EDCSVL—左前减振器卫星式控制单元　EDCSVR—右前减振器卫星式控制单元　EME—电动机电子装置控制单元　EPS—电动机械式助力转向系统控制单元　HSR—后桥侧向偏离调节控制单元　ICM—一体式底盘管理系统控制单元　PMA—泊车辅助系统控制单元　R—终端电阻　SWW—变道警告系统控制单元　SZL—转向柱开关中心控制单元　VDM—垂直动态管理系统控制单元　VTG—分动器控制单元　ZGM—中央网关控制单元

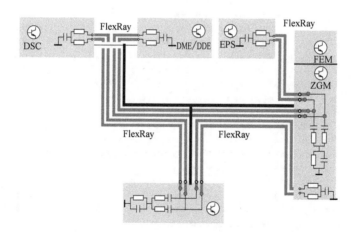

图 2-32 F35（3系）FlexRay 拓扑结构图（最小装备）

DME/DDE—数字式发动机电子伺服控制系统或数字式柴油机电子伺服控制系统控制单元　DSC—动态稳定控制系统控制单元　EPS—电动机械式助力转向系统控制单元　FEM—前部电子控制单元

对于只有一个同步通道的车辆，为保证 FlexRay 无故障同步，至少需要 2 个控制单元与中央网关进行通信。例如，如果 DSC 失灵，还可以通过 ICM 和 DME/DDE 控制单元进行同步。如果 FlexRay 上所有控制单元不通信（图 2-33），且有与 FlexRay 上控制单元相关故障码

（图2-34）时，则故障应该是同步通道控制单元的FlexRay导线。

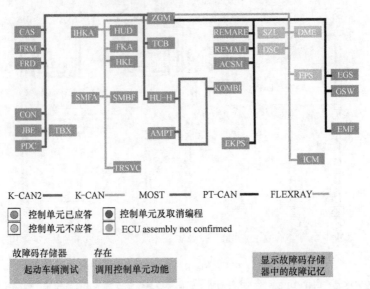

图2-33　F18（5系）FlexRay所有控制单元不通信在车辆快速测试后控制单元树状态

代码	说明	里程数	类别
S 0258	无法与下列装置通信：一体式底盘管理系统	3	
S 0307	无法与下列装置通信：转向柱开关中心	3	
S 0392	无法与下列装置通信：发动机电子系统	3	
S 0395	无法与下列装置通信：动态稳定控制系统	3	
S 0399	无法与下列装置通信：电动机械助理转向系统	3	
C91408	信息（关税清洗开关，0x1A6）缺失，接收器 ACSM，发射器 SZL	3	信息
C95406	信息（速度，0x1A1）故障，接收器 ACSM，发射器 ICM	3	信息
C95422	信息（前桥转向角有效，0x302）不是最新的，接收器 ACSM，发射器 ICM	3	信息
CA9402	信息（行驶速度，0x1A1）缺失，接收器 TRSVC，发射器 ICM	3	信息
CA9406	信息（前桥转向角有效，0x302）缺失，接收器 TRSVC，ICM 发射器	3	信息
CD0420	ZGM, FreRay 控制器报告故障	3	
CD0433	ZGM, FreRay：路径 2 上的线路故障	3	
CF1601	信息（车库内实际转速未保险，0x254）缺失，接收器 EGS，发射器 DSC	3	信息
CF16C1	信息（分组故障 2-行驶模式下的结果：可能）缺失：EGS 接收器，DSC 发射器	3	信息
CD16D1	信息（分组故障 4-行驶模式下的结果：无）缺失：EGS 接收器，DSC 发射器	3	信息
CF18D1	信息（分组故障 2-行驶模式下的结果：可能）缺失：EGS 接收器，ICM 发射器	3	信息
CF18E1	信息（分组故障 4-行驶模式下的结果：无）缺失，EGS 接收器，ICM 发射器	3	信息
CF2101	信息（翘板开关操作，0x207）缺失，EGS 接收器，FEM/SZL 发射器	3	信息
D394B8	信息（车辆速度，1A1）缺失，接收器 EMF，发射器 ICM	3	信息
D395BC	信息（DCS 稳定装置状态，173）缺失，接收器 EMF，发射器 DSC	3	信息
D39B2C	信息（重心纵向加速度，0x199），接收器 EMF，发射器 ICM	3	信息
E11456	信息（转向柱开关操作，0x1EE）缺失，接收器 KOMBI，发射器 SZL/BDC	3	信息
E1145A	信息（速度换算参数，0x3CB）缺失，接收器 KOMBI，发射器 ICM/DSC	3	信息
E11463	信息（动态行驶开关 2 配置，0x3E6）缺失，接收器 KOMBI，发射器 ICM/DSC	3	信息
E11464	信息（行驶速度，0x1A1）缺失，接收器 KOMBI，发射器 ICM/DSC	3	信息

图2-34　F18（5系）FlexRay同步通道不通信的相关故障码

对于有2个同步通道车辆，为保证FlexRay同步，至少需要1个同步通道与中央网关进行通信。如果FlexRay上所有控制单元不通信，则故障为中央网关；如果是FlexRay上部分控制单元不通信（图 2-35），且有与 FlexRay 上控制单元相关的故障码（图 2-36）时，则故障为该同步通道上的同步控制单元或相关 FlexRay 导线。

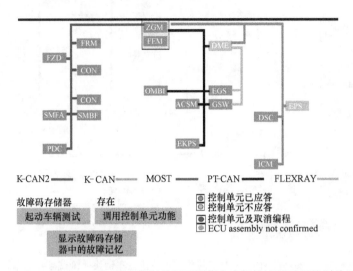

图 2-35　F35（3 系）FlexRay 部分控制单元不通信在车辆快速测试后控制单元树状态

代码	说明	里程数	类别
S 0392	无法与下列装置通信：发动机电子系统	25	
S 0399	无法与下列装置通信：电动机械助理转向系统	25	
CD0433	ZGM, FreRay：路径 1 上的线路故障	25	
D01557	信息（电动马达 1 车轮扭矩，41.3.4）缺失，接收器 ICM，发射器 DME/DDE	25	信息
D01558	信息（电动马达 2 车轮扭矩，41.3.4）缺失，接收器 ICM，发射器 DME/DDE	25	信息
D0156D	信息（电动马达 3 车轮扭矩，61.3.4）缺失，接收器 ICM，发射器 DME/DDE	25	信息
D01570	信息（电动马达 4 车轮扭矩，40.3.4）缺失，接收器 ICM，发射器 DME/DDE	25	信息
D01646	信息（加速踏板拉杆角度，40.1.4）缺失，接收器 ICM，发射器 DME/DDE	25	信息
D016A5	信息（动态行驶检查控制显示 02,218.11.32）缺失，接收器 ICM，发射器 EPS	25	信息
D01744	信息（驱动系 2 数据，230.0.2）缺失，接收器 ICM，发射器 DME/DDE	25	信息
D018E1	信息（曲轴 1 扭矩，40.1.4）缺失，接收器 ICM，发射器 DME/DDE	25	信息
D019BF	信息（作动器驾驶员实际转向阻力矩，49.0.2）缺失，接收器 ICM，发射器 EPS	25	信息
D01A08	信息（电动马达 6 车轮扭矩，61.3.4）缺失，接收器 ICM，发射器 DME/DDE	25	信息
D01B26	信息（EPS 实际位置，51.0.2）缺失，接收器 ICM，发射器 EPS	25	信息
D01B3F	信息（电动马达 5 车轮扭矩，40.3.4）缺失，接收器 ICM，发射器 DME/DDE	25	信息
D01C0C	信息（齿条实际作用力，49.0.2）缺失，接收器 ICM，发射器	25	信息
D35452	信息（驱动系数据 3，251.1.4）缺失，接收器 DSC，发射器 DME/DDE	25	信息
D35557	信息（电动马达 1 车轮扭矩，0X08F）缺失，接收器 DSC，发射器 DME/DDE	25	信息
D35558	信息（电动马达 2 车轮扭矩，41.3.4）缺失，接收器 DSC，发射器 DME/DDE	25	信息
D3556D	信息（电动马达 3 车轮扭矩，0X145）缺失，接收器 DSC，发射器 DME/DDE	25	信息
D35570	信息（电动马达 4 车轮扭矩，0X0DC）缺失，接收器 DSC，发射器 DME/DDE	25	信息
D35646	信息（加速踏板拉杆角度，0X0D9）缺失，接收器 DSC，发射器 DME/DDE	25	信息
D3568A	信息（动力总成传动机构数据，237.1.2）缺失，接收器 DSC，发射器 DME/DDE	25	信息
D35744	信息（动态行驶开关 2 配置，0X3E6）缺失，接收器 KOMBI，发射器 ICM/DSC	25	信息
D358E1	信息（曲轴 1 扭矩，0X0A5）缺失，接收器 ICM，发射器 DME/DDE	25	信息

图 2-36　F35（3 系）FlexRay 某一同步通道不通信的相关故障码

如果是 FlexRay 上单个控制单元不通信（图 2-37），且有与 FlexRay 上控制单元相关的故障码（图 2-38）时，则故障为非同步通道上的控制单元或相关 FlexRay 导线。

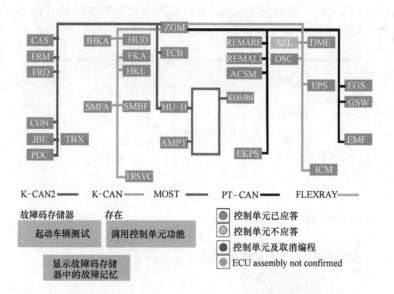

图 2-37　F18（5系）FlexRay 单个控制单元不通信在车辆快速测试后控制单元树状态

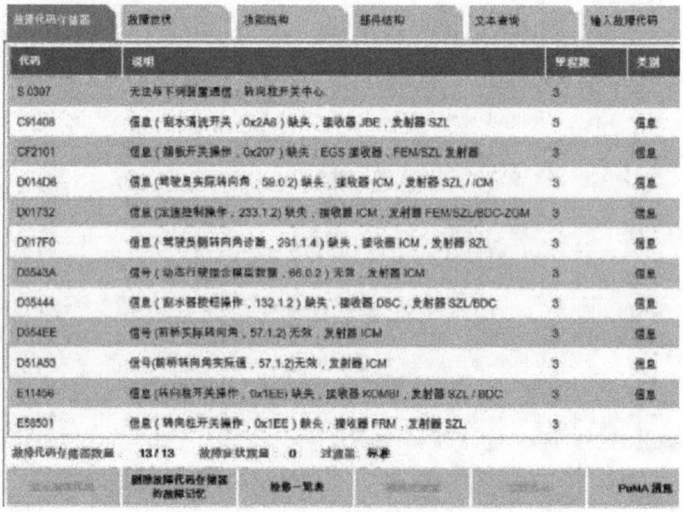

图 2-38　F18（5系）FlexRay 非同步通道不通信的相关故障码

综上所述，总线故障快速诊断的技巧无非就是通过快测查看控制单元通信状态（有无发黄）和相关故障码进行初步判断。

1）单个控制单元发黄，可能故障部位主要是该控制单元的供电、搭铁、相关支路总线与唤醒线、不带终端电阻的控制单元。

2）同一总线一组控制单元发黄（含全黄），可能故障部位主要是相关总线（如 PT-CAN、K-CAN、FlexRay 同步通道）、网关、带终端电阻的控制单元。

3）不同总线个别控制单元发黄，可能故障部位主要是共用搭铁或供电、供电总线端。

4）不同总线一组控制单元发黄，可能故障部位主要是网关。

技巧点拨 确定主要故障部位后，可再通过万用表测量总线有无电压来判断具体故障点。如果电压为0V（无电压），要进一步检查导线的通断；如果有电压，要进一步测量总线波形，通过总线波形的特征锁定故障点。

第二节 宝马7系

一、2015款宝马750Li组合仪表提示“传动系统有异常”

故障现象 一辆2015款宝马750Li车，车型代号为G12，搭载N63发动机，行驶里程6.5万km。驾驶人反映，车辆行驶过程中，组合仪表提示“传动系统有异常”，同时中央信息显示屏（CID）提示“传动系统有异常，不能获得全部动力，勿关闭发动机，否则不能起动”。

故障诊断 接车后首先试车验证故障现象。接通点火开关，起动发动机，发动机顺利起动着车，且发动机怠速运转平稳。进行路试，发动机加速性能良好，未发现任何异常。后与驾驶人沟通得知，该车的故障具有一定的偶发性，且故障出现的频率比较低。当故障出现时，发动机转速表指针从正常位置瞬间降到0位置，D档的显示也随之消失，此时发动机并未熄火，于是立即靠路边停车，将发动机熄火后重新起动，发动机无法起动着车。等待一段时间，尝试起动发动机，发动机又能顺利起动。

用故障检测仪（ISTA）对车辆进行快速测试，读取到的故障码如图2-39所示，多是一些关于通信故障的故障码。根据故障码的提示，结合上述故障现象分析，初步判断故障可能出在PT CAN总线上。

0x1B9804	发动机关机时间信息，信号：缺少
0x1B9804	发动机关机时间信息，信号：缺少
0x233004	信息（OBD传感器诊断状态，0x5E0）缺失 接收器DME，发射器 KOMBI
0xCD840A	DME：PT-CAN：通信故障
0xCD8D2C	LIN，信息；电动风扇：缺少
0xCDA683	DME：PT-CAN：线路故障/电气故障

图2-39 读得的故障码

查阅相关资料得知，PT-CAN总线将发动机控制与变速器控制，以及安全和驾驶人辅助系统范围内的系统相连接。分析认为，如果PT CAN总线支路上任意一根导线出现对搭铁短路故障，那么就有可能存储多个控制单元PT CAN总线通信故障的故障码，而不会只存储发动机控制单元（DME）PT CAN总线通信故障的故障码。为了验证自己的推测，决定对PT CAN总线进行故障模拟测试。根据相关电路，分别对5号CAN导线连接器R5＊1B端子11（PT CAN-H端子）和端子24（PT CAN-L端子）所在的连接线进行搭铁短路测试，故障检测仪读取到的故障码与图2-39中的故障码不一样，排除PT CAN总线支路对搭铁短路的可能。尝试对5号CAN导线连接器R5＊1B端子24所在的连接线进行间歇性人为断路测试，故障检测仪读取到的故障码与图2-39中的故障码一致。由此推断，之前该车的故障可能是由DME与5号CAN导线连接器R5＊1B之间的线路接触不良引起的。断开DME导线连接器A46＊1B与5号CAN导线连接器R5＊1B，未发现端子有氧化、腐蚀现象；测量DME与5号CAN导线连接器R5＊1B之间PT CAN总线的导通情况，导通良好。将适配器连接在DME导线连接器A46＊1B上，用示波器测量 PT CAN 总线的信号波形（图 2-40），正常。当晃动 DME 导线连接器 A46＊1B 时，示波器出现了不规则的信号波形（图 2-41），同时组合仪表提示"传动系统有异常"，P 档的显示也随之消失，由此判定故障部位为 DME 导线连接器 A46＊1B。挑出 DME 导线连接器 A46＊1B 端子 41（PT CAN-H 端子）和端子 42（PT CAN-L 端子），仔细检查 2 个端子，发现端子 41、端子 42 的孔径均扩大（图 2-42），推测 DME 侧 PT CAN 总线端子接触不牢固，进而出现上述故障现象。

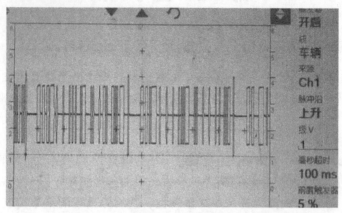

图 2-40　正常时的 PT CAN 总线信号波形

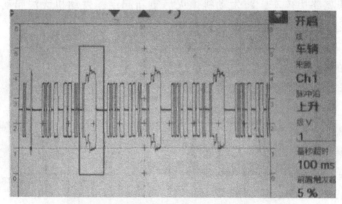

图 2-41　故障时的 PT CAN 总线信号波形

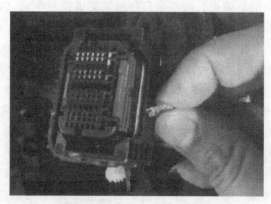

图 2-42　端子 42 的孔径扩大

故障排除　更换 DME 导线连接器 A46*1B 端子 41 和端子 42，进行路试，上述故障现象不再出现，于是将车辆交还给驾驶人，一个星期后电话回访驾驶人，驾驶人反映车辆一切正常，至此，故障排除。

> **技巧点拨**　网络系统的故障现象往往比较复杂，但只要细心检查、深入诊断，也可以将故障点锁定，将故障排除。

二、2007 款宝马 750Li 发动机无法起动

故障现象　一辆 2007 年宝马 750Li 车，搭载 N62 发动机，行驶里程 12 万 km，发动机无法起动。

故障诊断　接车后试车，起动发动机，起动机可以正常运转，但是发动机无法起动着车。连接故障检测仪，发现 PT-CAN 总线上的发动机控制模块（DME）、动态稳定系统控制模块（DSC）、变速器控制模块（EGS）、驻车制动器控制模块（EMF）、电子减振控制模块（EDC）及中央网关（ZGM）等均无法通信。

测量 PT-CAN 总线的终端电阻，为 60Ω，正常；测量 DME 上 PT-CAN 总线的输出波形，无波形输出，且电压均为 0V；测量 PT-CAN 总线上其他控制模块的波形和电压，均无波形和电压输出。PT-CAN 总线上的控制模块一般不会同时损坏，推断 PT-CAN 总线上所有的控制模块均没有参与工作。查看相关电路（图 2-43），发现 PT-CAN 总线上的所有控制模块共用 1 根唤醒线，且唤醒线由车辆访问控制模块（CAS）控制。

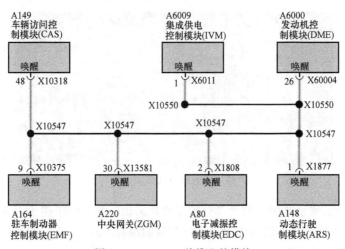

图 2-43　PT-CAN 总线上的模块

在线测量 CAS 导线连接器 X10318 端子 48 上的电压，为 0V，异常；挑出端子 48，测量 CAS 输出端的电压，为 10.59V，说明 CAS 正常，推断唤醒线对搭铁短路。从接点 X10547 处依次断开通往各控制模块的唤醒线，同时测量各唤醒线与搭铁间的电阻，发现通往 EMF 的唤醒线与搭铁间的电阻为 5.6Ω，其他控制模块的唤醒线与搭铁间的电阻为 ∞；脱开 EMF 导线连接器 X10375，再次测量通往 EMF 的唤醒线与搭铁间的电阻，为 ∞，由此推断 EMF 内部对搭铁短路。

故障排除 更换 EMF 后试车，发动机能够正常起动，故障排除。

> **技巧点拨** 宝马车 PT-CAN 表示动力传动系控制器区域网络。Robert Bosch GmbH 将 CAN 开发为应用于车辆的总线系统。PT-CAN 以线性拓扑结构为基础。即与总线结构一致。PT-CAN 的传输速度为 500kbit/s。该总线将所有属于传动装置的控制单元和模块连接在一起。

三、2005 款宝马 750Li 仪表故障灯全亮，转速表不动

故障现象 一辆 2005 款宝马 750Li（E66），此车本来在维修发动机漏油和天窗无法打开故障，在维修项目完成后在停车场放一个晚上，下雨被淋。第二天驾驶人来取车时就发现有新的故障出现，仪表故障灯全亮，起动后转速表不动，档位灯闪烁，如图 2-44 所示。

故障诊断 接车后先使用原厂诊断仪 ISID 进行全车诊断，发现发动机控制模块、变速器控制模块、动态稳定控制模块、主动定速巡航 ACC 控制模块、LM 照明模块、电子减振 EBD 控制模块、驻车制动控制模块，以上模块全部无法用诊断仪进入系统读取信息。从 ISID 调出此车维修电路图得知，以上无法通信的控制模块都为 PT-CAN 上的用户。

车辆中的电子控制模块通过一个网络相互连接，中央网关模块在这个系统网络中起重要作用，中央网关模块负责将信息从一个总线系统传递至另一个总线系统。发动机控制和底盘调节系统通过 PT-CAN（或 PT-CAN2）和 FlexRay 总线系统与 ZGM 连接。常用的车辆电气系统的控制模块，均通过 K-CAN 和 K-CAN2 连接。

图 2-44 起动后仪表故障灯点亮，且转速表不动

对于信息和通信技术范围内的大部分控制模块来说，将 MOST 用为信息载体使用。车辆诊断通过 D-CAN 连接。通过访问以太网进行车辆的编程/设码。全车网络由保障各个控制模块之间通信的不同的总线系统构成。

总线系统中故障可能原因有：总线导线短路，总线导线断路，网关中出现故障，控制模块发送和接收部件中出现故障。

在得知整套网络系统的结构后，就针对 PT-CAN 可能出现的故障来查找，从前排乘客杂物箱后找到 ZGM 中央网关模块，然后找到 PT-CAN 的两条 CAN 线。使用万用表测量电压，在没打开点火开关的时候，CAN-H 是 2.6V，CAN-L 是 2.4V。打开点火开关测量 CAN-H 是 11V，CAN-L 是 10V。此时，我们就可以基本确定 PT-CAN 是总线导线短路到 12V 导致故障，于是在把点火开关关闭的情况下使用诊断仪去诊断，可以发现 PT-CAN 所有的用户都能

正常通信，打开点火开关后就失去通信，原因是 PT-CAN 短路至 12V。接下来我们只需要找到短路的地方，就能排除这个故障了。

首先，把蓄电池断开，然后用万用表的导通档测量 PT-CAN 到 KL. 15 电源点，原因是在开点火开关的情况下才有 11V 短路现象，测量结果不导通。接着进行 K-CAN 与 PT-CAN 终端电阻的并联测量，断开蓄电池 3min 后，测量 K-CAN 和 PT-CAN 的 CAN-H 与 CAN-L 之间的电阻，得到 58.70Ω 和 60.17Ω，为正常值。同时测量对正极、对地有无短路，对地测得 F-CAN 电阻值为 4.665～4.668kΩ；对地测得 PT-CAN 为 4.486kΩ，都在正常值范围内。然后我们就排除了线路短路导致，把蓄电池装上。怀疑是控制模块发送和接收部件中出现了故障，调出全车控制模块安装位置，对着 PT-CAN 上所有的用户一个一个排除，当所有 PT-CAN 控制模块用户都拔掉以后，短路现象依旧还是存在。最后又把注意力转到线路中，认真研究 PT-CAN 的线路及安装位置，发现电路图中有几个连接点，如图 2-45 所示。再调出这两个连接点的安装位置，如图 2-46 和图 2-47 所示。

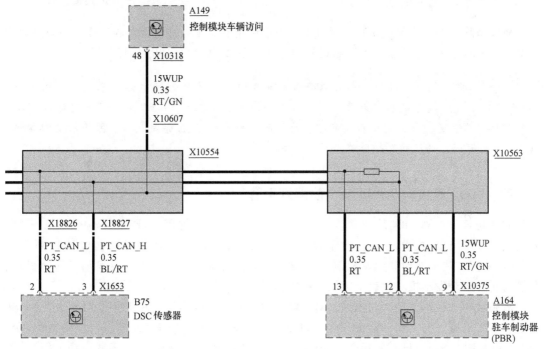

图 2-45　连接点

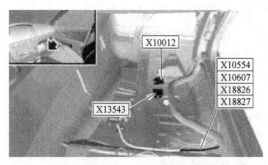

图 2-46　前 PT-CAN 连接点位置

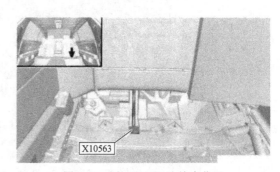

图 2-47　后 PT-CAN 连接点位置

针对这两个 PT-CAN 的连接点做了重点检查，当找到这两个连接点的时候，这两个连接点安装很好，周围也无进水现象，检查线路也没有破损的情况，但打开点火开关，短路现象还是存在。然后把这个连接点的插头撬开，发现 3 条线路之间出现铜锈蚀现象（图 2-48）。修复线路后故障依旧，把后排座椅的连接点插头撬开，也是一样的情况（图 2-49）。

图 2-48 前排 PT-CAN 连接点

图 2-49 后排 PT-CAN 连接点

故障排除 维修人员把出现铜锈蚀的地方全部清除，重新修复两个连接点，用万用表测量 PT-CAN 的 CAN-H 和 CAN-L 两线的对地电压，是 2.6V 和 2.3V，故障排除。

技巧点拨 根据此故障我们可以知道此车曾被泡过水，因为电线泡水久了水中会出现氯化铜，氯化铜会导电，但它不是实质性的短路，所以才会出现用导通档测量 CAN-H 和 CAN-L 不导通，但通电以后会短路，此故障是典型的 CAN 系统故障，维修人员需要对 CAN 系统有深入的了解，方能在查找故障的时候得心应手。

四、2004 款宝马 730Li 多个故障灯报警

故障现象 一辆 2004 款产宝马 730Li 轿车，搭载自动变速器，行驶里程 10 万 km，驾驶人反映：该车 ABS 报警、动态稳定控制（DSC）系统报警、自动变速器电子控制系统（EGS）报警；驻车制动器无紧急制动功能；车辆行驶时，仪表无车速及发动机转速显示；车辆静止时起动发动机，仪表上无发动机转速显示。

故障诊断 根据驾驶人的描述，对车辆的故障现象进行确认，确实存在 ABS 报警，DSC 报警、EGS 报警、驻车制动器无紧急制动功能、仪表不显示车速和发动机转速等故障现象（图 2-50 和图 2-51）。试车发现，自动变速器进入应急模式（加速无力/无法自动换档），其

图 2-50 ABS 报警，DSC 报警，EGS 警告指示灯常亮

图 2-51 驻车制动器无紧急制动报警

他功能正常（例如座椅调整、中央控制门锁、天窗、刮水器及娱乐系统等均正常）。进一步询问驾驶人得知，车辆大多数情况下在市区内行驶，此故障出现在某天早晨起动车辆后，而近期多风多雨，通过清晰地了解故障现象后，初步判断故障可能出现在动力系统总线（PT-CAN）中，可能是某个模块失真（无信号）或线路故障。

连接车间诊断系统（ISID）对车辆进行测试，发现 PT-CAN 中（图 2-52）的 DSC、驻车制动器（EMF）、发动机电控单元（DME）等均出现通信故障。进一步读取有通信故障的控制单元的故障码，得到的故障码为：S0001——不能通信；FFFF——CAN 通信故障；D98E——DSC 信息缺失，CIM 接收器，ZGM/DSC 发射器；D711——信息（发动机数据，0x1D0）错误，接收器 EHC；A3AF——DME 信息缺失，KOMBI 接收器；ZGM/DME——DDE 发射器；A3AD——DME 信息缺失，KOMBI 接收器；ZGM/DME——DDE 发射器；9329——ZGM/SGM-ZGM，PT-CAN 通信故障；9C95——DME 信息（冷却液温度）缺失，接收器 IHKA，发射器 ZGM/DME-DDE。

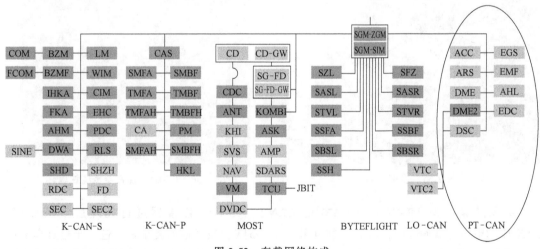

图 2-52 车载网络构成

根据以上故障码的提示，判断故障部位在 PT-CAN 中。于是通过 DSC 控制单元测量 PT-CAN 的电压，查看相关电路图（图 2-53），将连接器 X1170 断开，将专用适配器接入电路中（图 2-54），连接专用测量仪（IMIB，图 2-55），测量 X1170 连接器的端子 24 及端子 40 的电压，测得 CAN-H（端子 24）的电压为 5.009V，而 CAN-L（端子 40）的电压为 4.737V，与标准值（CAN-H 的电压为 2.5~3.5V、CAN-L 的电压为 1.5~2.5V）及正常波形进行比较可知，该车存在明显异常。

于是，进一步对其进行检查。断开专用适配器与 X1170 连接器相连的部分，进一步测量 PT-CAN 的电压，仍旧异常。由此可判断故障出现在线束或连接器上。进一步对线路进行检查，当拆下左后座椅时，发现车辆进水，PT-CAN 中 CAN-H，CAN-L 及 15WUP（15WUP 为唤醒导线，能够将控制单元从休眠模式或省电模式恢复到正常运行状态）的连接器已经被水腐蚀氧化（图 2-56），导致 PT-CAN 电压波形异常。

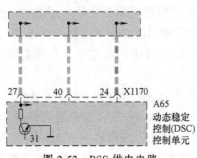

图 2-53 DSC 供电电路

图 2-54 连接专用适配器

图 2-55 连接 MIB

图 2-56 PT-CAN 连接器被腐蚀氧化

故障排除 对 PT-CAN 中 CAN-H，CAN-L，15WUP 连接器进行处理后重新测试，CAN-H 的电压为 2.6649V，CAN-L 的电压为 2.3951V，波形也恢复正常。进一步检查车辆进水的原因，发现天窗的下水管被堵住，导致水从 A 柱、C 柱流入车内。处理被堵部位后，用水淋法对天窗漏水进行测试，正常。烘干涉水部件，清除故障码后试车，故障彻底排除。

技巧点拨 本案例虽然 DSC，EGS，DME 均出现通信故障，但都属于 PT-CAN 系统，各控制单元之间互相协作，进行数据交换。因此，当遇到多个控制单元同时出现通信故障时，应通过检查 PT-CAN 总线上的信号电压、波形及信号关系，并与标准值进行比对，判断是不是 PT-CAN 总线故障。

车辆故障大部分都是由一些具体原因引发的，在检修时，如果能围绕故障现象及相关因素明确维修思路。一定能快速、准确地排除故障。

五、宝马 730Li 发电机不发电，机油油位不能检测

故障现象 一辆宝马 F02 730Li 轿车，发动机型号为 N52。在正常驾驶过程中出现发电机不发电，不能检测机油油位等故障。

故障诊断 接车后，得知此车是停车后无法再次起动，跨接蓄电池，起动汽车并开回厂里，发现该车不能检测机油油位。接上诊断仪，发现有好几个故障码。删除后再次查询，只剩 BSD 总线通信故障。

根据电路图（图 2-57）得知，此车 BSD 总线上有发电机（G6524）、机油状态传感器（B62540）、电动冷却液泵（M6035）。在发动机 ECU 插头处找到总线（36、37、42 端口），用万用表测量，没有电压。正常情况下打开点火开关时会有 8V 左右的电压。分别拔下总线上的部件（但必须保证始终有一个部件连接在总线上），但无论拔下哪一个，总线上始终没有电压输出，判断 ECU 损坏的可能性较大。用万用表测量，总线对地短路。打开发动机 ECU 正面外壳，发现与 BSD 相关联的元件都在 ECU 板背面。背面的外壳很难打开，只有把背面与 BSD 关联元件对应的部位割开（找 1 个废 ECU，拆开，确定与 BSD 元件有关的位置，找到准确位置，然后再把需要维修的 ECU 用砂轮割开）。顺着针脚测量，发现 BSD 总线进入 1 个型号为 27u 的晶体管，通过晶体管进到 1 个型号为 IJA1020 的 8 脚芯片里面。通过查询资料，发现 IJA1020 是通信芯片。测量晶体管，击穿。

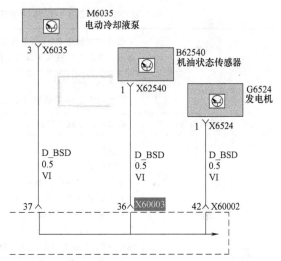

图 2-57 宝马 F02 730Li 轿车 N52 发动机维修电路图

故障排除 为了提高维修效率，决定把通信芯片与晶体管一起换掉，于是联系电子元件供应商发货。收到元件后装复，试车，总线上有电压了。当把总线上的所有部件都插好后，再测，又没电压了，说明总线上还有哪个部件有问题。逐个拔下各个部件，当拔下发电机时，电压正常了。于是又换了发电机，起动车辆正常。中央显示屏上也能正常显示机油油位了，测量发电机电压正常。清除故障码，BSD 总线通信故障码没有再现。

技巧点拨 对于高端车型的维修，关键在于找准问题根源，不能一味更换总成部件。对高端车型电气故障的故障诊断，诊断思路尤为重要，同时对电子元器件的精检也相当重要。由于电控系统对信息的计算越来越精确，而且对控制要求越来越高，因此传统维修方法势必成为历史。改变传统维修观念，树立正确的科学的思维观念，是新一代汽修人的必备条件。

第三节 宝马5系 3系

一、2012款宝马525Li燃油指示显示异常

故障现象 一辆2012款宝马525Li,车型:F18。行驶里程:11万km。驾驶人反映车辆的仪表中燃油指示显示异常,已经添加了20多升燃油,可燃油指示一直停留在最低的位置。

故障诊断 接车后验证驾驶人反映的故障现象,最低位置,而驾驶人确认已经加了20多升燃油,车辆可以正常起动。使用诊断仪检测故障码:E12C01——燃油油位传感器左侧对正极短路;E12C03燃油油位传感器右侧对正极短路。查看故障码的细节说明,如表2-3所示。

表2-3 E12C01-燃油油位传感器左侧对正极短路

故障描述	组合仪表通过CAN信息从控制单元JBE/REM/BDC得到燃油油位传感器的电阻值。如果接收的电阻值大于规定的故障极限值,则识别为对正极短路
故障识别条件	电压:6~16V 总线端KL.30接通应当停用生产模式、运输模式和修理厂模式
故障码存储记录条件	在25s后生成故障记录
保养措施	该故障记录是控制单元JBE/REM/BDC内相应故障记录的冗余 案例区分: ◆如果在控制单元JBE/REM/BDC中存储了燃油油位传感器的相应故障记录,在出现该故障记录时必须继续进行故障查询。为此必须按检测计划执行油位表测试模块 ◆如果控制单元JBE/REM/BDC中未存储相应故障记录,则检查是否存在低电压问题。与控制单元JBE/REM/BDC不同,低电压时,组合仪表也记录该故障。如果存在低电压问题,则删除故障记录。则不需要采取其他措施 ◆如果不满足这些条件的任何一条且仍存在针对油位表的投诉,则应按检测计划执行油位表测试模块
用于故障后果的提示	油位表和续航里程不可信
驾驶员信息	否
服务提示	此故障也可能在低电压时记录。为此必须注意环境条件

根据车型系列,分别安装有燃油油位传感器1或燃油油位传感器1和2,在配有燃油油位传感器1和2的车辆中,只可以单独更换燃油油位传感器2。

通过这些传感器可以确定燃油箱油位,并通过组合仪表显示出来。燃油油位传感器由具有滑动触头和滑动触头轨道的电位计、杠杆臂和浮子构成。组合仪表中的油位表在PAD模式激活后,或者总线端KL.15接通后显示燃油箱油位,根据车型系列将在下列控制单元中分析燃油油位传感器1和燃油油位传感器2的信号:

示例F01、F10、F25、F26:接线盒电子装置(JBE);

示例F20、F30:后部车身电子模块(REM);

示例F45、F56、G11、G12:车身域控制器(BDC);

示例 I01、I12：混合动力-压力油箱电子控制系统（TFE）。

控制单元 JBE 或 REM 或 BDC 或 TFE 为每个燃油油位传感器供电。控制单元通过电位计上的电压降（与油位有关）确定电阻值。该电阻值被发送至组合仪表（KOMBI）。在组合仪表中通过特性线确定以升（L）为单位的燃油箱油位。具有滑动触头和滑动触头轨道的电位计位于燃油油位传感器 1 或燃油油位传感器 2 的万向节内。浮子和杠杆臂的位置根据燃油箱油位发生变化。因此按照一定的电阻值可以分配各种角度。

后驱车辆燃油箱内带有 2 个燃油油位传感器，每半部油箱内有一个燃油油位传感器。燃油油位传感器与维修盖板上的多芯插头连接。每个燃油油位传感器通过插头连接、特有的供电线，以及信号线与控制单元 JBE/或 REM/或 BDC/或 TFE 相连。

当燃油油位传感器 1 或燃油油位传感器 2 失灵时，可能出现控制单元 JBE/或 REM/或 BDC/或 TFE 中的故障记录，一个传感器或两个传感器损坏，但无接触不良时，可能显示：

① 标准油位表。

② 通过油耗信号或发动机控制的喷射信号计算燃油箱油位。

③ 加油并切换总线端（例如总线端 KL.15 断开和接通）后，油位表不显示变化，即显示器显示与加油前一样的燃油箱油位。

传感器和喷射信号损坏，初步分析可能的故障原因有：

① 油位传感器损坏。

② 油位传感器线路存在故障。

③ JBE 损坏。

调出燃油油位传感器的电路图，如图 2-58 所示。

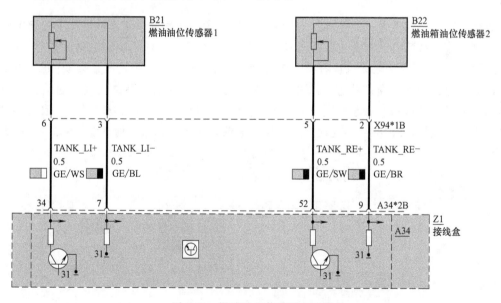

图 2-58　燃油油位传感器电路图

接下来进行基础的测量，测量结果右侧油位传感器电阻为 315Ω，左侧油位传感器电阻为 349Ω；断开燃油油位传感器的连接插头 X94*1B 测量针脚 5、针脚 6、针脚 2、针脚 3 电压，结果均显示为 9V。针脚 2 和针脚 3 为传感器接地，对地电压应为 0，说明与电源短路。

断开 A34＊2B 和 X94＊1B 的插头连接，测量导线没有相互短路、断路和电源短路情况。断开 A34＊2B 测量 JBE 侧针脚 34 与针脚 7，相互导通，测量针脚 52 与针脚 9，也相互导通，JBE 内部短路，说明 JBE 损坏。

回过头来再看故障存储，故障码列表中还存有 IHKA 压力传感器的故障。压力传感器供电也是通过 JBE，供电内部与油位传感器连接。为了排除由于压力传感器和液位传感器的问题导致的 JBE 损坏，我们对空调高压压力传感器及线路进行排查，排除了压力传感器和线路的原因。

继续检查油位传感器和连接，发现右侧油位传感器搭铁线已经磨破，燃油泵供电接线柱有摩擦的痕迹，这个痕迹与右侧油位传感器线相互摩擦短路，导致 JBE 内部短路损坏，最终的故障点被找到。

故障排除 重新修复布置线路，更换 JBE 模块，对车辆进行编程设码，燃油位置可以在仪表中正常显示，故障排除。

> **技巧点拨** 故障点的最后锁定是根据故障现象的判断和分析一步步锁定的，正确的识读电路图，到位的分析是故障得以排除的关键。

二、2013 款宝马 320Li 多个故障灯点亮报警

故障现象 一辆 2013 款宝马 320Li，车型：F35，行驶里程：1000km。驾驶人反映车辆行驶中仪表中多个故障灯点亮，转动转向盘感觉很重。车辆起动和行驶驾驶无明显异常现象。

故障诊断 接车后首先验证驾驶人反映的故障现象，车辆起动着车的情况下仪表中发动机故障灯、DSC 故障灯、EPS 故障灯等点亮。转动转向盘，转向盘助力失效。连接 ISID 进行诊断检测，ISTA 诊断测试树状图如图 2-59 所示，FlexRay 总线上的控制模块除了 FEM 之外全部为黄色，为无法通信状态。FEM 为网关，可以和其他的控制总线进行通信，所以这里显示为可以通信状态。诊断测试结束，故障存储器中储存了大量的故障码，摘取重要的故障存储内容，包括：S0258——无法与下列装置通信：一体式底盘管理系统；S0392——无法

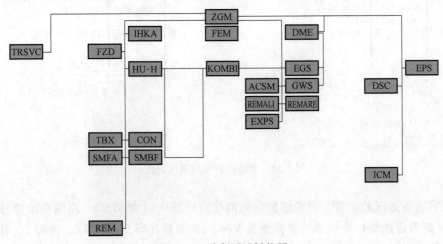

图 2-59　诊断测试树状图

与下列装置通信：发动机电子系统；S0395——无法与下列装置通信：动态稳定控制系统；S0399——无法与下列装置通信：电动机械式助力转向系统。故障码 S0258 的细节描述如表 2-4 所示。

表 2-4　S0258 无法与下列装置通信：一体式底盘管理系统

故障描述	无法与控制模块通信，控制模块不进行报告
故障识别条件	总线端 KL.15 接通
故障码存储记录条件	如果控制模块没有应对识别请求发送反馈信号，则会将服务故障码（无法与控制模块通信）记录到故障存储清单中。提示：服务故障码未直接存储在控制模块中
保养措施	应区别两种情况。 情形 1：某一个控制模块不发送信号，检查控制模块的熔丝、插头和电气导线；使用万用表测量检查控制模块的供电电压；检查总线连接 情形 2：多个控制模块不发送信号 检查总熔丝；检查继电器；如果连接在某一个数据总线上的所有控制模块均不发送信号，则很可能是数据总线损坏。检查总线信号；如果连接在某一个网关控制模块后面的所有控制模块均不发送信号，则很可能是网关控制模块的熔丝、插头或者电气导线损坏。因此要与"情形 1"一样检查网关控制模块 提示：如果某一个控制模块不发送信号，则在快速测试屏中将其标记为黄色。因此可以在该全视图中快速识别，例如整个数据总线或者某一个网关控制模块失灵，下列文件将有助于检测总线连接： 检测 CAN 总线信号（FUB-FUB-DAA0701FB-656135001） 在 FlexRay 上诊断（FUB-HIL-HI-610002-K08）

FlexRay 明显比此前的车型在车身以及驱动装置和底盘区域内所使用的数据总线更快。FlexRay 除了支持更高的带宽之外，还支持确定性的数据传输，并且可以进行容错配置。也就是说，即使是在个别元件失灵后，仍可以允许剩余的通信系统运行。中央网关模块（ZGM 或 FEM）建立不同的总线系统和 FlexRay 之间的连接。

不同的终止方式可能导致对于测量结果的误判。FlexRay 导线的电阻测量无法对系统接线的功能做出百分之百的判断。在静态时，出现损坏情况下，如被挤压处或插头腐蚀的电阻值可能会处于误差范围之内。可以维修 FlexRay。电缆出现损坏的情况下只能使用 FlexRay 的专用电缆修理！安装时，必须注意各种特点。在对 FlexRay 进行接线时，要使用绞合导线。绞合状态自维修时仍必须保持。维修区域内的绝缘部位必须重新用收缩软管进行密封。进水可能对阻抗（导体内电磁波扩散的电阻）和总线系统性能造成影响。

这款车 FlexRay 总线网络连接图如图 2-60 所示。

选择故障内容执行检测计划，系统提示如下：

如果无法与多个控制模块进行通信，则可能是总线通信/同步有故障。控制模块被拔下时，该故障可能由总线单元的单个控制模块造成。多个控制模块同时造成故障的可能性极其小。必要时在总线单元的另一个控制模块上继续进行故障查询。

如果在所有相关的控制模块上未发现故障（插头连接、导线、熔丝……），则进行下列检测。通过该检测应确定造成该故障的控制模块。使用环形连接的总线导线检测与总线相连的控制模块（参见图 2-60 电路图，例如 ICM 控制模块）：检查剩余的与总线相连的控制模

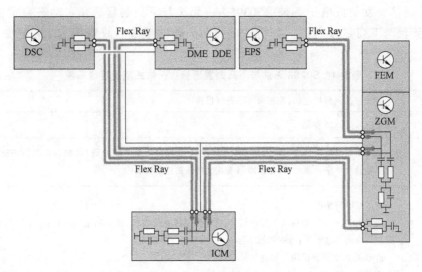

图 2-60　FlexRay 总线网络连接图

块的通信。如果无法通信，则原因是已拔下的控制模块，所以必须进行更新。使用终端电阻检测与总线相连的控制模块（参见图 2-60 电路图，例如 DSC 控制模块）：将与总线相连的控制模块从线束上拔下。在线束侧使用一个电阻器跨接总线导线（标准电阻值在 80～110Ω）。检查剩余的与总线相连的控制模块的通信。如果无法通信，则原因是已拔下的控制模块，所以必须进行更新。

根据上述的提示先依次单独断开了除 FEM 之外的所有控制模块，再次进行诊断测试，FlexRay 总线仍然显示为无法通信状态。

FlexRay 总线通信速度很快，波形的测量只能在实验室通过专用的示波器测量出来，目前车间的示波器准确度无法测量，对于 FlexRay 总线的检测，只能进行线路和电压的测量，电压值以对地测量方式得到。

FlexRay 总线系统的电压范围：系统接通：无总线通信 2.5V；高电平信号：3.1V（电压信号上升 600mV）；低电平信号：1.9V（电压信号下降 600mV）。

接下来进行具体的检测和测量，FlexRay 总线的电路图如图 2-61 所示。测量检测结果如下：

断开 FEM 的 A173*8B 的 13 针脚、14 针脚，测量 DME 的 A46*1B 的 48 针脚、47 针脚之间的电阻（FlexRay 终端电阻）为 109Ω。同样断开 A173*8B 的 31 针脚、32 针脚，测量 EPS 的 A67*1B 的 1 针脚、4 针脚之间电阻为 90Ω。FlexRay 终端电阻标准范围 90～120Ω，所以这些控制模块的终端电阻都在正常范围之内。拔下 A67*1B 及 A46*1B，测量 DME 到 EPS 之间的导线，正常，没有对地短路或相互短路。

测量 DSC 及 FEM 的终端电阻（A173*8B 的 33 针脚、34 针脚之间）为 92Ω。断开 A91*1B 及 A173*8B，测量 DSC 和 FEM 之间的总线，连接正常，没有断路及对地短路，没有相互短路。DME A46*1B 的 47 针脚、48 针脚的对地电压都为 0；EPS 的 A67*1B 的 1 针脚、4 针脚对地电压为 0V。测量 DSC 的 A19*1B 的 10 针脚、22 针脚对地的电压为 1.6V。根据上述的分析、测量，最终确定为 FEM 故障。

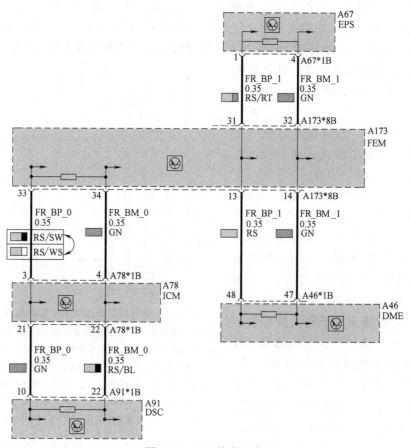

图 2-61 FEM 控制电路

故障排除 更换 FEM，对车辆进行编程设码，故障排除。

> **技巧点拨** FlexRay 是全新的总线系统和通信系统，对 FlexRay 的要求是，在电气系统的和机械系统的电子元件之间提供可靠、实时和非常高效的数据传输。FlexRay 用于当今和未来车辆内创新功能的局域网。FlexRay 包括性能强大的记录功能，适用于按照在车辆内的分布式系统实时数据传输。每个通道的最大数据传输率为 10Mbit/s，因此 FlexRay 是一个非常高速的系统。

第四节　宝马 X5

一、2016 款宝马 X5 紧急呼叫出现异常

故障现象　一辆 2016 款宝马 X5 车，车型代号为 F15，搭载 N55 发动机，行驶里程 2 万 km。驾驶人反映，紧急呼叫出现异常。

故障诊断　接车后首先试车验证故障现象。起动发动机，打开紧急呼叫按钮的盖罩，按压紧急呼叫按钮，中央信息显示屏（CID）显示正在通话中，但始终听不到后台服务人员的

声音。连接故障检测仪（ISTA）读取故障码，无任何故障码存储。找来一辆同款试乘试驾车，按压紧急呼叫按钮，说明我们的身份，并让 BMW 呼叫中心服务人员协助查询故障车紧急呼叫的通话记录。BMW 呼叫中心服务人员反馈故障车近期有过几次紧急呼叫，同时表示后台能够听到驾驶人的讲话，但是驾驶人无应答，听不到 BMW 呼叫中心的讲话。

查阅相关资料，远程信息处理与主机的功能联网示意如图 2-62 所示。远程信息处理技术通信盒（TCB）用于实现车辆中的所有远程信息处理功能，其中，紧急呼叫功能是 TCB 的一项子功能，分为自动触发和手动触发。当车辆发生事故碰撞时，触发乘员保护系统，碰撞安全模块（ACSM）向 TCB 发送信号。TCB 自动安排一次紧急呼叫，并将事故严重程度的信息和车辆上的受伤人数传输到 BMW 呼叫中心。通过传送 GPS 信号，可以定位车辆位置并同时通知救援人员，这样就可以采取相应的营救行动。当手动按压车顶功能中心内紧急呼叫按钮时，服务供应商将尝试与乘客建立语音连接，

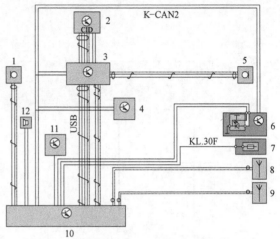

图 2-62　远程信息处理与主机的功能联网示意
1—驾驶人侧话筒　2—中央信息显示屏　3—高级主机（HU-H）
4—控制器（CON）　5—前排乘客人侧话筒 2　6—车顶功能中心（FZD）内带有紧急呼叫 LED 的紧急呼叫按钮　7—前部配电器　8—车顶天线内用于远程处理服务的电话天线（GSM2）　9—应急 GSM 天线　10—远程信息处理技术通信盒（TCB）　11—碰撞安全模块（ACSM）　12—应急扬声器

建立语音连接后，乘客可以与服务提供商通话。在手动或自动紧急呼叫时将通过应急扬声器输出声音，针对紧急呼叫期间的免提通话模式，务必使用驾驶人侧话筒。

根据上述控制原理，结合该车的故障现象分析，初步判断紧急呼叫时的声音输出异常。利用 ISTA 对应急扬声器进行动作测试，应急扬声器无反应，不正常（正常情况下，应急扬声器应发出蜂鸣声），怀疑是应急扬声器故障。尝试更换应急扬声器后试车，故障依旧。根据相关电路（图 2-63），在对应急扬声器进行动作测试时，用宝马 IMIB 示波器测量应急扬

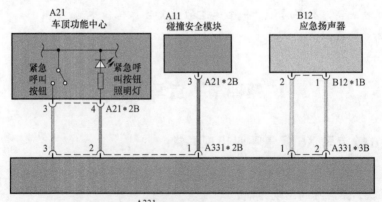

图 2-63　应急扬声器控制电路

声器导线连接器端子1与端子2之间的输出信号电压，始终为0V（图2-64，正常情况下应为正弦波形的信号电压），不正常。脱开应急扬声器导线连接器和TCB导线连接器A331 * 3B，测量应急扬声器与TCB之间的线路，无短路、断路故障，由此判定为TCB故障。

故障排除　更换TCB（图2-65），并进行编程，编程结束后，按压紧急呼叫按钮，紧急呼叫功能恢复正常，故障排除。

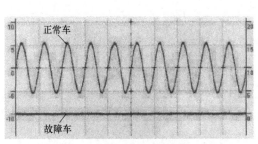

图2-64　测量应急扬声器端子1与端子2之间的信号电压

图2-65　TCB

技巧点拨　宝马紧急呼叫系统算是一项很实用的安全功能。虽然说不影响车辆的驾驶，不过一旦出现"紧急呼叫系统异常"的故障，我们还是得重视起来。

二、2009款宝马X5 K-CAN总线故障

故障现象　一辆2009款宝马X5（E70），行驶里程：5万km。车辆导航升级到店，由于车辆的I-LEVEL版本过低，无法安装新的地图版本，需要对整车进行编程，以提升整车的I-LEVEL版本。

故障诊断　接车后首先连接ISID进行诊断检测，车辆故障存储器中存储了大量故障码，如图2-66、图2-67所示。

故障码80多个，大多是信息缺失的故障码，很多没有分析的价值。删除故障码。用ISID快速测试，显示故障码如下：

① S0337——无法与下列装置通信：驾驶人座椅模块。

② S0338——无法与下列装置通信：前乘客侧座椅模块。

③ 0093A9——ACSM：驾驶人安全带拉紧装置。

④ 0093AA——ACSM：前乘客安全带拉紧装置。

⑤ 0093AC——ACSM：左侧侧面安全气囊。

⑥ 0093AD——ACSM：右侧侧面安全气囊。

⑦ 0093BA——ACSM：驾驶人安全带锁扣触头。

⑧ 00CA84——TRSVC，K-CAN：线路故障。

⑨ 002DC4——CA：K-CAN线路故障。

⑩ 00D6C4——AMPH K-CAN线路故障。

汽车车载网络系统维修技能与技巧点拨

故障码存储器列表

故障码	说明
00A0B0	CAS 输入端 制动信号灯 不可信
0093D0	ACSM：低电压
00A0B5	CAS 车速信号故障
00A118	CAS 车速信号不可信
00D2C4	CA：K-CAN 线路故障
00CAA0	信息（转向角，0xC4）有错误，接收器 TRSVC，发射器 DSC
00AAA2	VM：天线 2 未连接、高阻抗
00D2C7	CA：K-CAN 通信故障
00D02B	信息（CAS，0x380）错误，ICM 接收器，CAS 发射器
006EC8	DSC：对控制单元设码
00A0B2	CAS 总线端 KL.30E/30L 供电
00D35D	信息（主动转向控制，0x1FC）缺失，接收器 DSC，发射器主动转向控制
00C944	MRS / ACSM：K-CAN 线路故障
00AB69	TRSVC：供电、过压或低电压
00CA84	TRSVC, K-CAN：线路故障
009408	ACSM 自检时低电压
006F68	DSC F-CAN 信息（ICM，12E）缺失
00A0B1	CAS 选档杆位置输入端不可信
00A2CD	CON 控制单元低电压
00D367	信息（主动转向控制，0x118）缺失，接收器 DSC，发射器主动转向控制
00AAEF	PDC：电压过低
00E1C4	RAD / CIC / CHAMP：K-CAN 线路故障
00D904	CAS：K-CAN 线路故障
0093FB	DSC 的信息（速度）缺失，ACSM / MRS5 接收器，DSC 发射器
00E2C4	CON：K-CAN 线路故障
00CA9C	信息（车速，0x1A0）有错误，接收器 TRSVC，发射器 DSC
006F67	DSC F-CAN 信息（ICM，136）缺失
00A2AD	HKL 低电压或过压
00D35C	信息（Kombi 0x1B4）缺失，DSC 接收器，KOMBI 发射器
00E2D4	信息（总线端状态，0x130）错误，CON 接收器，CAS 发射器

图 2-66　故障码（一）

故障码存储器列表

故障码	说明
00E0D6	信息（速度，0x1A0）错误，FLA 接收器，DSC 发射器
009D12	SINE 内部蓄电池
00A83A	GWS 低电压
00E0DB	信息（档位状态，0x304）错误，FLA 接收器，EGS/HIM 发射器
00CAA6	信息（中控锁和风门状态，0x2FC）错误，接收器 TRSVC，发送器 CAS
00612F	主动转向控制：电压过低
00CE94	ICM-CAN：信息（一体式底盘管理系统发射器，13B）错误，AL 接收器，ICM 发射器
00601E	EMF：DSC 接口：信号无效
002C39	DME：废气触媒转换器前混合气传感器：动态性
00A4F3	信息（定速控制，0x190）错误，HUD 接收器，DSC 发射器
00CAAC	信息（PDC 功能状态，0x377）错误，接收器 TRSVC，发射器 PDC
00CAA4	信息（档位状态，0x304）错误，接收器 TRSVC，发送器 EGS/HIM
00DE87	FZD：K-CAN 通信故障
00931A	KOMBI 右燃油液位传感器
00E096	信息（总线端状态，0x130）错误，GWS 接收器，CAS 发射器
00E444	SMFA：K-CAN 线路故障
00E484	SMBF：K-CAN 线路故障
009CB5	FRM 蓄电池过度放电
00E2D6	信息（里程数，0x330）错误，CON 接收器，KOMBI 发射器
00E2C7	CON：K-CAN 通信故障
00D35A	信息（总线端状态，0x130）缺失，DSC 接收器，CAS 发射器
00CAA5	信息（车辆行程，0x1A6）有错误，接收器 TRSVC，发射器 DSC
00601D	EMF：DSC 接口：信号无效
00D39A	信息缺失，接收器 EMF，发射器 JBE
005DCF	DSC 控制单元低电压
00E0D9	信息（方向角角度，0xC4）错误，FLA 接收器，DSC 发射器
00A4FA	信息（路程计数器读数/作用距离，0x330）错误，接收器 HUD，发射器 KOMBI
00A7CA	FLA：电压过低
002DEC	DME 蓄电池电源管理
00D704	EHC：K-CAN 线路故障
002C3A	DME：废气触媒转换器前的氧传感器 2：动态性
00CE95	主动转向控制：CAS 信息（CAS 发射器，130）错误
00A4F4	信息（速度，0x1A0）错误，HUD 接收器，DSC 发射器

图 2-67　故障码（二）

⑪ 00D704——EHC：K-CAN 线路故障。

诊断测试时，查看 ISID 控制单元诊断树，都是绿色的，依据剩下的故障码，估计可能原因有：

① K-CAN 某个控制单元损坏。

② K-CAN L 对地短路或者断路。

③ K-CAN H 对地短路或者断路。

④ K-CAN H 和 K-CAN H 相互短路。

实际测量 K-CAN 总线的波形，如图 2-68 所示。从波形可以看到，绿色的 K-CAN H 信号波形显示正常，红色的 K-CAN L 信号波形显示不正常。

K-CAN 有单线运行的能力，K-CANH 或者 K-CAN 出现故障，K-CAN 总线还可以正常工作，系统会存储故障码。接下来通过节点法排除进行故障点的排查，首先断开了 K-CAN 总线中存储有故障码的相关部件节点，K-CAN 总线波形信号显示仍然不正常。遵循由简到繁，由易到难的检查原则。当断开行李舱中 X15005 和 X15006 节点（如图 2-69 所示）时，信号波形恢复了正常。

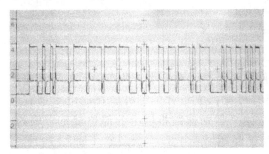

图 2-68　K-CAN 总线波形

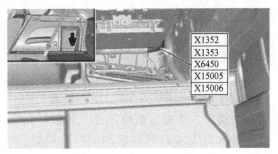

图 2-69　X15005 和 X15006 节点位置

故障排除　仔细检查发现 K-CAN L 节点腐蚀，已经断路。X15005 和 X15006 节点电路如图 2-70 所示。重新把节点连接处理后，再次测量 K-CAN 波形，信号波形正常，如图 2-71 所示。最后删除故障存储，对车辆进行编程升级，故障排除。

技巧点拨　因线束进水腐蚀造成故障的案例屡见不鲜，线束的进水腐蚀多是位于地板上或容易进水的地方，一旦进水，污水在线束内存留，很难排出，久而久之，会使导线接头腐蚀，进而造成故障。

三、2009 款宝马 X5 行驶车辆落水检修

故障现象　一辆 2009 款宝马 E70 X5 SUV，行驶里程 1.69 万 km。车辆行驶中落水，拖回维修站由保险公司定损，由于该车各系统使用的控制单元众多，保险公司要求通过

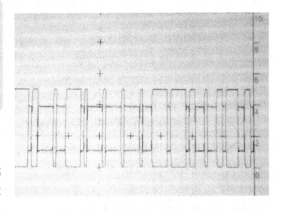

图 2-70　X15005 和 X15006 节点电路

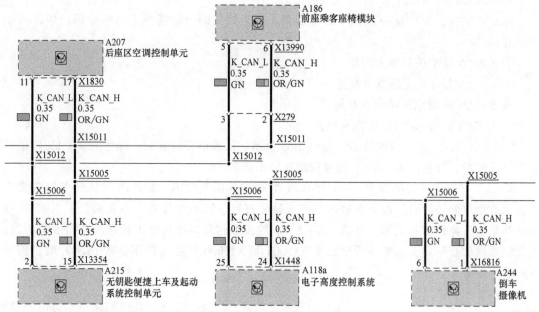

图 2-71 K-CAN 总线正常波形

检测确定各控制单元的好坏。

故障诊断 接车后，维修人员并没有急于使车辆通电。对于水淹的车辆，如果没有把电气部件里的水清理干净，原本正常的部件或有可能恢复正常的部件，在通电后都有可能短路损坏。检查过程中发现，虽然驾驶舱内进水，但加速踏板以上的部位都是干燥的，可见过水的位置并不是很高。拆下地垫，可以看到地毯已经全部淹湿，地垫中的几个元件（脚挡板组件、接线盒、安全气囊控制单元、显示屏控制器等）由于安装的位置相对较高而没有进水。经过处理后，维修人员连接故障诊断仪进行全车诊断，发现很多控制单元无信号或无法通信，这些控制单元大部分连接在 K-CAN 上，包括仪表（KOMBI）、控制器（CON）、车顶功能中心（FZD）、自动恒温空调（IHKA）、驻车距离监控系统（PDC）等（图 2-72）。基于这种情况，就无法通过诊断仪来判断这些控制单元是否正常，而其他总线上的控制单元均可以通过诊断仪读取出明确的故障内容，很多内容与车身总线 K-CAN 通信有关

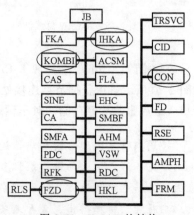

图 2-72 K-CAN 的结构

（图 2-73）。而且发现车辆的 idrive 功能失效，即 CON 控制器不能操作中央显示屏的内容。

在读取的故障内容中，中央信息显示单元 CID 显示有信号，而检查地毯中的几个控制单元时，发现控制器 CON 并没有进水，那么为什么 K-CAN 上会接收不到这些控制单元的信号呢？于是通过故障诊断仪的检测计划进行分析，结果诊断仪建议检查 CON 控制单元的 K-CAN 总线连接节点 X15012（K-CAN-L）和 X15011（K-CAN-H），如图 2-74 所示。

通过电路图，在右后座椅下方找到 X15012 和 X15011，发现这 2 个节点已经被水浸泡

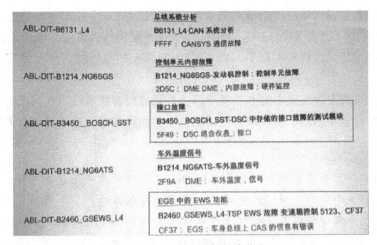

图 2-73 K-CAN 通信故障信息

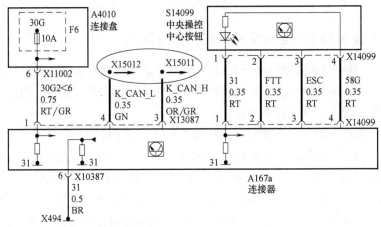

图 2-74 K-CAN 总线连接节点 X15012（K-CAN-L）和 X15011（K-CAN-H）

（图 2-75）。由于 2 个连接节点的位置刚好在线束固定盒的较低部位，而驾驶舱内的地毯进水后，水就在这个位置存留下来，前面检查时虽然拆卸了地毯，却没有进一步拆开线束固定

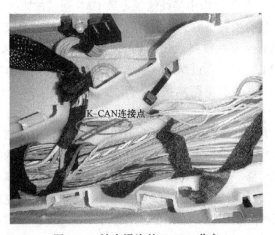

图 2-75 被水浸泡的 K-CAN 节点

盒，所以也就没有发现问题。这个节点是 K-CAN 总线上的几个控制单元的连接节点，其中就包括 CON 控制单元。当 X15012 和 X15011 由于进水短路后，通过此节点和 K-CAN 总线连接通信的控制单元就无法传输信息了，而 K-CAN 总线上的其他控制单元则可以正常通信交换数据。

故障排除 将线束固定盒中的水处理干净，并把总线连接节点用吹风机吹干净，再次通过故障诊断仪进行全车诊断，可以顺利地读取全车的故障内容，这样就可以大致确定各控制单元的好坏。

> **技巧点拨** 在宝马车系装备的电气系统中，信号传输大多是使用总线。总线将网关和多个独立的控制单元以并联的方式连接，便于进行数据的共享和交换，采用总线可以优化线路布局，降低导线成本，但对维修诊断工作却提出了新的挑战。这就要求维修人员不能"头痛医头"，而是必须了解总线的设计特点，并学会熟练运用专用故障诊断仪来准确地找出故障点。

四、2008 款宝马 X5 电控系统存在大量故障码

故障现象 一辆 2008 款进口宝马 X5 E70 轿车，发动机型号 N62B48B，因交通事故造成车身左侧受损。在对车辆的底盘、车身进行修复，并更换了安全气囊后，用宝马专用检测仪检测发现，电控系统内存在大量故障码。

故障诊断 虽然根据每一个故障码，对相关部位进行了检查、确认及故障码清除，但最后依然存储有 7 个无法清除的故障码：D704 EHC——K-CAN 线路故障；D2C4 CA——K-CAN 线路故障；E6C4 RFK——K-CAN 线路故障；E5C4 CID——K-CAN 线路故障；E204 PDC——K-CAN 线路故障；E2C4 CON——K-CAN 线路故障；E604 FD——K-CAN 线路故障。

这些故障码都与 K-CAN 线路故障相关，分析可能的故障原因有以下几点：
① K-CAN 总线在某处断路，造成多个模块无法通信。
② 某个模块故障造成干扰或短路，从而导致 CAN 线通信故障。
③ 搭铁线不搭铁引起的故障。
④ 某处线路断路后，修复过程中接线错误导致 CAN 通信故障。

针对以上几点逐项进行检查排除，首先要清楚以上故障码的含义和部件名称：第一个故障码中的"EHC"是指悬架高度控制系统；第二个故障码中的"CA"是指舒适登车系统；第三个故障码中的"RFK"代表后摄像头；第四个故障码中的"CID"代表中央显示屏；第五个故障码中的"PDC"代表驻车距离报警；第六个故障码中的"CON"代表控制器；第七个故障码中的"FD"表示后座显示屏。

虽然整个系统显示有这些故障码，但每个单独的系统都能够通信，并能执行一些元件测试，而且这些系统的基本功能也都正常。由此可以排除故障原因中的第二项和第三项，因为如果是某个模块故障或短路，至少会造成一个模块无法通信或所有模块无法通信，搭铁线不搭铁也会造成很多不寻常的故障。根据维修电工回忆，这辆车只是左前座椅下面的卫星传感器线路断路，而其他线路并未损伤，这样也基本排除了故障原因中的第四项。因此，只剩下第一项：CAN 线断路。由于单独系统能通信，因此应该是 CAN 线有一根在某一处断路，而

另一根没断，承担了模块的应急通信功能。

根据以上分析，进行下一步的检查测试工作。通过拔掉控制器插头读故障码的方法，找到了 EHC 悬架高度控制模块和 PDC 驻车距离报警系统模块，这两个模块都位于行李舱右后轮罩熔丝盒下面的一个模块支架上。很容易在 PDC 控制模块上找到 CAN 线（双绞线），一根是绿色，一根是橙绿色。正常情况下，这两根 CAN 线的终端电阻在 60Ω 左右，但实际测量发现，这两根线间的电阻为 ∞，这验证了之前的判断：有一根线断路。

接下来怎样判断是哪根线断了呢？无意中发现 EHC 模块旁边的模块（驾驶人识别系统），也就是故障码中的 CA 上，也有两根同样的 CAN 线，正常情况下这两组 CAN 线间应该是相通的。用万用表测量 PDC 和 CA 间橙绿线是通的，但绿色线电阻值却是 ∞。接下来就很简单了，顺藤摸瓜查找就行了。

故障排除 在控制模块下面的线束上有两个节点，其中一个就是绿色的，用手轻轻一拉就露出了"原形"（图 2-76）。此节点

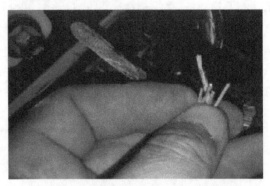

图 2-76 控制模块节点处断开的控制线

处于最低位置，控制线被积水腐蚀并已全部断开。对线头进行处理后重新接好，并改变了固定位置后，用解码器清除故障码，一切正常。修复前，倒车影像只是有影像但没有轨迹线；修复后，轨迹线清楚再现，并随着转向盘的转动自动转动。故障被彻底排除。

> **技巧点拨** 有些高档车型虽然接触不多，但只要清楚相关线路和系统的基本原理，我们同样也可以通过一些简单的方法找到故障点。

五、2005 款宝马 X5 空调不制冷

故障现象 一辆 2005 款宝马 E53 X5 SUV，行驶里程 25.2 万 km。据驾驶人反映，该车的空调不制冷，对空调系统抽真空和加注制冷剂多次，一直无法排除故障。

故障诊断 接车后首先对空调系统进行了基本检查，起动发动机后按下空调开关按键，按键上的指示灯点亮，出风口有风吹出，但是没有冷气。观察空调压缩机的电磁离合器没有吸合，按下空调管路上的制冷剂加注口单向阀，有很足的雾状制冷剂喷出，感觉并不缺少制冷剂。因为基本检查没有发现问题，于是使用故障诊断仪 GT1 对车辆进行检测并读取故障内容（图 2-77）。

表面来看，读取的故障内容与空调系统并没有关系，其中提示当前故障"SZM-0E SZM K 总线-目前存在-故障出现频繁 31"。既然空调系统的初步检查没有发现问题，不如先对当前故障进行检查。于是选择此故障内容按照诊断仪的检测计划进行逐步分析，结果分析为车身的数据传输有故障，识别过程中未识别到 ZKE（车身基本模块）和 HIKA（冷暖空调控制单元），而且发现车身总线系统上的控制单元都无法识别。建议执行车身总线（K-BUS）功能测试，并分析可能的故障原因包括导线断路、导线局部破损、插头连接端子损坏、控制单

元损坏,以及控制单元供电故障。

首先,通过诊断仪调出 K 总线的控制电路图(图 2-78),来查看 K 总线上连接有哪些控制单元,结果发现 ZKE(车身基本模块)和 HIKA(冷暖空调控制单元)都是通过 K 总线连接。这里的 K 总线是指 K-BUS,是单线的总线传输。既然在检测计划中已

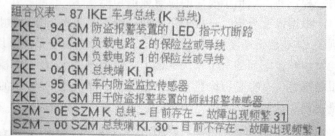

图 2-77 故障诊断仪 GT1 读取的故障内容

经发现总线系统未识别到 ZKE 和 HIKA,那么空调系统不制冷很可能与总线系统的故障有关。于是首先取下了 K 总线上的各控制单元的熔丝,再进行总线测试,但测试结果显示当

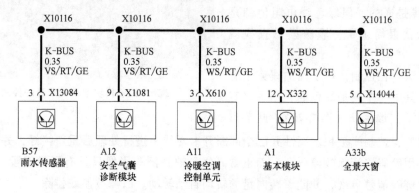

图 2-78 K 总线的控制电路图

前故障仍然存在(图 2-79),而且是对负极短路,看来应该不是 K 总线上的控制单元问题。但是检测计划中提到了"识别过程中未识别到 ZKE 和 HIKA",会不会是控制单元内部的故障引起的对负极短路呢?如果只是取下控制单元的熔丝,只是停止了控制单元的供电,而控制单元内部和总线系统相连的部分如果出了故障造成短路,即使断开了电源使控制单元不工作,还是会继续短路,从而干扰整个总线系统的正常数据传输,所以最可靠的方法就是断开控制单元与总线的连接。

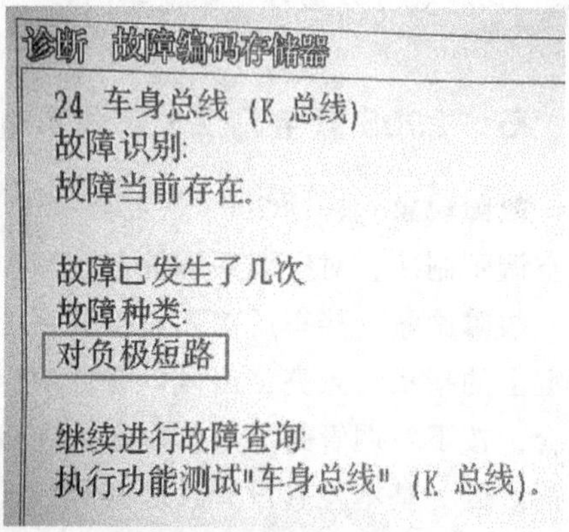

于是,分别断开了 ZKE 和 HIKA 的连接端子,但测试结果依旧。看来不是 ZKE 和 HIKA 的问题,还需要继续进行总线的测试,但是如果逐个断开 K 总线上连接的控制单元,由于控制单元在车上安装的位置很广,需要对车辆进行大范围的拆卸。查看 K 总线电路图,看到 K 总线上各控制单元的网络连接最终通过 1 个连接端子 X10116,也就是控制单元的节点连接在一起。

图 2-79 测试结果显示当前故障仍然存在

那么,如果从 X10116 处断开各控制单元的连接,再进行总线系统测试将是非常省时省

事的。于是在仪表板右侧杂物箱下部找到 X10116 连接节点（图 2-80）。断开 X10116 连接节点右侧的第一个线脚，再进行总线测试，总线对负极短路的情况消失。利用诊断仪进行全车快速诊断，ZKE 和 HIKA 可以被识别到。起动发动机后按下空调按键，空调系统也恢复正常。最后再经过测量辨认，发现断开的 X10116 连接节点右侧的第一个线脚是通往左前座椅模块的总线，万用表测量总线本身并没有与车身短路，而是左前座椅模块的内部故障，这与之前的分析吻合。

图 2-80　X10116 连接节点

故障排除　更换左前座椅模块，K-BUS 总线上的控制单元都可以被识别到，故障排除。

技巧点拨　总线测试通常利用排除法，需要依次取下总线上连接的控制单元的熔丝或断开控制单元，每次断开 1 个控制单元后重复总线测试，如果在断开某个控制单元后数据传输恢复正常，则表明该控制单元干扰了数据交换。

第三章

大 众 车 系

第一节 奥迪车系

一、2015 款奥迪 A8L 室内灯、前后天窗、遮阳卷帘等不工作

故障现象 一辆 2015 款奥迪 A8L，车型：D4，VIN：WAUYGB4H7FN××××××，行驶里程：44151km。驾驶人抱怨此车室内顶灯/氛围灯、遮阳卷帘不工作、前后天窗（全景天窗）均不能开启，车内部分电器不工作。

故障诊断 用诊断仪 VAS6150B 进行全网扫描，J393 有故障存储记录：0046-VAG03021——本地数据总线 3 静态故障，0008-U11100——由于丢失信息功能受到损害/静态故障；在 0046 舒适系统中央模块 J393 中存储了多个被动的故障记录，测试计划反映本地数据总线 3 连接了多个 LIN 控制单元。

参考车载网络拓扑图（图 3-1）和 Elsa Web 电路图，检查发现主驾驶仪表侧 SC7 共用熔丝损坏，该熔丝为车顶相关功能部件共用熔丝。尝试更换上新熔丝，熔丝立刻被熔断。

排除与加装件无关后，针对此车短路的故障现象，决定用断路法排查故障。于是，逐个断开各支路插头和用电器，当断掉倾斜天窗控制单元 J392 后，发现其余用电均能正常工作了，LIN 数据总线也通信正常。再次插上倾斜天窗控制单元 J392，熔丝又被熔断，其他部分电器也失效了。这时倾斜天窗控制单元 J392 伴有一股焦糊气味，查看线路插头等无异常，判定为天窗电动机内部烧蚀短路已损坏，建议为驾驶人更换倾斜天窗控制单元 J392。

倾斜天窗控制单元 J392 内部短路损坏，引起熔丝熔断。因倾斜天窗控制单元 J392 短路损坏（是 LIN 从控），引起整条 LIN 总线信号故障，导致 LIN 数据总线 3 上的相关控制单元无通信，本车故障时 LIN 总线信号电压 9V，若工作正常时为蓄电池电压，其缘由请参考 LIN 总线故障原因概要（图 3-2、图 3-3）。

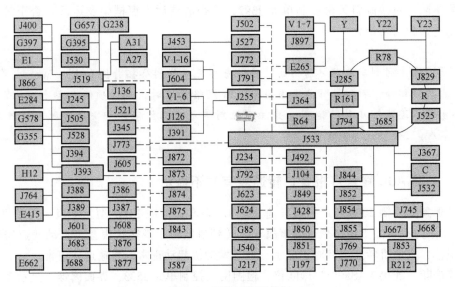

图 3-1 车载网络拓扑图

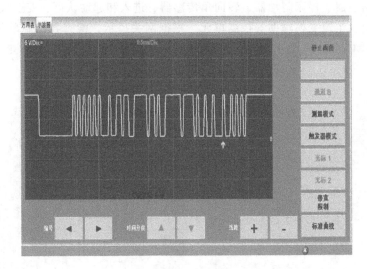

图 3-2 LIN 总线正常信号

无论短路出现在何处,无论是发生在LIN线路上、在3个控制单元其中1个或是在2个控制单元中,也无论是否接地或者连接蓄电池电源,系统都将关闭,且无法联络从机控制单元

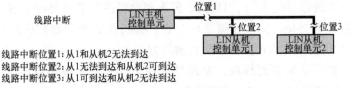

线路中断位置1:从机1和从机2无法到达
线路中断位置2:从机1无法到达和从机2可到达
线路中断位置3:从机1可到达和从机2无法到达

图 3-3 LIN 总线故障原因概要

故障排除 更换倾斜天窗控制单元 J392，检查清洁后天窗框架及运行是否正常，对天窗和遮阳卷帘执行初始化。

> **技巧点拨** 遇到车载网络通信故障时，先参考车载网络拓扑图和 Elsa Web 电路图等资料，再展开维修，针对性作业。当某条总线线路故障时，可逐项断开各个节点，如先支路再元件，逐步缩小故障范围，并注意控制单元的工作条件，快捷有效地排除故障。注意改装/加装件对故障的影响。

二、奥迪 A6L 警告灯报警，转速表有时不显示

故障现象 一辆 2009 年产一汽奥迪 A6L C6 轿车，搭载 BDW 型发动机，行驶里程 9.8 万 km。该车为钣金漆工组修理过的事故车，转到机电组，观察仪表盘上自动变速器等多个警告灯报警，发动机转速表有时不显示，但是发动机起动正常，怠速运转正常。

故障诊断 连接 VAS5051B 诊断仪，检测网关控制单元 J533，界面闪烁，显示多个控制单元无法达到（图 3-4），包括：发动机、变速器、驾驶人侧车门、前排乘客侧车门、左后门、右后门、制动器、停车制动器、转向角传感器、进入和起动认可、安全气囊、前照灯自动垂直对光控制、车道变换辅助等控制单元。根据网关提示，检查各控制单元的工作情况，拔开仪表台右侧 CAN 总线分离插头 T46b，将专用检测盒 VAG1598/38 与 T46b 相连（图 3-5）。

发动机电子装置	无法达到	1110
变速器电子设备	无法达到	1110
驾驶员侧车门电子设备	无法达到	1110
乘客侧车门电子设备	无法达到	1110
左后车门电子设备	无法达到	1100
右后车门电子设备	无法达到	1100
制动器电子系统	无法达到	1110
停车制动器	无法达到	1110
转向角传感器	无法达到	1100
进入和启动认可	无法达到	1110
安全气囊	无法达到	1110
大灯自动垂直对光控制	无法达到	1100
车道变换辅助	无法达到	1110

图 3-4 多个控制单元显示无法达到　　　　图 3-5 连接 VAG1598/38

阅读右侧 CAN 线分离插头 T46b 的电路图（图 3-6），按顺序断开各控制单元的高位线与低位线，同时观察诊断仪显示屏是否变化。当断开 T46b/4h 与 T46b/4l 脚时，显示由无法达到变为故障或正常状态（图 3-7），只有 53 停车制动器控制单元 J540 仍显示无法达到。倒换停车制动器控制单元 J540，试车故障依然存在。分析此故障与修理事故车时更换右后翼子板有关，因为 J540 的安装位置在行李舱右侧后方。

故障排除 检查行李舱右侧线束，发现线束在钣金施工中被焊接热量烤化（图 3-8）。打开烤化部位修复损坏电线，试车，故障排除。

技巧点拨 该车故障现象非常明显,有故障码提示,应首先检查网关或 CAN 总线链路存在的故障。各工种应规范修理事故车,在施焊前应做好部件保护工作,防止发生"修理出来的故障",避免对驾驶人及企业带来不必要的损失。

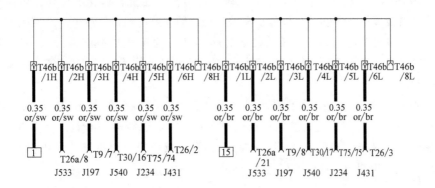

图 3-6 右侧 CAN 线分离插头 T46b

T46b—右侧 CAN 线分离插头　J533—网关控制单元　J197—水平高度调节控制单元　J540—停车制动器控制单元
J234—气囊控制单元　J431—自动前照灯控制单元

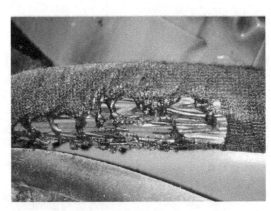

图 3-7 显示状态改变

图 3-8 线束被烤化

三、2017 款奥迪 A5 车组合仪表提示电力系统故障

故障现象　一辆 2017 款奥迪 A5 车,搭载 CVKB 发动机,行驶里程 1.8 万 km,组合仪

表上的黄色蓄电池指示灯点亮，同时提示“电力系统故障，请联系服务站”“电气系统，蓄电池电量低”。对于这两个故障提示，该车使用说明书上的相关说明，如图3-9所示。同时发现，车外后视镜加热功能和后风窗玻璃加热功能均失效。

故障诊断 连接故障检测仪（ODIS），执行引导型故障查询，筛选与该车故障有关的故障码，如图3-10所示。分析认为，该车电力系统存在故障，能量管理功能启动，切断车外后视镜加热、后风窗玻璃加热等功能，以保护车载电网，防止蓄电池深度放电。在网关（J533）内读取蓄电池、发电机及能量管理的相关数据（图3-11），发现发电机电压为10.6V，过低，推断发电机不发电。结合故障码分析，认为发电机不发电是由故障码“U105200——交流发电机无通信”引起的。

对故障码U105200执行引导检测计划（图3-12），发现J533通过LIN线与发电机和蓄电池监控控制单元（J367）进行通信；执行“1. LIN数据总线故障查询”（图3-13），提示发电机存在静态LIN通信故障，可能的故障原因有：发电机供电故障；发电机与J533之间的LIN线断路；发电机或J533损坏。

电力系统：故障！请联系服务站

请立即驶往专业企业。因为此时消耗汽车蓄电池电量，请关闭所有不是必需的用电器（如收音机）。如果蓄电池电量不足，请让专业人员处理。

电气系统：蓄电池电量低。请开启驾驶系统

启动能力可能已受到限制。

如果一段时间后驾驶指南消失，那么说明蓄电池在行驶期间重新充足了电。

如果行驶过程中驾驶指南仍然没有消失，那么请立即驶往专业企业排除故障。

图3-9 使用说明书上的相关说明

控制单元地址	故障
0019	U105200: 交流发电机 无通信
S_4M_J533_2_0714_21_energiemgmt	
故障列表:	
控制单元地址	故障
0019	U140B00: 能量管理启动
S_4M_J533_3_0914_21_12VBordnetz	
故障列表:	
控制单元地址	故障
0019	C11CB01: 12 V车载电网 电气故障

图3-10 相关故障码

测量值:

名称:	值:
端子15状态	
供电电压，端子15	11.4 V
测得的端子15状态	接通
经由比较器的端子15	接通
经由CAN的端子15	接通
端子15导致的	接通
端子30电压	
--无显示--	11.4 V
通过以太网激活诊断	
--无显示--	未激活
蓄电池电量	
--无显示--	28 %
蓄电池电压	
--无显示--	11.482 V
交流发电机电流	
--无显示--	0.0 A
交流发电机需要的电压	
--无显示--	10.6 V
发电机电压	
--无显示--	10.6 V
12 V车载电网，故障状态	
--无显示--	第1级

图3-11 J533内的相关数据

措施: 信息

控制单元数据总线诊断接口-J533 的 LIIN 数据总线有以下用户:

12V 发电机 - C已安装

蓄电池监控控制单元 -J367已安装

12 V - 230V 逆变器 -U13未安装

- **检测步骤: 选择**

措施: 选择

您有以下几种选择:

1. LIN数据总线故障查询
2. 读取LIN数据总线的当前通信
3. 显示已安装的 LIN 控制单元
4. 退出程序

输入: - 1 -

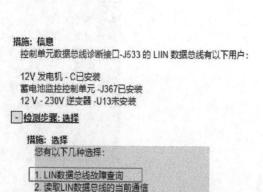

图3-12 对故障码U105200执行引导检测计划

首先，检查发电机的供电接线柱，紧固正常，且供电正常；用万用表测量发电机与 J533 之间 LIN 线的电阻，电阻较高，怀疑发电机与 J533 之间的 LIN 线存在虚接。查看维修资料，得知发电机与 J533 之间 LIN 线的走向为：发电机→右前侧车轮罩（此处有 2 端子插接线）→发动机室右侧→排水槽→左侧 A 柱下方→左侧 B 柱下方→后排座椅中部下方（J533 处）。由于该 LIN 线从发动机室至车内后排座椅处，跨度较大，排查较困难，决定进行分段测量。经过耐心、细心的排查，将故障范围锁定在前部排水槽内。逐一解开排水槽内线束的缠绕带，最终在排水槽的横支撑中间区域内发现破损的 LIN 线（图 3-14），该导线并未折断，由于腐蚀产生铜锈，接触电阻升高，从而使发电机无法与 J533 通信。

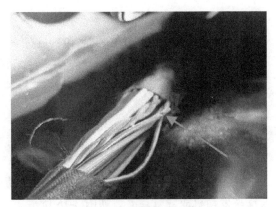

图 3-13　执行"1. LIN 数据总线故障查询"　　图 3-14　破损的 LIN 线

故障排除　使用线束修理套件（VAS 1978）修复受损的 LIN 线后试车，故障现象消失，车辆运行一切正常，故障排除。

> **技巧点拨**　随着网络技术在汽车上日益广泛的应用，总线系统的故障排查也正逐渐成为汽车维修技师们的一项重要工作。

四、奥迪 A4 紧急警告灯自行闪烁

故障现象　一辆 2006 款一汽奥迪 A4 轿车，搭载 1.8T BKB 型发动机，行驶里程 6.7 万 km，驾驶人反映没有按下紧急警告灯按键，但紧急警告灯自行闪烁，无法关闭。

故障诊断　紧急警告灯失控的故障原因有：紧急警告灯开关故障、中控门锁控制单元故障、网关控制单元故障、安全气囊控制单元故障、线路故障。使用 VAS5052 诊断仪检测各控制单元，中控门锁控制单元存储一个门锁故障码，但与本故障没有关系。怀疑紧急警告灯开关的触点故障，更换开关故障依然存在。

怀疑中控门锁控制单元进水或内部故障造成，倒换中控门锁控制单元，未能排除故障。阅读电路图（图 3-15），看到紧急警告灯开关 E3 连接的 LIN 线设有集线点 A125，其中一根线通往安全气囊控制单元 J234，于是拔开 J234 的插头，紧急警告灯停止闪烁。

故障排除　拆卸检查 J234，发现它的内部进水，更换 J234，故障排除。

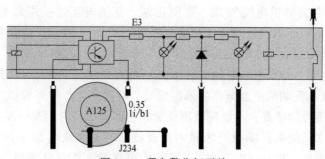

图 3-15 紧急警告灯开关

E3—紧急警告灯开关　A125—集线点　0.35li/bl—LIN 传输线　J234—安全气囊控制单元

技巧点拨　安全气囊控制单元 J234 收到碰撞信号后,判断是否符合安全气囊引爆条件,如果符合,在安全气囊引爆的同时送出信号强制四个车门锁打开、紧急警告灯闪烁。向驾驶人了解,驾驶人自己在超市购买空调消毒剂,没有按说明操作,而是把一整罐消毒剂从出风口喷入,导致出风口下方的 J234 进水。J234 损坏后向紧急警告灯开关 E3 发出错误信号,造成紧急警告灯闪烁失控。

五、一汽奥迪 Q5 发动机故障灯点亮

故障现象　一辆奥迪 Q5,配置 CUH 发动机、0AW 变速器,行驶里程:16472km。驾驶人反映发动机故障灯点亮,如图 3-16 所示。

故障诊断　首先用诊断仪检测,发动机控制单元和变速器控制单元能够识别但是无法进入,如图 3-17 所示。其他控制单元均正常。发动机和变速器通信电路简图如图 3-18 所示。

由于发动机控制单元和变速器控制单元均无法进入,分析可能有以下几个原因:

① 数据总线诊断接口控制单元故障。
② 发动机控制单元故障。
③ 变速器控制单元故障。
④ 线路故障。
⑤ 加装引起故障。
⑥ 其他故障。

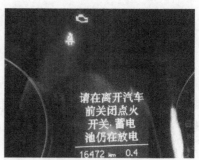

图 3-16 仪表显示

由于该故障涉及通信故障,而车辆能够正常起动并且可以正常行驶,应该不存在控制单元供电故障。所以本着由简到繁的原则,首先对发动机控制单元和变速器控制单元及数据总线诊断接口控制单元的线路进行检查。发动机控制单元及变速器控制单元 CAN-H 线路走向如下:数据总线诊断接口控制单元 T20d/16→T17b/8→T17r/14→发动机控制单元 T91/79 通过共同节点 D159 连接变速器控制单元 T16r/5;发动机控制单元及变速器控制单元 CAN-L 线路走向如下:数据总线诊断接口控制单元 T20d/6→T17b/7→T17r/13→发动机控制单元 T91/80 通过共同节点 D160 连接变速器控制单元 T16r/6。经检查各线路都正常,无断路,对

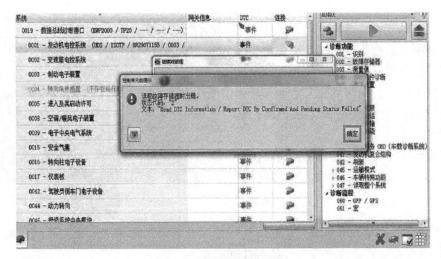

图 3-17 诊断仪检测结果

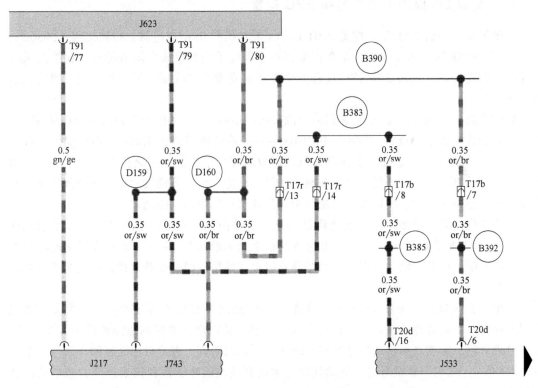

图 3-18 发动机控制单元和变速器控制单元通信电路
J217—自动变速器控制单元　J533—数据总线诊断接口控制单元
J623—发动机控制单元　J743—双离合变速器机电装置

正极和负极无短路及相互短路情况,确认线路正常。

尝试对换其他车辆上的 J533 控制单元,解除部件保护后试车故障依旧。对换正常车辆上发动机控制单元 J623 后故障依然存在。拔掉变速器控制单元 J217 后发动机控制单元还是无法诊断。

由于控制单元和线路确定均无故障，考虑是否加装引起通信故障。查看该车加装情况，外观看只能看到加装原厂导航，拆除加装后故障依旧存在。询问驾驶人是否有其他加装，驾驶人陈述加装过智能云钥匙，如图 3-19 所示。

故障排除 拆除加装设备后，成功读取发动机控制单元故障码，需要清洗节气门，清洗后故障排除。

图 3-19 加装设备位置

技巧点拨 此案例为加装引起诊断仪不能诊断案例，现在越来越多的古怪故障都是由于加装引起的，在维修中需要引起我们的重视。

六、奥迪 Q5 仪表上变速器和 EPC 报警

故障现象 一辆奥迪 Q5，配置 2.0T CUHA 发动机和 0BK 变速器，行驶里程：5056km，VIN：LFV3B28R5G3××××××。该车在正常更换左前叶子板和仪表台隔音棉后，在第二天早上起动后出现仪表上变速器和 EPC 报警。仪表提示变速器有故障，可继续驾驶，当前前进档只有 D3。

故障诊断 诊断仪检查 02 变速器内有故障码：U000100——驱动系数据总线损坏 被动/偶发；发动机控制单元里有故障码：U010100——变速器控制单元无通信 被动/偶发。故障码详情如图 3-20 所示。该故障重新熄火起动后故障即可消失，一天之内不会再出现。根据引导型测试计划检查，检查结果是当前驱动总线无故障。由于是偶发故障，在故障不出现时相关系统工作是正常的，所以没有办法从引导型测试计划中得到帮助。

从故障码出现的前后来看，变速器总是先于其他控制单元报故障码"驱动系数据总线损坏"，之后其他控制单元才会报"变速器控制单元无通信"。从这一点来分析变速器的供电和搭铁不应该存在问题，重点可能是驱动总线存在虚接、间歇性断路或是变速器控制单元本身存在质量问题。

基于上面的分析，维修人员检查了变速器 J217 到网关 J533 的所有插接器，并重新处理了相关针脚，但故障在第二天早上仍然出现。维修人员在没有更好的思路情况下寻求支持，重新整理思路，感觉之前诊断思路也没有问题。询问驾驶人，表示自己已经购车两年，累计行驶 5000km，之前一直没有这个故障现象，本次更换左前叶子板和仪表台隔音垫后故障就出现了。

故障排除 根据驾驶人描述并结合故障现象，分析认为是本次维修拆装不当导致线束受到挤压所致。对本次拆装过的所有项目重新检查，过程中发现在仪表台左侧，仪表台内的线束（该线束去往网关）被挤压在仪表台骨架和车身之间。线束内有多线都被压扁，且驱动总线绝缘导线也被压破（如图 3-21、图 3-22 所示）。将该线束重新修复后故障彻底排除。

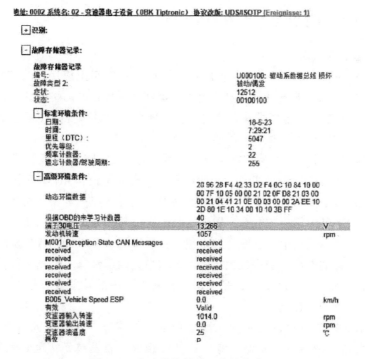

图 3-20 变速器控制单元内的故障码

图 3-21 线束被挤压的位置

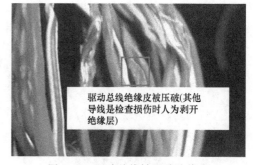

图 3-22 驱动总线被压破绝缘皮

技巧点拨 本故障是典型的维修人员人为操作不当所致,驱动总线被挤压和搭铁之间形成偶发短路。该车线束虽然被压但内部铜丝并没有断裂。奇怪的是驱动总线属于星形接线,为什么整个驱动总线没有失效,而且发动机在第二次起动后故障一天不再出现,故障与起动时的电流干扰是否有关?希望同行给此案例的深层原因进行剖析指点,共同促进业界维修诊断水平的进一步提升。

七、奥迪车系 MOST 总线系统特点

1. MOST 总线的特点与组成

MOST 总线在奔驰、宝马、奥迪、保时捷、路虎等高端车上应用相当广泛，它是 Media Oriented Systems Transport 的缩写，主要应用于多媒体数据传输的网络系统。相对于传统的信号传输方式，MOST 光学传输总线具有导线少、质量小、传输速度快（可达 20Mb/s）、不会产生电磁干扰，同时对电磁干扰也不敏感等优点。

MOST 总线通过一个环形结构，在信息娱乐控制单元之间实现数据交换，信息的传输是通过光缆实现的，环内的传输只能向一个方向进行。也就是说，MOST 系统中的控制单元是按照一定的顺序进行安装的，且顺序不能随意调换，这种按照一定顺序安装在 MOST 中的控制单元，称为 MOST 环形结构的标准配置，这种配置的顺序储存在主机和中央网关模块内。

在 MOST 光学总线系统中，总线驾驶人包括：收音机、CD 机或 DVD 换碟机、GPS 导航单元、视频单元、移动电话、功率放大器等。这些单元内部都有一个光学传输控制单元，称为"智能网络接口控制器（INIC）"，是 MOST 控制单元中的发射接收模块，用于实现光学传输的信号调制、解调和控制。

图 3-23 所示的光学传输控制单元主要由内部供电装置、收发单元（又称光导发射器 FOT）、光波收发器、标准微控制器、专用部件等组成。收发单元，也叫光导发射器 FOT，主要由一个光电二极管和一个发光二极管构成。智能网络接口控制器（INIC）自身便是一个具有完全功能、独立的路由器，该路由器可以在不需要与其应用程序进行互动的情况下，操作基础网络功能。因此，即使是有一个控制单元的失效（前提是该控制单元内的 INIC 没有损坏），MOST 环形结构仍会继续有效。

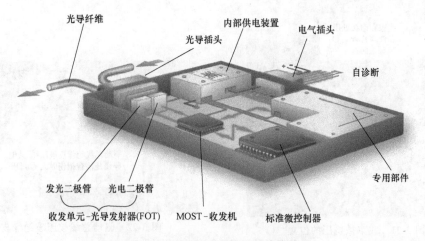

图 3-23 控制单元内的光纤传输单元

每个 MOST 控制单元都可以发送多媒体传输系统总线中的数据。仅中央网关模块能够实现 MOST 总线和其他总线系统之间的数据交换。此时，主机起到主控单元的作用，中央网关模块是连接其余总线系统的网关。

2. 常见奥迪车型的 MOST 网络总线

如图 3-24 所示，对于奥迪 A6L（C7）不带后座娱乐系统的 MOST 网络系统，主要

MOST 控制单元包括信息电子控制单元 1（J794）、DVD 换碟机（R161）、组合仪表控制单元（J285）、TV 调谐器（R78）、收音机（R）、数字音响控制单元（J525）以及数据总线诊断接口（J533）。对于奥迪 A6L（C7）带后座娱乐系统的 MOST 网络系统，除了以上控制单元外，还包括信息电子控制单元 2（J829），如图 3-25 所示。MMI 显示屏 J685 通过 LIN 总线与信息电子控制单元 1（J794）相连，多媒体系统显示单元 Y22 及 Y23，通过 LIN 总线与信息电子控制单元 2（J829）相连。

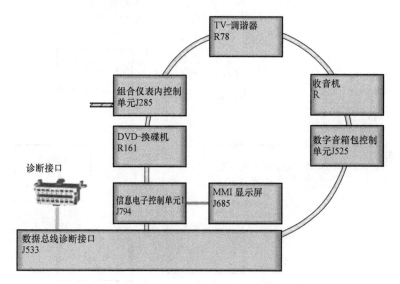

图 3-24 奥迪 C7 MOST 总线系统

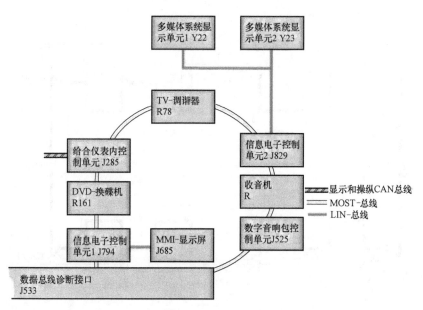

图 3-25 奥迪 C7 MOST 总线系统示意图

奥迪 Q5 的 MOST 控制单元主要包括信息电子控制单元（J794）、媒体播放器 1（R118）、TV 调谐器（R78）、收音机（R）、数字音响包控制单元（J525），以及数据总线诊断接口（J533），如图 3-26 所示。从图 3-27 可以看出，奥迪 Q5 MOST 控制单元的光纤传输方向按以下顺序传输：信息电子控制单元→媒体播放器→TV 调谐器→收音机→数字音响包控制单元→数据总线诊断接口→信息电子控制单元。该光纤传输的方向是单向且闭环的，中间不允许出现断环的现象。

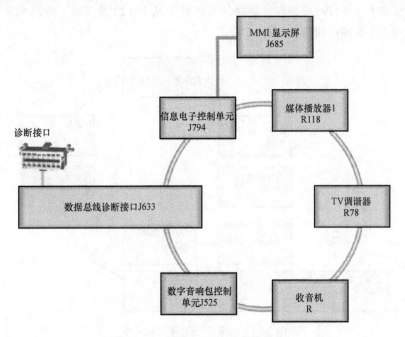

图 3-26 奥迪 Q5 MOST 总线系统

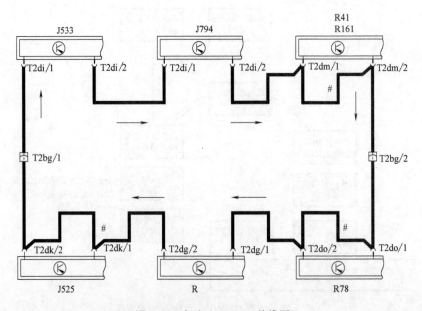

图 3-27 奥迪 Q5 MOST 总线图
J525—数码音响系统控制器 J533—数据总线诊断接口 J794—信息电子装置控制器1 R—收音机
R78—电视调谐器 R41—CD 换碟机 R161—DVD 转换盒 #—尚不存在的装备被跨接

> **技巧点拨**　当 MOST 总线的环形结构闭合且功能良好时，才能在 MOST 环形结构中传送信息。而在环形结构断开时，根据不同的车型不同的配置，诊断只能与主机通信。

八、奥迪车系 MOST 总线系统检修技巧

1. 奥迪 MOST 总线的检修

对照奥迪 Q5 的 MOST 总线图与实际配置（图 3-28），由于诊断仪器翻译的问题，个别控制单元的名称有所不同，例如收音机（R）在诊断仪器中的地址字为 56，翻译为无线电（CAN）；数字音响包控制单元 J525 的地址字为 47，翻译为音响系统，又称音响功放。图 3-29 显示的是奥迪 A6L（C6）MOST 的实际配置。

0E - 媒体播放器位置1	是	可以达到	正常	Most
56 - 无线电（CAN）	是	可以达到	正常	Most
57 - 电视调谐器	是	可以达到	正常	Most
47 - 音响系统	是	可以达到	正常	Most
5F - 信息电子设备1	是	可以达到	正常	Most

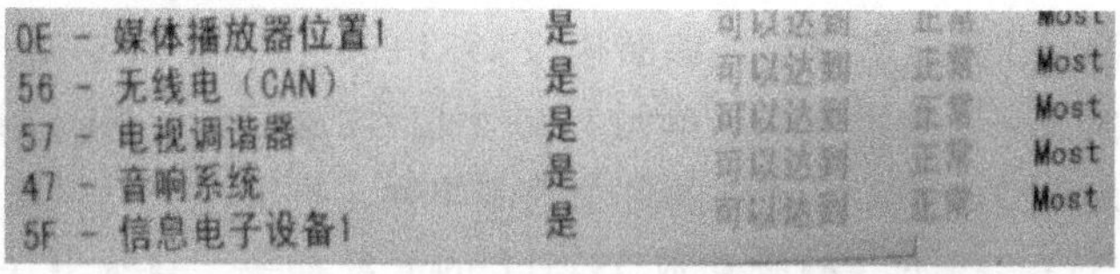

图 3-28　奥迪 Q5 的 MOST 总线系统实际配置

0E - 媒体播放器位置1	是	可以达到	故障	Most
56 - 无线电（CAN）	是	可以达到	正常	Most
47 - 音响系统	是	可以达到	故障	Most
5F - 信息电子设备1	是	可以达到	故障	Most

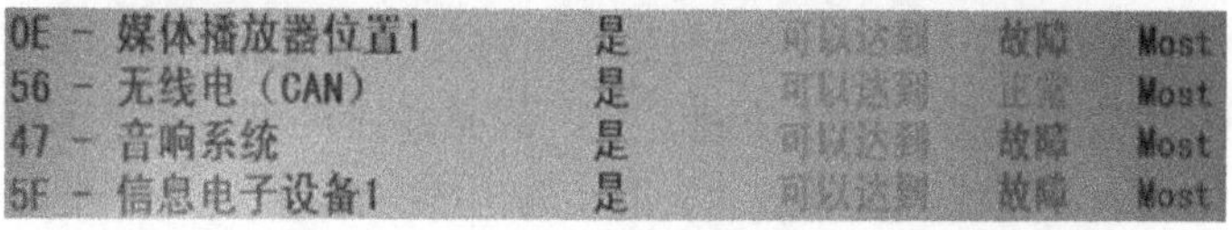

图 3-29　奥迪 A6L（C6）的 MOST 总线系统实际配置

对于 MOST 光束的检测，在没有光纤测量仪的情况下，可以拔下控制单元的光纤插头（图 3-30），通过肉眼即可判断一个控制单元光纤输入口与输出口红色光束的亮度是否一致。如果输入口的光束比较亮，而输出口的光束比较暗，或者没有红色的光输出，并且 MOST 系统功能无法正常工作，则可以初步判断该控制单元内部的光纤收发控制模块损坏。或者可以用光纤短接头短接某一个控制单元的光纤插头（图 3-31）。例如，用光纤短接插头短接功放 J525 的光纤插头后，此时诊断仪可以正常诊断除了功放 J525 以外的其他 MOST 控制单元，

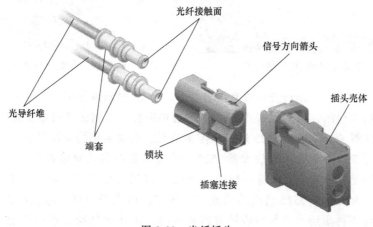

图 3-30　光纤插头

并且显示屏也可以正常显示，说明 J525 功率放大器损坏。

奥迪车系 MOST 系统的所有控制单元都设置了元件保护。例如，信息电子设备 1 控制单元 J794 具有组件保护功能。在启用组件保护的状态下，娱乐源的所有音频输出端都被切换为静音。而且，在系统起动时，MMI 显示器会显示提示文本。更换新的功放 J525 后，需要做在线编程（未编程仍然有声音输出），不是本车的功放将无法使用。

图 3-31　光纤插头

2. 维修案例

案例 1：奥迪 Q7 中央显示屏黑屏，音响无声音

首先连接奥迪诊断仪器，数据总线诊断接口 J533 的故障码如图 3-32 所示。

从故障码可知，数字音响组件控制单元 J525 无信号/通信。当 MOST 断开时，MMI 会出现黑屏，并且仪器无法进入 MOST 系统的各个控制单元。拆下位于行李舱右后方的音响功率放大器 J525（图 3-33），拔下并检查功放 J525 上的光纤插头，点火开关置于"ON"位置后，光纤插头的一个端口有红色的光，另一个端口没有光。将光纤插头的两根光纤分开，只保留会发光的光纤在插头上，另一根不会亮的光纤取下，将该插头连接到功放上。再次将点火开关置于"ON"位置。此时，观察功放上空余的光纤插头没有红色的光输出。根据线路图检查功放 J525 的电源和搭铁线正常，由此可判断功放 J525 的光纤单元（光导发射器）损坏，导致 MOST 系统断环。最后，更换功放 J525，并做了在线编程，故障排除。

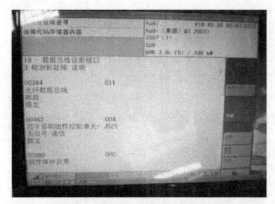

图 3-32　故障车奥迪 Q7 的故障码

图 3-33　功放 J525 的安装位置

案例 2：奥迪 A6L（C6）音响没有声音，有时 MMI 显示屏黑屏

用奥迪诊断仪检测，当出现 MMI 显示屏黑屏的时候，仪器无法诊断信息电子设备 1、收音机、媒体播放器，以及功放 J525 这四个控制单元。根据多年的维修经验，怀疑功放损坏，于是拆下位于行李舱左侧的功率放大器 J525，通过肉眼观察功放输入光纤的红色光束比较亮，但是将两根光纤分开后，仅将一根输入光纤连接到功放 J525，将点火开关置于"ON"位置，仔细观察发现功放 J525 输出端的光束比较暗。用光纤短接线连接功放上的光纤插头后，MMI 显示屏不再黑屏，只是音响没有声音输出。由此可判断音响功放 J525 损坏，更换功放 J525，并做在线编程后，故障排除。

> **技巧点拨** MOST 总线上的各个控制单元,会在一定时间内对诊断管理器发出的光波脉冲信号做出应答,其应答时间的长短取决于控制单元的软件。从环路断开诊断开始,到控制单元做出应答有一段时间间隔,诊断管理器根据这段时间的长短,就可判断出哪一个控制单元已经做出了应答。

九、奥迪车 CAN 总线系统检修

1. CAN 总线系统的作用

CAN 总线系统的作用就是将整车各种不同的控制单元连接起来,实现信息可靠共享,并减少整车线束数量。

2. CAN 总线系统的结构

如图 3-34 所示,CAN 总线系统由各控制单元、CAN 总线及 2 个终端电阻组成,其中各控制单元由中央处理器(CPU)、控制器和收发器组成,CAN 总线采用双绞线抗电磁干扰,2 个终端电阻均为 120Ω。

3. CAN 总线系统的数据传输

CAN 总线系统的数据传输过程可简化成以下 5 个步骤。

1)数据准备。各控制单元的控制器为数据发送做准备。

2)数据发送。各控制单元的收发器从控制器得到数据,然后将数据转换成电信号,并发送到 CAN 总线上。

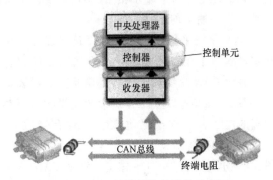

图 3-34 CAN 总线系统的结构示意图

3)数据接收。CAN 总线上的各控制单元做好接收数据的准备。

4)数据检测。各控制单元检测它所接收到的数据对自己的功能是否有必要。

5)数据接收。若数据是控制单元必要的,则接收并处理,否则忽略。

4. CAN 总线系统的类型

CAN 总线系统主要有驱动 CAN 总线系统和舒适 CAN 总线系统 2 种类型,两者之间通过网关进行数据交流。另外,为了满足数据传递性能的多样性化要求,奥迪车上还采用了 LIN、MOST、Bluetooth 等总线系统。

驱动 CAN 总线系统有如下特点。

1)数据传输速率为 500kbit/s。

2)双绞线(CAN-High 线为橙色/黑色,CAN-Low 线为橙色/棕色),不能单线运行,即只要 CAN-High 线和 CAN-Low 线的其中一条出现故障(短路或断路),驱动 CAN 总线系统将不能正常工作。

3)可以同时传递 10 组数据。发动机电控单元 5 组、ABS 控制单元 3 组和变速器控制单元 2 组,它们的优先权顺序为 ABS 控制单元→发动机电控单元→自动变速器电控单元。

舒适 CAN 总线系统有如下特点。

1)数据传输速率为100kbit/s。

2)双绞线(CAN-High 导线为橙色/绿色,CAN-Low 导线为橙色/棕色),可以单线运行,即当 CAN-High 线和 CAN-Low 线的其中一条出现故障(短路或断路)时,舒适 CAN 总线系统也能正常工作。

3)连接空调控制单元、停车辅助控制单元、蓄电池能量管理控制单元、车门控制单元等。

5. CAN 总线系统的检测及维修

(1)CAN 总线系统的波形测量 运用 VAS 5051 上的示波器,可以同时测量 CAN-High 线和 CAN-Low 线的波形,因为该示波器具有2个通道,即 DSO1 和 DSO2,如图 3-35 所示。测量时,通道 DSO1 的红色测量端子(正极)接 CAN-High 线,通道 DSO2 的红色测量端子接 CAN-Low 线,两个通道的黑色测量端子均搭铁。

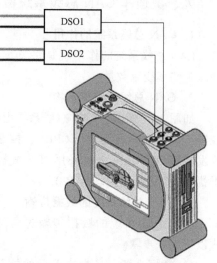

图 3-35 VAS 5051 上的示波器

CAN 总线采用负逻辑,数据传递通过2个二进制逻辑状态1和0来实现。逻辑状态1代表隐性信号,表示 CAN 总线在工作;逻辑状态0代表显性信号,表示 CAN 总线不工作。每个逻辑状态都对应着相应的电压,表现在驱动 CAN 总线和舒适 CAN 总线上有所区别,具体如表 3-1 所示。图 3-36 和图 3-37 分别为驱动 CAN 总线、舒适 CAN 总线的正常波形图。若 CAN-High 线和 CAN-Low 线中有短路或断路现象,用示波器可读取各种 CAN 总线的故障波形图,分析故障波形图可判断出大致故障原因。

表 3-1 CAN 总线的逻辑、显隐性及电压

总线类型	逻辑	显隐性	电压/V
驱动 CAN 总线	0	显性	CAN-High 线约为 3.5 CAN-Low 线约为 1.5
驱动 CAN 总线	1	隐性	CAN-High 线约为 2.5 CAN-Low 线约为 2.5
舒适 CAN 总线	0	显性	CAN-High 线约为 4 CAN-Low 线约为 1
舒适 CAN 总线	1	隐性	CAN-High 线约为 0 CAN-Low 线约为 5

图 3-36 中驱动 CAN 总线的波形中各数字代表的含义。

① 用通道 A 测量 CAN-High 信号。

② 用通道 B 测量 CAN-Low 信号。

③ 将通道 A 和通道 B 的零线坐标置于等高。在图 3-36 中,黄色的 CAN-High 信号零标记已被绿色的 CAN-Low 信号零标记遮盖,即 CAN-High 信号和 CAN-Low 信号的零点已经重

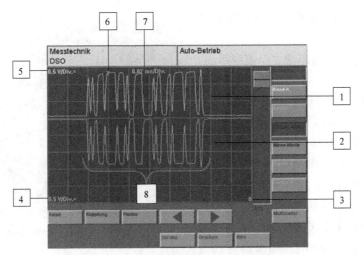

图 3-36 驱动 CAN 总线的正常波形

合。经验证明，在同一零坐标线下对电压值进行分析更为简洁方便。

④ 通道 B 的电压轴精度的设定。一般将通道 B 的电压轴精度设定为每个单格 0.5V，即 0.5V/Div。此时，分析 CAN 总线的电压波形比较清晰、直观。

⑤ 通道 A 的电压轴精度的设定。一般将通道 A 的电压轴精度设定为每个单格 0.5V，即 0.5V/Div。此时，分析 CAN 总线的电压波形比较清晰、直观。

⑥ 触发点的设定。触发点应位于被测信号的幅值范围内。CAN-High 信号的触发点宜设定在 2.5~3.5V 之间，CAN-Low 信号的触发点宜设定在 1.5~2.5V 之间。

⑦ 时间轴精度的设定。时间轴精度应尽可能选择的高一些，以利于发现电压波形短暂、细微的变化，一般将时间轴精度设定为每个单格 0.02ms，即 0.02ms/Div。

⑧ 具体的电压波形。图 3-36 中的曲线 8 即为一条 CAN 总线信息的具体电压波形。

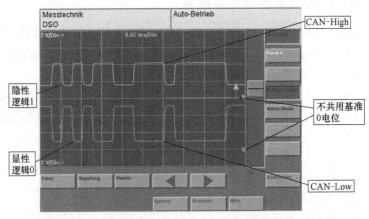

图 3-37 舒适 CAN 总线的正常波形

（2）CAN 总线系统的终端电阻测量　舒适 CAN 总线系统的终端电阻不能用万用表测量，舒适 CAN 总线的正常波形如图 3-37 所示。驱动 CAN 总线系统的终端电阻可以用万用表进行测量，其步骤如下。

1) 断开蓄电池的正极接线。

2) 等待约 5min，直到所有的电容器充分放电。

3) 找到带有终端电阻的 2 个控制单元。

4) 把测试盒 1598/38 与驱动 CAN 总线连接（图 3-38），用万用表连接相应的 CAN-High 线和 CAN-Low 线测量总电阻。

5) 分别断开带有终端电阻的 2 个控制单元的其中 1 个进行电阻测量。

6) 分析测量结果。由于带有终端电阻的 2 个控制单元是并联的，所以总电阻应该为 60Ω，而在断开 1 个带有终端电阻的控制单元时，电阻应该为 120Ω。如果测得的总电阻于 60Ω，则驱动 CAN 总线有短路故障；如果测得的总电阻大于 60Ω，则驱动 CAN 总线有断路、接触不良故障或控制单元有故障。

图 3-38　测试盒 1598/38 的连接

技巧点拨　如果 CAN 总线有破损或断路据接线时，每段接线应小于 50mm，每两段接线之间应大于 100mm；如果需要在中央接点处维修，则严禁打开接点，只允许在距接点 100mm 以外处断开总线；另外，每条 CAN 总线的长度不应超过 5m，否则它所传输的脉冲信号会失真。

第二节　大众品牌

一、迈腾 B7L 左后电动车窗升降异常

故障现象　一辆 2015 年迈腾 B7L 车，该车操作驾驶人侧后部车窗升降器按钮，无法控制左后电动车窗升降，操作左后车门上的车窗升降器按钮能够正常控制电动车窗升降。

故障诊断　接车后，首先对故障现象进行验证，故障症状确如驾驶人所述。结合该车的故障现象，分析认为造成故障的可能原因有：驾驶人侧左后车窗升降器故障、驾驶人侧车门控制模块（J386）故障、相关线路故障。用故障检测仪检测，驾驶人侧车门控制模块（J386）无相关故障码存储。读取数据流，在操作驾驶人侧左后车窗升降器按钮时，有手动下降、手动上升和一键升降的信号输出（图 3-39），初步排除驾驶人侧左后车窗升降器按钮故障的可能。

如图 3-40 所示，操作驾驶人侧左后车

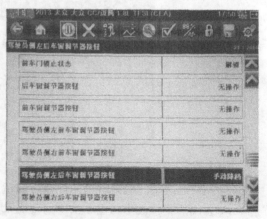

图 3-39　读取的相关数据流

窗升降器按钮，驾驶人侧车门控制模块（J386）接收到驾驶人侧左后车窗升降器按钮信号，并通过 LIN 总线将其传递给左后车门控制模块（J926），由 J926 控制左后电动车窗升降；操作驾驶人侧右后车窗升降器按钮，J386 接收到信号，并通过 CAN 总线将信号传递给前排乘客侧车门控制模块（J387），由 J387 通过 LIN 总线将信号传递给右后车门控制模块（J927），从而实现右后电动车窗升降。

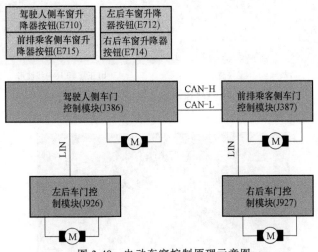

图 3-40　电动车窗控制原理示意图

查阅左后电动车窗控制电路（图 3-41），拆卸驾驶人侧车门门边饰板和左后车门门边饰板，依次断开 J386 导线连接器 T20g 和 J926 导线连接器 T201，检查导线连接器无损坏。用万用表测量导线连接器 T20g 端子 15 与导线连接器 T201 端子 8 之间的电阻，小于 1Ω，正常。重新插上导线连接器，利用示波器测量 J386 导线连接器端子 15 的 LIN 总线波形，发现 LIN 总线的波形不正常（图 3-42），该波形表明 LIN 总线存在对搭铁短路的故障。重点检查门边线束，发现紫白色导线（LIN 总线）磨损破皮（图 3-43），已和车门板接触在一起，从而出现 J386 和 J926 之间信号无法正常传递的故障，致使驾驶人侧后部车窗升降器按钮无法控制左后电动车窗升降。

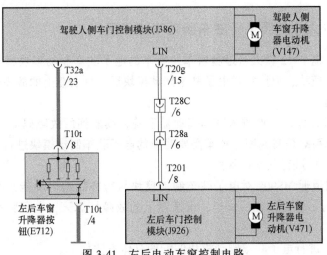

图 3-41　左后电动车窗控制电路

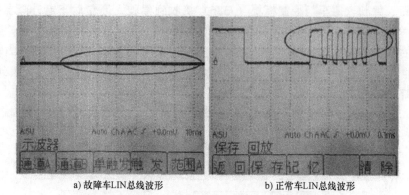

a) 故障车LIN总线波形　　　　　　　　b) 正常车LIN总线波形

图 3-42　J386 导线连接器端子 15 的 LIN 总线波形

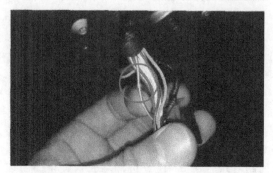

图 3-43　破损的 LIN 总线

故障排除　用线束修理包修复破损的 LIN 总线，装复驾驶人侧车门门边饰板和左后车门门边饰板，多次操作驾驶人侧后部车窗升降器按钮，左后电动车窗玻璃升降正常，至此，故障彻底排除。

> **技巧点拨**　如果车载网络系统有故障，则整个汽车车载网络系统中的许多信息都将无法传输，接收这些信息的电控模块无法正常工作，从而为故障诊断带来困难。

二、2012 款大众迈腾电子驻车制动不起作用

故障现象　一辆 2012 款大众迈腾轿车，原车的电子驻车制动模块损坏，更换了一块全新的电子驻车制动模块，但更换过电子驻车制动模块后，仪表盘上的故障灯依旧常亮，电子驻车制动不起作用。

故障诊断　用道通 MS908 进入驻车制动器系统，读取到的故障码如图 3-44 所示。根据故障码信息及故障引导信息判断，该车需要对新的电子驻车制动模块进行编码，并对纵向加速度传感器（G251）进行基本设置。

故障排除　用道通 MS908 对电子驻车制动模块执行在线编码功能，并对纵向加速度传感器（G251）进行了基本设置后试车，仪表盘上的故障灯熄灭，电子驻车制动功能恢复正常，故障排除。

用道通 MS908 进行电子驻车制动模块匹配的具体方法如下。

图 3-44　驻车制动器系统中存储的故障码

（1）电子驻车制动模块匹配的注意事项

1）车辆要停在水平地面上，并处于驻车状态。

2）接通点火开关并关闭所有用电设备。

3）确保蓄电池电压高于 13V，必要时要连接充电器。

4）编码过程中要确保网络稳定，建议使用网线连接。

5）编码过程中使用 USB 线连接，确保数据传输稳定。

（2）具体操作步骤

1）连接道通 MS908，自动读取车辆 VIN 进入车型，如图 3-45 所示，进入"编程/定制测试"，选择"在线编码"。

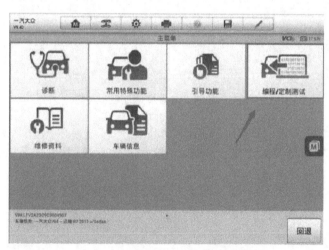

图 3-45　道通 MS908 主菜单界面

2）选择"53-驻车制动器"，程序将会从服务器获取控制模块的数据，数据获取结束后，按屏幕提示继续下一步。

3）如图 3-46 所示，此时可以看到电子驻车制动模块当前的编码值，与从服务器获取的新值不一致，点击"编码"对新的电子驻车制动模块进行编码，当道通 MS908 屏幕出现"已成功对系统驻车制动器进行编码"后，点击"完成/继续"。

4）编码成功后回退，进入控制模块选择"制动电子装置"，执行"在线安全登录"功能（图 3-47）。

图3-46 新电子驻车制动模块编码

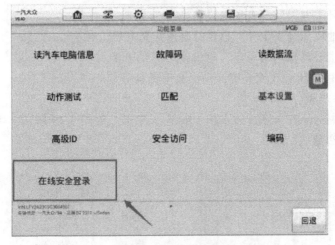

图3-47 执行"在线安全登录"功能

5）登录成功之后回退，进入"基本设置"功能，选择"文档式基本设置"，执行"G251传感器调节"功能（图3-48）。如图3-49所示，点击"开/关"，直至调节状态显示

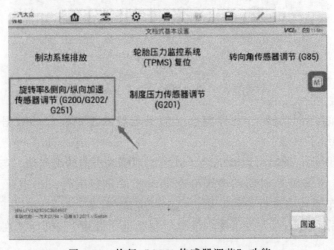

图3-48 执行"G251传感器调节"功能

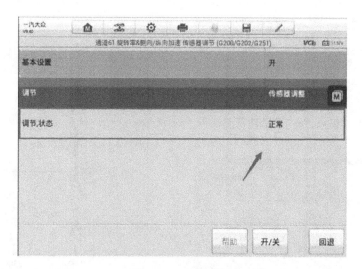

图 3-49 点击"开/关"直至调节状态显示"正常"

为"正常"。

至此,电子驻车制动模块在线编码及 G251 校准便全部完成,仪表盘上的故障灯熄灭,清除故障码后电子驻车制动功能恢复正常,故障排除。

> **技巧点拨** 需要特别注意的是:在匹配过程中一定要确保网络稳定,并使用 USB 线连接 VCI;连接服务器获取新控制模块数据需要花费一定时间,要耐心等待。

三、2010 款大众迈腾后门车窗升降器失效

故障现象 一辆 2010 款大众迈腾,发动机号 CBL034057,底盘号 LFV3A23C0A3008197,行驶里程 54443km。驾驶人反映两个后门车窗升降器均失效。

故障诊断 该故障车两个后门车窗升降器失效,用驾驶人侧开关和后门开关都不能控制,初步判断应该不是开关故障。用故障检测仪检测两个前车门的控制单元故障提示:两后门升、降器电动机电路电气故障,两后车门控制单元均无通信(图 3-50~图 3-52),无法进行执行元件诊断,此车后车门控制单元与升降器电动机集成为一体。

迈腾车的升降器系统分别由左右前车门控制单元控制,驾驶人侧车门控制单元由一条 LIN 线与左后车门通信;右前车门同样由一条 LIN 线与右后车门控制单元通信。若两后车门控制单元无通信,其可能的故障原因有:通信线束两侧车门 LIN 线同时断路或短路;两侧控制单元同时损坏;后门控制单元无供电或无负极接地。

查看相关电路图(图 3-53),发现两后门升降器均为 SC35 号熔丝供电,如果 SC35 熔

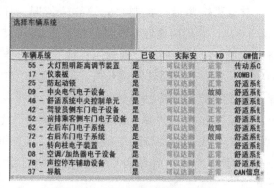

图 3-50 网关控制单元故障提示

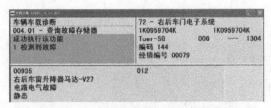

图 3-51　右后车门控制单元图故障提示

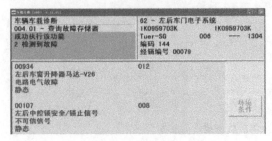

图 3-52　左后车门控制单元故障提示

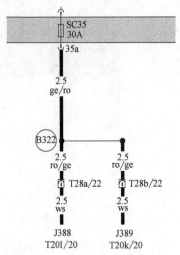

图 3-53　SC35 号熔丝相关电路图

SC35—C 熔丝盒 35 号熔丝　J388—左后车门控制单元　J389—右后车门控制单元

丝熔断或其相邻插脚线束故障，均会造成两后门升降器同时无通信故障。此处就是造成两后门升降器同时无通信故障的共同点。

　　检查 SC35 熔丝发现已经熔断，虽然两后门升降器同时无通信的故障原因找到了，但不能直接插上熔丝了事，接下来还要继续查找导致此熔丝熔断的真正原因。造成 SC35 熔丝熔断的可能原因有：两个后门升降器相应的正极线短路；用电器即两后门升降器电阻值过低（电流过大）。

　　首先，检查两后门门轴处线束（因此处线束经常弯折容易折断，故障率较高），经查无明显破损，插头连接良好。更换上新的熔丝，升降器恢复正常，不再熔断，就交车了，但驾驶人取走车几天后发现熔丝再次熔断。

　　尝试更换两后门控制单元，故障依旧。仔细查阅电路图（图 3-54），发现前照灯清洗泵的熔丝也是 SC35 号。而此车装备有前照灯清洗功能，发现前照灯清洗功能同样失效。更换新熔丝，只要操作前照灯清洗开关，熔丝立即熔断，因此判断故障点应该在前照灯清洗电路上。控制单元列表中"中央电器电子设备"显示有故障，读取中央电器电子设备故障显示为（图 3-55）：前照灯清洗继电器 J39 短路，因此继续查找造成该故障的原因，拆下前保险杠检查，前照灯清洗泵线路未见异常。

　　故障排除　接着测量前照灯清洗泵电阻，发现其电阻阻值

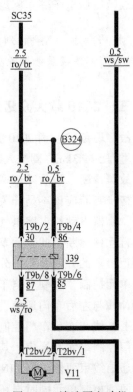

图 3-54　清洗泵电动机
V11 的电路图
J39—前照灯清洗继电器
V11—清洗泵电动机

过低。说明清洗泵电动机线圈有短路现象，导致用电器电流过大，从而烧断熔丝。原车清洗泵内阻过低，只有 0.02Ω（正常值为 3.5Ω），工作时电流肯定会大大超过额定电流 30A，导致熔丝熔断；更换前照灯清洗泵后，故障被彻底排除。

图 3-55 中央电器电子设备控制单元故障提示

技巧点拨 同一熔丝可能会控制多个用电设备，在维修中应该开拓思路。在该车维修手册的熔丝位置图表中，并未标注前照灯清洗泵与后门升降器控制单元共用一个熔丝，所以在开始维修中走了弯路。看来，在以后的维修工作中不能只看熔丝位置表，还要看线路连接图。有些故障表面看是两个或者几个互不相干的故障，但由于其电路结构存在着内在联系，因此判断故障要全面细心，这样才能准确、快速地判断故障。另外，需要注意的是要根据汽车生产的年款查看相应的电路图，因为不同年款、不同配置的汽车电路有相应的变化，此车应该查阅 2010 款电路图，以免走弯路。

四、帕萨特领驭中控门锁和电动车窗升降器不能正常工作

故障现象 一辆 2006 年款帕萨特领驭轿车，行驶里程 25 万 km，中控门锁和电动车窗升降器不能正常工作。此前也因为类似故障现象进行过维修，维修人员只是当作偶发性故障处理，但故障会反复出现。

故障诊断 接车后首先验证故障现象，接通点火开关，操控车内中央闭锁开关（E150），只有驾驶人侧车门的中控门锁能正常解锁和闭锁；操控驾驶人侧玻璃升降器开关，只有左前车门电动玻璃升降器能正常工作，其余车门的电动玻璃升降器均不工作；分别操控右前车门、左后车门、右后车门的电动玻璃升降器开关 E107、E52 和 E54，各个车门电动玻璃升降器均能正常工作。

关闭所有车门，将车钥匙插入驾驶人侧车门的锁芯孔，进行开锁和闭锁操作，只有驾驶人侧车门的门锁能开闭；将钥匙在开锁或闭锁位置保持，也只有驾驶人侧车门的电动玻璃升降器可以上下工作。

连接金德 KT600 故障诊断仪对车辆舒适系统控制单元（地址栏编号：46）进行故障码查询，显示如下故障信息：与驾驶人侧车门控制单元（J386）没有通信；与右前车门控制单元（J387）没有通信；与左后车门控制单元（J388）没有通信；与右后车门控制单元（J389）没有通信；与 CAN 数据总线诊断接口（J533）没有通信；舒适系统数据总线单线运行模式；舒适系统控制单元（J393）编码不正确。

使用诊断软件的编码功能，读取舒适系统控制单元（J393）的版本信息，发现编码为 00017 的错误编码。对舒适系统控制单元（J393）进行正确编码（00259），并执行清除故障码操作后，重新读取故障码。此时，舒适系统控制单元（J393）编码不正确和 CAN 数据总线单线运行模式的故障码不再出现。由此可见，仍然无法清除的故障码，是造成电动玻璃升降器和中央门锁控制无法工作的主要原因。

帕萨特领驭轿车 CAN 通信系统包括动力系统 CAN、舒适系统 CAN 和诊断系统 CAN。该车 4 个车门控制单元和舒适系统控制单元（J393）之间的信号是通过舒适系统 CAN 数据总线传递的，通过 2 根相互缠绕的信号线同时传递相同数据，分别为 CAN-H（橙/绿）、CAN-L（橙/棕），舒适系统所有的控制单元通过这 2 根通信线进行数据交换和信号传递。另外，集成在组合仪表（J285）中的数据总线诊断接口（J533）和数据总线随时保持通信，检测总线的工作状态。如果各个车门控制单元与舒适系统控制单元之间的 CAN 无法正常通信，就会导致车内中央闭锁开关（E150）至左前车门控制单元的信号，无法正常传递到其他 3 个车门控制单元，并且所有的车门控制单元只能接收直接输入到该控制单元的电动玻璃升降器开关信号。因此，排除该车故障的关键，是查找各个车门控制单元和舒适系统控制单元之间 CAN 无法通信的原因。

为了确定舒适系统控制单元（J393）与每个车门控制单元数据总线的连接情况，通过金德 KT600 故障诊断仪进入 46-08-12，观察数据流，4 组数据用"1"或"0"数值分别代表驾驶人侧车门、右前车门、左后车门和右后车门控制单元与舒适系统控制单元（J393）CAN 数据总线的连接状态。此时，4 组数据均为"0"，说明各个车门控制单元与总线通信确实有故障。为了进一步查找 CAN 无法通信的根源，拆卸舒适系统控制单元（位于驾驶人侧座位地板下，图 3-56）进行检查。

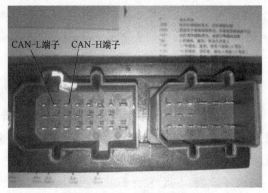

图 3-56 舒适系统控制单元

在拆卸舒适系统控制单元（J393）时，发现该车是修复的事故车，舒适系统控制单元（J393）和左 A 柱有关舒适系统的线束曾严重受损。对线束进行检查，重点对双绞的 CAN 总线进行整理。检查结果，线路连接没有问题。为了排除舒适系统控制单元（J393）中存在问题的可能，首先更换新的舒适系统控制单元（J393）。连接好新的舒适系统控制单元（J393）后接通点火开关，操作车内中央闭锁开关（E150）和左前电动玻璃升降器开关时，中控门锁和电动玻璃升降器功能恢复正常，但是左后车门玻璃升降器在升降时，呈现断断续续的工作状态。再次进行故障码查询，故障诊断仪显示 2 个故障记录：与左后车门控制单元（J388）没有通信；与右后车门控制单元（J389）没有通信。进入 46-08-12 查看各个控制与 CAN 总线的连接状况数据流，此时 4 组数据均为"1"，说明总线连接正常。

通过上述检查，可以得出这样的结论：舒适系统控制单元（J393）和各个车门控制单元元件本体正常，故障应该在舒适系统总线线路部分。由于各个车门的 CAN 总线引出后都在舒适系统控制单元（J393）连接器后面的线束内形成节点，最后连接至舒适系统控制单元（J393），所以故障点在后车门通信线路的可能性比较大。断开左后车门控制单元（J388）的 2 根数据总线，经过反复操作试验，故障现象仍然存在；断开右后车门控制单元（J389）的数据总线时，操作电动玻璃升降器和车内中央闭锁开关（E150），除了右后车门不动外，其余车门工作正常。查询故障码，只有与右后车门控制单元（J389）没有通信的故障记录。拆卸右后车门内衬板，检查右后车门控制单元（J389）的线路，发现右后车门控制单元（J389）的18端子导线连接器的CAN-H线路（橙/绿色，T18b/11）有一处已经形成断点，接触不良。

故障排除　将右后车门控制单元（J389）18端子导线连接器的CAN-H线路（橙/绿色，T18b/11）中的断点重新可靠连接并且包扎好，恢复右后车门控制单元（J389）导线连接器的连接，无论操控车内中央闭锁开关（E150），还是从车外通过车钥匙操作中控门锁和电动玻璃升降器使其工作，故障现象没有再出现；用故障诊断仪读取故障码，无任何故障码记录，故障彻底排除。

> **技巧点拨**　由于右后车门控制单元（J389）到舒适系统控制单元（J393）的CAN-H线路接触不良，当右后车门锁电动机或电动玻璃升降器工作时会产生振动，接触不良的断点会使通信中断或产生不规律的信号，干扰舒适系统CAN总线的正常通信，造成舒适系统控制单元（J393）无法可靠传递信息，并记录相关故障，最终停止通信，从而出现该车故障现象。

五、2013款新途安左后升降器不能升降、左后车门不能上锁

故障现象　一辆2013款的上汽大众新途安，装配CFB发动机，搭载7档双离合变速器，行驶里程6.3万km。驾驶人反映该车左后升降器不能升降、左后车门不能上锁。

故障诊断　接通点火开关，操纵驾驶人侧车门饰板上左后升降器开关E53，发现驾驶人侧车门升降器没有任何反应。操纵左后车门饰板上的升降器开关E52，发现左后升降器也没有任何反映。使用遥控器、驾驶人侧车门饰板上及车门外把手上的中控锁开关，将车门上锁或解锁，发现左后车门锁没有任何动作，故障与驾驶人描述一致。

接下来，先介绍一下该车升降器及中控锁的工作过程。该车的升降器及中控锁是采用前CAN后LIN控制。前CAN后LIN控制是指驾驶人侧及前排乘客侧车门控制单元通过舒适系统CAN总线与BCM车身控制单元连接，左后车门控制单元通过LIN总线与驾驶人侧车门控制单元连接，右后车门控制单元通过LIN总线与前排乘客侧车门控制单元连接。

升降器的控制，接通点火开关，CAN、LIN数据线通信正常，按下驾驶人侧车门上的电动车窗升降器开关E40时，开关信号给驾驶人侧车门控制单元J386，J386收到开关信号以后，控制本车门的车窗升降。按下驾驶人侧车门上的前排乘客侧电动车窗升降器开关E81，开关信号给J386，J386接收到开关信号后，通过CAN数据线将此信号传输给BCM和前排乘客侧车门控制单元J387，J387接收到此信号后控制电动车窗的升降。按下驾驶人侧车门上的左后电动车窗升降器开关E53，开关信号给J386，J386接收到开关信号后，通过LIN数据线将此信号传输给左后车门控制单元J388，J388接收到此信号后控制电动车窗的升降。按下驾驶人侧车门上的右后电动车窗升降器开关E55，开关信号给J386，J386接收到开关信号后，通过CAN数据线将此信号传输给BCM和前排乘客侧车门控制单元J387，J387接收到此信号后通过LIN数据线将此信号传输给右后车门控制单元，右后车门控制单元收到此信号后，控制电动车窗的升降。

中控锁的控制，使用钥匙锁止操作时，门锁单元（锁块）F220 给驾驶人侧车门控制单元 J386 提供锁止信号。在 J386 的内部会执行一次数据传送检查，以确定锁止操作是否能被执行（如驾驶人侧车门是否已关闭）。如果确认驾驶人侧车门已关闭，J386 将锁止信息传送至锁止单元 F220（锁块）锁上驾驶人侧车门，同时信号通过数据总线 CAN 传送至 BCM 车身控制单元和前排乘客侧车门控制单元，以便执行锁止操作。前排乘客侧车门控制单元收到锁止信息，控制锁止单元（锁块）锁止。BCM 车身控制单元激活后行李舱盖及油箱盖电动机并锁止，断开车内照明灯并激活防盗系统。如果钥匙保持在锁芯的锁止位置，车窗或天窗处于打开状态，会被自动关闭。左后车门的锁止信息是由 J386 通过 LIN 数据线将锁止信息传递到 J388，J388 收到锁止信息后，控制本车门的锁止单元（锁块）将车门锁止。右后车门的锁止与左后车门的锁止过程类似，如图 3-57 所示。

使用遥控锁止操作时，BCM 车身控制单元内部会执行一次数据传送检查，以确定锁止操作是否能被执行（如驾驶人侧车门是否已关闭、点火开关 S 触点是否断开），如果确认驾驶人侧车门已关闭，且 S 触点已断开，BCM 将锁止信息通过 CAN 数据线传送至驾驶人侧及前排乘客侧车门控制单元，以便执行锁止操作。驾驶人侧及前排乘客侧车门控制单元收到锁止信息，控制锁止单元（锁块）锁止。BCM 车身控制单元激活后行李箱盖及油箱盖电动机，并锁止，同时断开车内照明灯并激活防盗系统。左后车门的锁止信息是由 J386 通过 LIN 数据线将锁止信息传递到 J388，

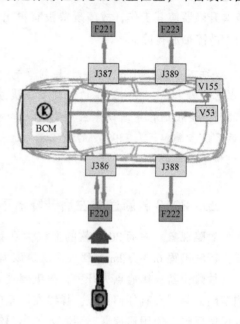

图 3-57　机械锁止操作

J388 收到锁止信息后，控制本车门的锁止单元（锁块）将车门锁止。右后车门的锁止与左后车门的锁止过程类似。如果持续按住遥控按键保持在锁止位置，车窗或天窗处于打开状态，会被自动关闭（图 3-58）。

使用车门饰板上的中控锁开关锁止操作时，中控锁开关 E308 将锁止信号传到驾驶人侧车门控制单元 J386，在车门控制单元的内部会执行一次数据传送检查，以确定锁止操作是否能被执行（所有车门是否已关闭）。如有任何车门没有关闭，车门控制单元不会发出锁止命令，只有所有车门关闭，确定锁止操作能被执行，所有车门锁止单元（锁块）锁止，BCM 车身控制单元才会同时激活后行李舱盖及油箱盖电动机，并锁止（图 3-59）。

接下来使用故障诊断仪 6150B 检查所有控制单元的故障码，发现 19 数据总线诊断接口、42 驾驶人侧车门控制单元、52 前排乘客侧车门控制单元、09 车身控制单元 BCM 及 08 空调系统控制单元存在故障。

检查 19 数据总线诊断接口、52 前排乘客侧车门控制单元、09 车身控制单元 BCM 的故障码及含义，均发现同一个故障码 01333——左后车门控制单元无信号/通信（图 3-60）。检查 42 驾驶人侧车门控制单元的故障码及含义，发现存在 1 个故障码 D02071——本地数据总

图 3-58 遥控锁止操作

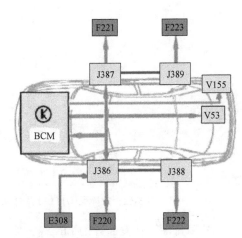

图 3-59 操作车门饰板上的中控锁开关锁止

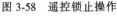

图 3-60 故障码 01333 及含义

图 3-61 故障码 D02071 及含义

线无信号/通信（图 3-61）。检查 08 空调系统控制单元的故障码及含义，发现存在 1 个故障码 D11190——由于丢失信息功能受到损害（图 3-62）。

通过读取控制单元的故障码，初步分析空调系统控制单元存在的故障码与该车的故障没有关系。19 数据总线诊断接口、52 前排乘客侧车门控制单元、09 车身控制单元 BCM 及 42 驾驶人侧车门控制单元的故障，结合维修同类故障的经验，该车的故障应该是驾驶人侧车门控制单元到左后车门控制单元的 LIN 线存在断路。接下来，拆下左后车门控制单元与 B 柱之间连接的线束插头检查 LIN 线，经检查 LIN 线没有断开。再拆下驾驶人侧车门控制单元与 A 柱之间连接的线束插头检查 LIN 线，发现 LIN 线已经断开（图 3-63）。将断开的 LIN 线进行修复后试车,检查所有故障已排除。

图 3-62 故障码 D11190 及含义

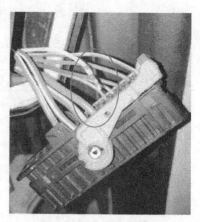

图 3-63 断开的 LIN 线

故障排除 修复断开的 LIN 线,故障彻底排除。

> **技巧点拨** 现代汽车已广泛使用车载网络,装有车载网络的车辆一旦出现故障,维修人员应首先检测汽车车载网络系统是否正常。

六、2017 款途安驻车辅助系统不起作用

故障现象 一辆 2010 款大众途安车,行驶里程 5.3 万 km,搭载 1.8L 涡轮增压发动机和 09G 手自一体自动变速器的。驾驶人反映:该车驻车辅助系统不起作用,且变速杆前方的驱动防滑开关指示灯常亮。

故障诊断 接车后,试车验证故障。接通点火开关,起动发动机,发现变速杆前方的驱动防滑开关指示灯常亮,按下该开关,指示灯也不熄灭(正常情况下,可通过按下驱动防滑开关开启或关闭驱动防滑功能);将变速器档位换入 R 档,驻车辅助系统的蜂鸣器没有响起。

连接 VAS6150B 诊断仪检查网关安装列表的故障,发现数据总线诊断接口(J533)、制动电控系统、助力转向系统、安全气囊、中央电气电子设备、舒适系统中央模块及空调/暖风装置存在故障(图 3-64)。比较特别的是,除数据总线诊断接口控制单元外,其他各控制单元所显示的"可以达到"均为红色字体,正常应为绿色字体。

用 VAS6150B 诊断仪依次查看各控制单元内存储的故障码:数据总线诊断接口存储的故障码为 01044——控制单元编码错误(静态);制动电控系统存储的故障码为 01317——仪表

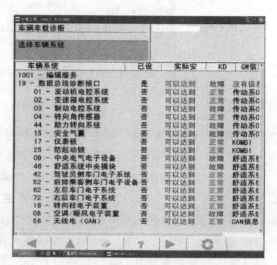

图 3-64 网关安装列表中的故障

板中的控制单元 J285（静态）；助力转向系统内存储的故障码为 03803——助力转向的转向角传感器（静态）；安全气囊控制单元内存储的故障码为 01299——数据总线诊断接口 J533 请读取故障码（静态）；中央电气电子设备、舒适系统中央模块及空调/暖风电子装置内存储的故障码均为 01299——数据总线诊断接口 J533 无或错误的基本设置/匹配（静态）"。

根据故障码的提示分析可知，多个控制单元存在关于数据总线诊断接口的故障码，故障应该与数据总线诊断接口有关，而数据总线诊断接口存储的故障码的含义为控制单元编码错误。于是尝试重新对数据总线诊断接口进行编码，发现编码列表中的所有控制单元均未编码（图 3-65）。

故障排除 于是在编码列表中选择该车辆已安装的控制单元进行编码，编码成功后再次查看网关安装列表，所有控制单元所显示的"可以达到"均变为绿色（图 3-66）。试车发现，自动变速器档位换入 R 档后，驻车辅助系统蜂鸣器响起，说明驻车辅助系统功能恢复正常；按下驱动防滑开关，驱动防滑开关指示灯熄灭，故障排除。

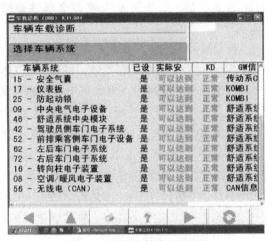

图 3-65 编码列表中所有控制单元均未编码　　图 3-66 所有控制单元显示的"可以达到"均为绿色状态

技巧点拨 该车的故障是 J533 上相关控制单元的编码丢失造成的。可是编码丢失为什么会导致驻车辅助系统不起作用及驱动防滑开关指示灯常亮呢？

该车装有驱动系统、舒适系统及信息娱乐系统 CAN 总线。而驻车辅助系统工作的条件是：点火开关接通、变速器档位置于 R 档、车速低于 15km/h。对于驻车辅助系统控制单元（J446）而言，点火开关、R 档及车速信号均是通过 CAN 总线来传递信息的。以 R 档信号为例，安装在变速器上的多功能开关将 R 档开关的位置，传递到自动变速器控制单元，再由自动变速器控制单元，通过驱动系统 CAN 总线传递给 J533，然后由 J533 经过舒适系统 CAN 总线，将信号传递给驻车辅助系统控制单元。由于 J533 中自动变速器控制单元未编码，信号无法传递，因此造成了驻车辅助系统无法工作。

七、2016 款上汽大众途安 L 熄火后空调鼓风机自动运行

故障现象　一辆 2016 款上汽大众全新途安 L，搭载 CST 型发动机，VIN 码为 LS-

VSE80R3HN××××××，行驶里程为36832km。据车主反映，该车关闭点火钥匙后，空调鼓风机会自动运行。

故障诊断 接车后首先验证故障现象，关闭点火钥匙后，空调鼓风机开始自动运行，打开点火钥匙后鼓风机又自动停止工作。此时转动风量调节按钮，鼓风机正常工作且出风量大小正常可调，也可以正常关闭鼓风机。连接诊断仪读取故障信息，该车内未存储与空调系统相关的故障码。

2016款全新途安L属于大众MQB车型，其空调系统与PQ车型有比较明显的不同。空调系统控制单元属于舒适CAN总线系统，且处于传输速率为500kb/s的高速CAN总线系统，其鼓风机控制单元J126由空调控制单元J255通过LIN总线进行数据传递与控制。该LIN总线上包含鼓风机控制单元J126、制冷剂压力传感器G805、外部空气质量传感器G238和后部空调子控制器E265。

结合故障现象和系统控制原理进行分析，该车可能的故障原因有：鼓风机控制单元J126故障、LIN总线上某个或多个部件短路、LIN总线对地短路、空调控制单元J255故障等。

查阅故障车型空调系统相关部件拓扑图（图3-67），结合故障现象，初步可以锁定该车故障范围在空调控制单元J255，与其下属LIN总线系统上的各零部件之间。

由于该车无故障码，可以采用读取相关测量值进行分析，无测量值则进行线路、针脚测量检查。进入08空调系统读取相关测量值发现，在关闭点火钥匙状态下，鼓风机工作占空比信号在30%~40%之间变化。在关闭点火钥匙状态下，万用表测量LIN线电压为6.54V左右（图3-68），正常情况下，该电压应为12V车载电压。因此，可以判定LIN总线某处存在对地短路情况（有条件的话，建议使用示波器读取相关波形）。关闭钥匙，逐一断开LIN总线上J126、E265、G238、G805，在断开G805时LIN总线电压恢复正常，大约为11.2V（图3-69），鼓风机停止运转，故障现象消失。

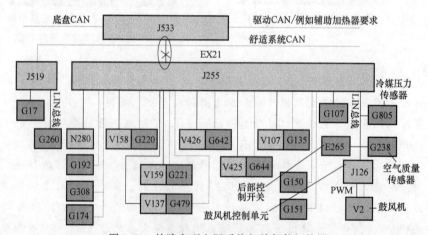

图3-67 故障车型空调系统相关部件拓扑图
J255—自动空调控制单元 G238—外部空气质量传感器 G805—制冷剂压力传感器
J126—鼓风机控制单元 E265—后部空调子控制单元 V2—鼓风机

拔出制冷剂压力传感器G805，发现插头针脚出现锈蚀痕迹（图3-70），传感器上的针脚也已经锈蚀。由此怀疑该车之前曾做过空调系统密封性测试，可能是维修人员测试时操作不

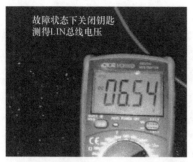 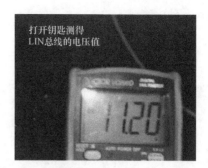

图 3-68　故障车 LIN 总线实测电压　　　　图 3-69　故障现象消失后 LIN 总线实测电压

图 3-70　故障车 G805 传感器及插头针脚锈蚀

慎将液体滴到传感器上，事后又忘记清理，导致传感器针脚出现锈蚀，从而引发短路故障。

故障排除　更换 G805 制冷剂压力传感器，并清洗插头上锈蚀的针脚后试车，该车故障被彻底排除。

> **技巧点拨**　作为维修技师，在诊断汽车故障时要善于利用诊断仪读取故障码以及数据流，以便缩小故障范围，而不是盲目换件。这就要求我们不仅要掌握丰富的理论基础知识，并且要熟悉故障车型相关系统的控制原理，才能采取灵活的诊断方法去分析并查找故障原因，正确使用测量工具，快速、准确地找到故障点并解决问题。

八、2014 款上海大众途观显示"倒车影像系统当前不可用"

故障现象　一辆 2014 年上汽大众途观 2.0T，VIN 号为 LSVX165NXE2××××××，发动机型号 CGM，行驶里程 20682km。驾驶人反映该车挂入倒档后，有时车载多媒体系统屏幕显示"倒车影像系统当前不可用"。

故障诊断　用 VAS 6150B 诊断仪检测故障码，地址字"19-数据总线诊断接口"有以下故障码（图 3-71）：00469 012——信息娱乐数据总线处于单线模式电路电器故障；01305 014——信息娱乐数据总线损坏；00463 004——数字式音响套件控制单元无信号/通信。地址字"37-导航系统"有故障码：01305 014——信息娱乐数据总线损坏。

读取数据流，地址字"19 数据总线诊断接口"的 140 组第一区舒适系统 CAN 显示单线；第二区音响组件显示单线；第三区导航系统显示单线；141 组第三区无线电显示单线模式（图3-72）。

故障代码	SAE代码	故障文本
00469 012		信息娱乐数据总线处于单线模式 电路电器故障
01305 014		信息娱乐数据总线 损坏
00463 004		数字式音响套件控制单元 无信号/通信

图3-71 故障车上的故障码

名称	值
140.1	单线
140.2	音响组件单线
140.3	
140.4	导航系统单线
141.1	
141.2	
141.3	无线电单线模式

图3-72 故障车上读取的数据流

查询维修手册电路图，确定信息娱乐CAN总线控制单元数量和位置。信息娱乐数据总线上有收音机及导航系统控制单元、倒车影像控制单元和数字式音响套件控制单元。

根据故障码、数据流以及电路图分析，此车故障出现在信息娱乐CAN线传输上，故障原因是CAN线短路、断路或控制单元本身损坏。分别断开收音机及导航系统控制单元、倒车影像控制单元和数字式音响套件控制单元，读取"19数据总线诊断接口"的数据流140组和141组数据，均无任何改变，依旧显示单线。断开CAN控制单元后，再次读取数据流，此时显示双线，并且将各系统存储的故障码都被清除掉，测试倒车影像可以正常工作。

试车半小时后，故障再现，收音机屏幕又显示"倒车影像系统当前不可用"的故障提示。用VAS 6150B诊断仪检测到"19数据总线诊断接口"存储有"00469 012——信息娱乐数据总线处于单线模式"电路电气故障码，140组又是显示单线，故障依旧。

经过以上检查测试，信息娱乐CAN总线上的控制单元问题基本可以排除，故障原因很可能是CAN总线某个位置的线路出现问题。用示波器测试信息娱乐数据CAN线的波形图（图3-73），发现CAN-H线波形正常，CAN-L线波形有故障（对地短路）。

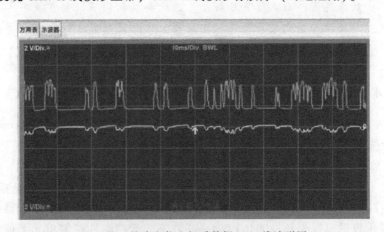

图3-73 故障车信息娱乐数据CAN线波形图

按照线路走向仔细检查信息娱乐数据CAN BUS线路，发现暖风水箱的水管卡子与数字式音响套件控制单元线束有干涉，将其拿开后发现线皮已经磨破（图3-74）。

故障排除 将线皮包扎处理好,调整线束位置并固定,再次测试发现波形恢复正常(图 3-75)。清除所有故障码后,再次试车,故障被彻底排除。

图 3-74 数字式音响套件控制单元破损的线束

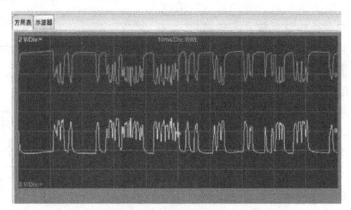

图 3-75 故障排除后信息娱乐数据 CAN 线波形图

技巧点拨 对看似复杂的电气类故障解决时一定要保持"原点回归"的心态。

"原"是指电气的工作原理,首先对故障车辆电气组件及布局进行详细了解,从控制原理及工作环境因素等综合分析,初步判断故障发生的原因及部位。然后再选择合适的诊断工具、仪器对其进行验证,确认故障点。

"点"是指故障点,可以是线路中的接触点、断点、接地点,也可以是某个电气部件的功能点,还可以是在特定因素下的特定现象点。"原点"即引起故障发生的根本点。

"回"既指回到原来的位置,也包括诊断的次数。根据既定故障判断步骤逐步进行排查,一回解决不了那就两回,逐步接近故障真相。对于复杂的故障常常需要反复改进、优化自己的诊断思路及诊断措施。

"归"既是对故障排除后的收尾工作,也包括重新审视自己在工作中的过程是否合理,方法是否得当,改善是否恰当地进行了归类总结。"回归"则包括对整个诊断维修过程和结果的归类和总结。

"回归原点"是迅速提升汽修人员技术能力的好方法。

九、上海大众途观后视镜无法折叠

故障现象 一辆上海大众全新途观,驾驶人反映,该车偶发性电动后视镜无法正常折叠,之前来检查过一次,维修人员给后视镜简单润滑处理之后,故障又再次出现。

故障诊断 接手该车后首先试车,在反复打开和关闭后视镜折叠开关,发现两侧后视镜每次都能随着开关状态的变化而完成相应的折叠和返回,好像并没有什么问题,正当感到气馁的时候,突然后视镜一下子不能动了,这时候不管如何将折叠开关反复操作,两侧后视镜始终纹丝不动。

问题既然出现,说明该后视镜折叠控制系统确实存在着问题,为了能找出问题的所在,技师先查看了后视镜控制模块的相关简图,如图 3-76 所示。

图 3-76 中除 J386 控制单元为整个控制图的核心之外，还包含有五大模块，分别有后视镜调节开关模块、锁止按钮模块、左前门玻璃控制开关模块，这 3 个模块各自向 J386 控制单元输入信号，而左后视镜总成模块、左前门锁块模块则为执行模块。下面来说说这些模块的功能和作用。

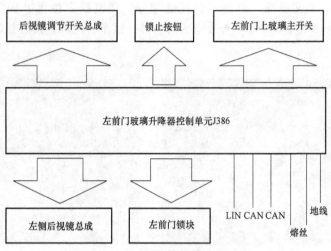

图 3-76 后视镜控制模块控制图

后视镜调节开关模块包含有：后视镜上下左右四向调节开关、左右后视镜调节转换开关、后视镜内折开关、后视镜加热开关和开关零位状态。这些开关的作用是调节和控制后视镜，将驾驶人需要的后视镜状态（即驾驶人意愿），通过开关信号传送至 J386，再由 J386 对应的调节后视镜。而锁止按钮模块则很简单，包括锁止和解锁两个开关，往上按一下是要求 J386 锁止车门，往下按一下则要求 J386 来解锁；左前门玻璃主开关模块则包括：左前门、左后门、右前门、右后门四个玻璃升降器开关，在主开关的中间位置还有后部车窗升降器联锁开关，当该开关闭合时 J386 就主动切断两后门上的单独玻璃升降器开关的控制。而执行模块中，左侧后视镜模块里面包括有：后视镜镜片左右调节电动机，上下调节电动机，还有一个折叠电动机和加热电阻丝，其内部还包括后视镜上的转向灯和环境照明灯；左前门锁模块内部则有两个电动机，一个是中央门锁电动机，一个是中控锁安全电动机，当然其内部还集成有车门接触开关和门锁开关，来向 J386 反馈车门状态的信号（包括车门是否锁止和车门是否打开的状态）。另外，图 3-76 中右下侧还有几根线，分别是两根至熔丝的电源线，一根搭铁线，这个是 J386 本身工作和控制相关的执行模块工作的基础；而剩下的另外三根线，图中分别标明有 CAN 线和 LIN 线，这个是因为 J386 至全车其他系统的控制单元都是通过 CAN 线来通信的。另外，右侧后视镜的工作也是通过该 CAN 线将开关信号传送至右侧前门控制单元 J387，再由 J387 来控制右侧后视镜做对应的工作，以便和左侧后视镜同步工作。而 LIN 线则是连接至左后门，因为该车的两个后门都属于从动控制单元，通过 LIN 线和对应的前门连接，再通过两前门来与整车的诊断系统连接。

各个模块的功能和作用已经很清楚了，那么接下来就要思考出现两侧后视镜无法折叠的可能故障原因了。通过图 3-76 这个模块简图能明确地看出，当操作后视镜调节开关时，该开关信息首先是进入 J386 控制模块，J386 接收开关信号，再输出指令来控制后视镜工作。而对于右侧的后视镜来说，则是 J386 通过 CAN 线将信号指令输出给 J387，由 J387 来控制右侧后视镜的工作。现在，两个后视镜都同时无法折叠，说明两侧后视镜不工作存在一个共性的问题，这就排除了两侧后视镜本身有损坏的可能性了，由此分析出现该问题存在两个可能，第一是后视镜开关不良或开关至 J386 之间的线路不良，导致驾驶人折叠后视镜的信息无法及时传达给 J386；第二就是 J386 本身问题，虽然已经接收到了驾驶人要折叠后视镜的意愿，但是无法输出让后视镜正常工作的指令。

根据上述的分析，优先应该检查或更换后视镜控制开关或 J386 试试，但是由于配件仓库并没有现货。先用诊断仪读取 42（左前门控制单元）是否存在故障，结果显示系统一切正常，再利用诊断仪的执行器诊断模式驱动后视镜，看看后视镜是否能随着诊断仪的指令而折叠。选择执行器诊断模式，点击驱动后视镜，确定后左侧后视镜马上随着指令而折叠，同样再进入 52（右前门控制单元），同样进入执行器诊断，结果右侧后视镜也能随着指令而折叠，由此说明 J386 本身，J386 至左侧后视镜的线路，J386 至 J387 之间通信，J387 至右侧后视镜之间的线路都正常。那么接下来问题的故障范围就只有后视镜调节开关，或者开关至 J386 的线路上面了。接下来继续通过诊断仪来分析开关是否正常，再进入 42，读取数据流，输入组号六组，观察此组第三区，此区显示的内容为反光镜内折，此时显示未动作。当笔者打开折叠开关时，若倒车镜能随着正常折叠时候，则此区显示为激活，而当倒车镜无法正常折叠时候，则此区始终显示为未动作。由此足以说明问题的根源就在后视镜的控制开关了，而和后视镜开关至 J386 的线路无关。

故障排除 订购后视镜控制开关，更换后试车一段时间，故障再没出现，说明故障排除。

> **技巧点拨** 针对该车的故障维修，相对做到了思路清晰，步骤明确，没有走一点儿弯路。这首先是得益于几点：
> ① 熟悉相关部分的控制线路图，通过线路图了解基本的控制原理。这个是通过看图就能缩小故障范围的一个前提。
> ② 不但要熟练使用诊断仪，还要合理利用诊断仪，通过执行器诊断模式，确定相关控制单元和相关线路为正常，再利用读取数据流，通过反复操作开关，让故障直接显现在数据流中，从而能准确排除故障，提高了一次修复率。

十、大众途昂中央显示屏显示"故障：驶出车位辅助/盲区监控传感器"

故障现象 一辆大众途昂车，配置 2.0T CUG 发动机，VIN：LSV2B7CA8HN××××××，行驶里程：10559km。驾驶人反映车辆在行驶过程中，仪表中央的警告灯点亮（图 3-77），仪表中央显示屏显示"故障：驶出车位辅助/盲区监控传感器"。

故障诊断 仪表提示盲区监控传感器故障，因此应该围绕盲区识别系统这一方面来入手检查。接下来先了解下盲区识别系统的相关工作原理，盲区监控电路图如图 3-78 所示。

通过图 3-78 可以看出，盲区识别控制单元有两个，分别为 J1086 和 J1087，J1086 为主控单元，安装在车辆后保险杠的右侧，其 3 号、4 号脚通过扩展 CAN 线连接至网关，网关负责盲区识别控制单元与其他相关

图 3-77 仪表

系统的双向通信。同时，驾驶人辅助系统前部摄像头也并联在扩展 CAN 线路上。J1087 作为辅助控制单元，安装在后保险杠的左侧，仅仅负责左右后视镜盲区识别警告灯的开启或关闭，其与 J1086 的通信则是通过两条专门的 CAN 来完成的，而主控和辅助控制单元的电源都来自于 SC32 熔丝。但是和一般控制器不同的是，J1086 和 J1087 两个控制单元内部，还集成了发射器天线和接收器天线，既可以发射雷达信号，当信号遇到障碍物返回后，其接收器天线又可以接收信号，因此两个控制单元同时还是传感器，分别检测车辆后部两侧车道，距离为 3~25m 范围内是否有车辆（图 3-79），若某一端有车辆的话，则对应一侧后视镜上的盲区识别警告灯会点亮，以提示驾驶人注意后方来车，变道有风险。假设此时驾驶人仍旧打开变道转向灯强行变道，则变道辅助系统就会切换至警告级别，对应一侧盲区识别警告灯会闪烁。

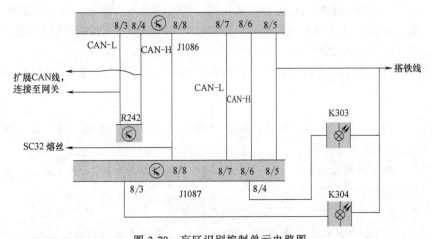

图 3-78 盲区识别控制单元电路图

J1086—盲区识别控制单元　J1087—盲区识别控制单元 2　R242—驾驶人辅助系统前摄像头
K303—左后视镜盲区识别警告灯　K304—右后视镜盲区识别警告灯

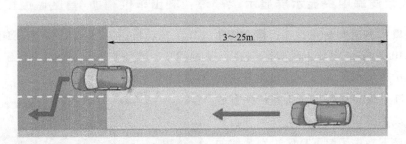

图 3-79 车辆识别

知道系统的工作原理后，接下来对故障进行分析。连接诊断仪 VAS6150B 至车上诊断接口，进入盲区识别系统地址 3C，读取系统故障码为 B260A——右侧车外后视镜中的盲区识别警告灯断路/对正极短路。根据故障码的提示和盲区识别系统的电路图，可以判断故障的可能点包括：

① 盲区识别单元 J1087 本身存在故障，无法正确输出高电平信号点亮右后视镜盲区识别警告灯 K304。

② 右后视镜盲区识别警告灯 K304 存在故障。

③ 盲区识别控制单元 J1087 至右后视镜线路存在故障。

首先，目测检查了 J1087 的表面（图 3-80），可见 J1087 表面无任何脏污或损坏，检查 J1087 的插头线束，无破损等异常情况，拔下 J1087 的插头针脚，可见相关针脚接触良好无任何松旷现象，至此基本可以排除 J1087 端子线束存在故障的可能性。根据图 3-78 可知，J1087 同时提供给左右侧后视镜盲区识别警告灯 K303 和 K304 电源，因此基本上不用考虑 J1087 的供电线路及搭铁线路存在故障的可能性，而 J1087 控制单元在无外力因素影响的情况下，本身损坏的概率也非常低。因此，接下来应该围绕 J1087 至右侧后视镜之间线路，以及右侧后视镜本身进行检查了。

借助诊断仪相关功能来进行检查，进入 3C 选择自诊断，再选择输出诊断模式，选择左侧车外后视镜内的警告灯诊断，可见左侧车外后视镜的警告灯随着程序的起动而点亮（图 3-81），但同样选择激活右侧车外后视镜的警告灯，右侧车外后视镜的警告灯却没有任何反应。于是拆下右前门门饰板，按照电路图测量 J1087 至右侧后视镜相关针脚的电阻，测量 J1087 中的 T8/3 到 K304 对应针脚的电阻为 0.2Ω，说明 J1087 输出线路没有断路，继续测量该线束与车身之间有无短路搭铁，经测试该线路与接地之间电阻为无穷大。继续测量 K304 搭铁端子与接地之前电阻，也为正常。至此可以断定 J1087 至右侧后视镜之间线路正常，K304 本身线路也正常。剩下故障点要不就是倒车镜内部 K304 存在故障，要不就是 J1087 没有正常输出信号电压。检查 J1087 是否输出电压也非常简单，还是利用输出诊断模式，选择右侧后视镜警告灯诊断，此时通过万用表电压档测量 J1087 的 T8/3 号脚的电压，经测量该脚输出电压为 2.10V，那么该电压是否能正常点亮右侧后视镜内部的 K304 呢？

图 3-80　J1087 安装位置

图 3-81　左侧后视镜警告灯点亮

于是通过同样的方法测量了左侧后视镜盲区识别警告灯点亮时候的电压，与右侧基本一致。同时，又将左侧后视镜插头连接至 J1087 输出右侧后视镜线路上面，再次驱动右侧后视镜识别警告灯，发现此时左侧后视镜警告灯可以正常点亮，至此完全可以确定是右侧后视镜警告灯 K303 本身故障了。

故障排除　经订购右侧后视镜镜片（K304 集成在镜片上），更换好之后试车，盲区监控功能已经恢复正常，故障被排除。

技巧点拨 其实该故障并非疑难故障，最关键的是该盲区监控是一个全新的行驶辅助功能，很多维修人员从没接触过该功能，因此维修起来更像是雾里看花。未来新功能、新技术不再是高端车辆的专利，在普通车型上也会越来越普及，对这些新技术的维修，只要透彻了解其工作原理，严格按照电路图来进行分析，维修起来并不是一件困难的事情。

十一、POLO舒适总线系统单线模式下的故障诊断

总线系统出现单线故障时，一般用故障检测仪或示波器读取网络上的故障信息，示波器可以显示传输信号的正确性，故障检测仪可以反馈故障信息及控制单元的通信状态。但由于CAN系统具有布线范围广、涉及控制单元多、维修拆卸不便等特点，排查单线模式下故障线路所在的位置及相应的控制单元比较困难。如何针对单线模式故障进行检测处理，保证网络系统正常运行，是汽车维修人员需要不断思考的难题。

1. 舒适总线系统结构

图3-82为POLO车的舒适总线系统结构示意图，从图中可以看出总线系统共连接有8个控制单元，分别是仪表控制单元（J285）、空调控制单元（J301）、舒适系统控制单元（J393）、驾驶人侧车门控制单元（J386）、前排乘客侧车门控制单元（J387）、左后车门控制单元（J388）、右后车门控制单元（J389），以及车载网络控制单元（J519，内集成有网关）。各个控制单元通过两条相互缠绕的CAN-H和CAN-L接入连接点A146和A147，CAN-H导线颜色为橙绿色，CAN-L导线颜色为橙棕色，两根导线直径均为0.35mm，传输速率为100kbit/s。网关有两大作用：一是完成不同网络标准间的信息格式转换；二是完成车上各控制单元与诊断设备的信息交换。故障检测仪可通过网关读取总线当中的相应诊断数据。

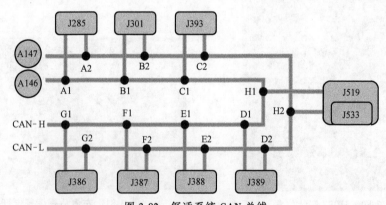

图3-82 舒适系统CAN总线

J285—仪表控制单元　J301—空调控制单元　J386—驾驶人侧车门控制单元　J387—前排乘客侧车门控制单元　J388—左后车门控制单元　J389—右后车门控制单元　J393—舒适系统控制单元　J519—车载网络控制单元　J533—网关

2. 总线系统故障类型及位置

CAN系统的故障原因有：控制单元损坏；控制单元供电或搭铁故障；链路故障。链路发生故障往往使总线系统处于单线模式，这样的故障类型较多，常见的有：CAN-H或CAN-L对搭铁之间短路，CAN-H或CAN-L对电源短路，CAN-H与CAN-L之间短路，CAN-

H 或 CAN-L 断路等。对应的波形及故障状态如表 3-2 所列，示波器测量点在图 3-82 所示的 A146 和 A147 连接处。任何一处控制单元 CAN-H 或 CAN-L 的断路或短路均不会引起功能性故障，但是用故障检测仪和示波器可以检测出来。例如，当 CAN-L 对搭铁短路时，示波器 CAN-L 波形为 0V，故障检测仪显示其为 1 线。舒适系统单线模式下控制单元能通信，不影响功能，但是存在隐患，需要及时找出故障位置。

表 3-2　不同故障状态下总线系统的波形

总线状态	CAN-H 对搭铁短路	CAN-L 对搭铁短路
示波器波形	CAN-H 为 0V，CAN-L 正常	CAN-H 正常，CAN-L 为 0V
总线模式	单线	
总线状态	CAN-H 对电源短路	CAN-L 对电源短路
示波器波形	CAN-H 为 12V，CAN-L 正常	CAN-H 正常，CAN-L 为 12V
总线模式	单线	
总线状态	CAN-H 断路	CAN-L 断路
示波器波形	CAN-H 和 CAN-L 不对称，CAN-H "缺齿"	CAN-H 和 CAN-L 不对称，CAN-L "缺齿"

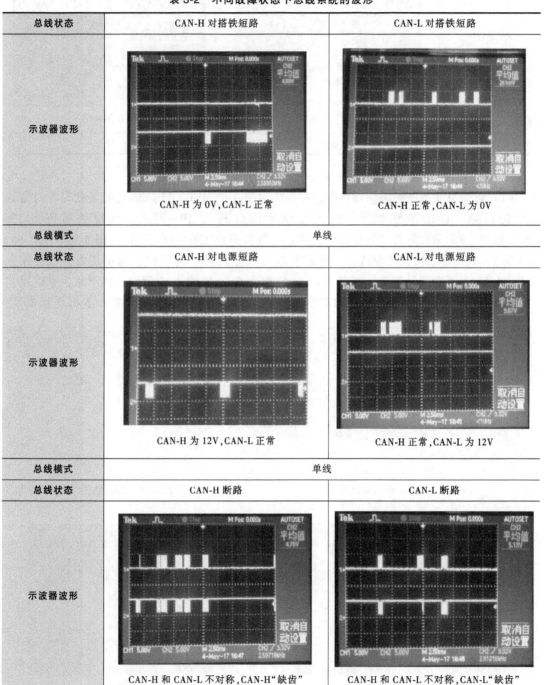

(续)

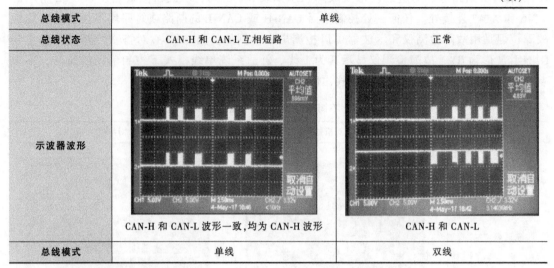

3. 舒适总线系统故障排除方法

（1）舒适总线系统短路故障诊断思路　假设图 3-82 中 G1 与 J386 之间某处存在对搭铁短路的故障，诊断步骤如下。连接故障检测仪进入 19—网关，读得故障码 01336（图 3-83）——舒适数据总线单线操作模式；选择数据组 130、131、132（图 3-84、图 3-85、图 3-86），发现总线模式为单线，各个控制单元状态均显示为"1"，通信正常。在连接点 A146 和 A147 处连接示波器，测量 CAN-H 波形为 0V，如图 3-87 所示。接下来，在连接点 A146 处分别断开各条 CAN-H，同时观察示波器 CAN-H 波形有无恢复，如 CAN-H 波形恢复，

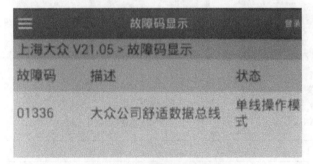

图 3-83　读得故障码 01336

图 3-84　网关数据组 130

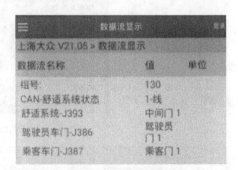

图 3-85　网关数据组 131

图 3-86　网关数据组 132

则说明断开的这条 CAN-H 存在对搭铁短路的故障；继续断开连接点 A147 处对应的 CAN-L，如发现某个控制单元通信状态为"0"，其余控制单元为"1"，如图 3-88 所示，则说明断开的 CAN-L 去往该控制单元，因此能大致确定短路故障位置在 G1 至 J386 上。此后可重点排查 J386 与连接点 A147 之间的通信线路。

对于对电源短路的故障排查方法与上述思路一致。

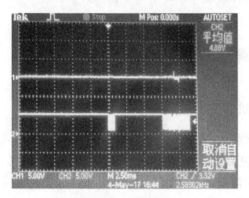
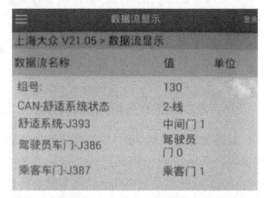

图 3-87　故障波形　　　　　　　　　图 3-88　断开某 CAN-H 后各控制单元的通信状态

（2）舒适总线系统断路故障诊断思路　假设图 3-82 中 E1 至 J388 某处存在断路时，诊断步骤如下。连接故障检测仪进入 19—网关，选择数据组 130、131、132，发现总线模式为单线，各个控制单元状态均显示为"1"，通信正常。在连接点 A146 和 A147 处连接示波器，测量到 CAN-H 波形不对称，其中 CAN-H 波形"缺齿"。此时可以判断总线系统 CAN-H 存在断路，接下来依次断开 A147 各处的 CAN-L，当发现某一控制单元通信状态由"1"变为"0"时（图 3-89），则说明断开的 CAN-L 去往该控制单元（J388），对应断路的 CAN-H 也能相应地找到。此后，可重点排查该控制单元至连接点 A147 之间的通信线路。

（3）舒适总线系统 CAN-H 和 CAN-L 互相短路故障诊断思路　假设图 3-82 中 B1、B2 至 J301 的两条 CAN 线在某处相互短路的故障，诊断步骤如下。连接诊断仪进入 19—网关，选择数据组 130、131、132，发现总线模式为单线，各个控制单元状态均显示为"1"，通信正常。在连接点 A146 和 A147 处连接示波器，示波器 CAN-H 和 CAN-L 的波形一致。此时，可以判断总线系统 CAN-H 和 CAN-L 之间存在短路。接下来依次断开 A147 各处的 CAN-L，当发现 CAN-L 的波形恢复时，则说明断开的 CAN-L 存在与 CAN-H 短路；继续断开相绞合的 CAN-H，某一控制单元的通信状态由"1"变为"0"时（图 3-90），则说明断开的 CAN-H

图 3-89　断开某 CAN-L 后各控制单元的通信状态　　　　图 3-90　断开某 CAN-L 后各控制单元的通信状态

和CAN-L去往该控制单元（J301），由此可以确认出相应的CAN-H和CAN-L，并可缩小故障范围。

> **技巧点拨** 在分析POLO车舒适总线电路特点的基础上，通过随机断开连接点处的总线，借助示波器测量和故障检测仪，可以得出一种定位故障位置的方法，并且验证了该方法的有效性，也为汽车维修人员诊断总线故障提供了一种有意义的思路。

第三节 斯柯达车系

一、2017款上汽斯柯达柯迪亚克发动机偶尔无法起动

故障现象 一辆2017款斯柯达柯迪亚克，搭载CUFA型1.8T发动机和7速双离合自动变速器，配备智能无钥匙进入系统，具有发动机一键起动功能，VIN码为LSVUC60Z7HN××××××，行驶里程20400km。该车发动机偶尔无法起动，当踩下制动踏板同时按下一键起动按钮时，起动机不工作，仪表显示"找不到智能钥匙"。该故障多次发生，也在多个修理厂进行检修，但都没能彻底解决，然后到我店进行检修。

故障诊断 接车时，该车发动机无法起动的故障现象没有没再现。通过检查发现，故障车驾驶室内熔丝盒的熔丝座上有生锈痕迹，当人为振动熔丝盒时，故障现象有时会出现。对该车熔丝盒进行处理后便交车。大约1个多月后，该车发动机无法起动的故障再次出现，车主打电话请求救援。由于当时太忙，经过协商答应车主半天后再联系。联系车主时，被告知该车能正常起动。第二天早起，车主再次打来电话，车辆再次出现发动机无法起动的故障现象。

赶到救援现场后，首先用解码器读取故障码，发现有多个系统中存有相同的故障码"U12100——无法通信"。通过检查，还发现下述几个故障现象：

1）将智能钥匙放到车内，按下起动铵钮时，仪表显示"找不到智能钥匙"，但可以看到遥控器上的电源指示灯闪亮，且可以听到从组合开关处发出的轻微振动声（可能是智能钥匙模块发射信号引起的电磁振动）。

2）当打开任何一个车门时，仪表台上无开门显示，按遥控器上的开启和锁门按键，左前门无响应，但其他3个车门响应正常。

3）变速杆无法从P档移出，电子驻车制动无法释放，方向盘不能解锁。

4）仪表台上没有开钥匙状态的显示（充电、机油等指示灯不亮，只有中央信息屏有变化）。

清除故障码后重新读取故障码，发现只有两个控制系统（网关和无钥匙进入系统）中存有故障码"U12100——无法通信"，其他控制单元显示正常，无故障码。按下起动按钮，遥控器上的指示灯闪亮，说明遥控器接收到了车辆发出的读取钥匙信息的信号。

尝试着拆下网关和无钥匙进入系统的控制电脑，用电吹风加热后再装车，此时发动机能正常起动，然后将故障车开回修理厂进行维修。进场后，经过多次反复试车，发动机均可正常起动，故障现象未再次出现。鉴于此，笔者怀疑是网关系统控制电脑存在偶发性故障，于

是更换网关电脑（电脑型号为3Q0907530B）。

换上新的网关电脑后，故障车的发动机可以正常起动，但此时却出现了新的故障现象：仪表背景灯闪烁，且多个故障灯亮起。连接解码器发现车内存有多个故障码，其中一个故障码与部件保护相关。对其进行在线编程后，仪表恢复正常，且各个故障灯也不再点亮了。试车，显示一切正常。

交车三天后，再次接到车主电话，反映该车再次出现"找不到钥匙"发动机无法起动的故障现象。我们赶到救援现场后，换上之前换下的旧网关电脑，发动机顺利起动。将故障车开回修理厂，回顾之前的整个维修过程，并结合故障进行分析认为：网关电脑已经更换，但故障仍旧重现，说明故障点不在网关电脑上。而要想缩小故障范围，还得从故障现象、故障码以及该车的网络结构等多方面进行综合分析。此车的网络拓扑图如图3-91所示。

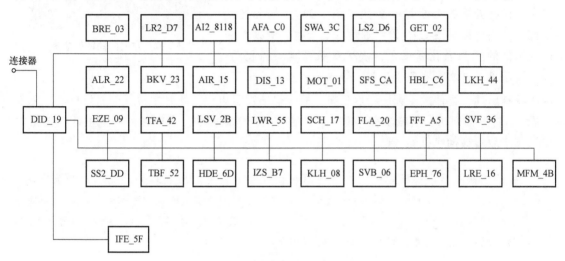

图3-91　故障车型网络拓扑图

每次故障出现时，解码器都会检测到所有控制模块内部均存有故障码"U12100"。从图3-91所示的网络拓扑图可以看出，只有网关电脑出现相关故障，才会出现这种情况。如果其他模块（如：动力网、舒适网、娱乐网）损坏一般最多只会影响到部分网络，但此车的故障特点是所有控制模块内均存有"U12100——无法通信"的故障码。照此思路分析下去，还有一种可能是网关电脑的供电异常。为此，我们试着断开网关电脑的供电。当断开"开钥匙"电时，发动机仍可以正常起动，只是此时网关电脑内存有"15号供电端子故障"的故障码；断开常电供电端子后，按下起动按钮，车辆没有任何反应，且每个系统均未出现"U12100——无法通信"的故障码；断开网关模块的负极端子后，每个系统也均未出现"U12100——无法通信"的故障码。由此可以确认该车故障与网关电脑供电无关。

接下来从智能钥匙控制单元、CAN系统偶发性干扰以及左前门遥控无响应等三个方面着手。

怀疑智能钥匙控制单元存在故障，是因为之前对其加热后故障现象曾经消失过，但考虑到更换网关电脑后，故障依旧，因此更换智能钥匙控制单元的理由并不充分，暂时先搁置。对于CAN网络是否受到偶发性干扰，需要逐个断开每个相关的控制模块进行试验，且实际操作时需要拆下仪表台，非常费工费时，因此对于这方面的因素暂时不予考虑。

在第一次进行现场救援时就发现，该车出现发动机无法起动的故障现象，按遥控器上的开门或关门按钮左前门没有响应。也就是说，左前门不受遥控器控制。为什么会出现这种情况？是不是左前门内部故障导致整个 CAN 网络无法通信？

拆开左前门内衬检查发现，左前门内部插头导线的外皮上有多个被刺穿检测的痕迹，试着断开左前门模块的负极，可能是断开负极后，模块内部供电因找不到回路，使 CAN 信号电压升高，从而出现影响整个网络通信的故障现象。遗憾的是，经过多次试验，故障车仪表上也没有出现"找不到钥匙"的警告信息。在拆检左前门时发现铰链处插头有明显的锈蚀（图 3-92）。据此怀疑是此处插头锈蚀导致 CAN 网络通信受到干扰。更换左前门铰链处的插头插孔后试车，该车发动机能顺利起动。

图 3-92　左前门铰链处插头有锈蚀痕迹

为保险起见，这次没有急于交车。停放一天一夜后试车，故障没有出现，再停放一天一夜后试车，故障仍旧没有出现，此时才联系车主并交车。交车 1 周后，打电话回访，故障没有再现，半月后再次打电话回访，车辆使用一直正常，至此才确认该车故障被彻底排除。

> **技巧点拨**　该车故障是由于左前车门铰链处插头内部脏污引起的，因此处插头中端子锈蚀、脏污，导致 CAN 网络通信受到干扰，最终引起智能钥匙反馈给车辆的信号不能在模块之间传递，导致车辆无法起动。因为是偶发性故障，使得诊断时难以准确判断，误以为是网关电脑损坏或供电故障所致。

二、明锐遥控钥匙失灵

故障现象　一辆 2012 款斯柯达明锐车，搭载型号为 CPJ 的 1.6 L 发动机和 02T 手动变速器。因使用遥控钥匙无法对车门进行解锁和闭锁而进厂检修。据驾驶人反映，该车因为此故障已在多家修理厂维修，但故障始终未能排除。

故障诊断　接车后试车验证故障现象，将车门全部关闭后，操作遥控钥匙上的解锁和闭锁按键，遥控钥匙上的信号指示灯正常点亮，但车辆并未对遥控钥匙的解锁或闭锁信号做出任何反馈动作。尝试使用机械钥匙，可以对车门进行正常的解锁和闭锁操作，并且车门锁止后，门板上的信号指示灯闪烁正常（如果遥控门锁系统出现故障后，门板上的红色信号指示灯会快速闪烁，以提示驾驶人对遥控门锁系统进行维修）。

根据上述检查结果进行分析，认为该车故障应该只是车载网络控制单元对遥控钥匙匹配设定丢失，为何多家修理厂均无法排除故障呢？通常情况下，对于车载网络控制单元对遥控钥匙的匹配丢失引起的故障，只需要重新对遥控钥匙进行匹配就可以了。

带着疑问，维修人员尝试对车辆进行检测，然后再对遥控钥匙进行匹配。连接故障检测仪，进入诊断界面。维修人员发觉故障车辆的诊断界面（图 3-93）和普通车辆有区别（图 3-94），正常车辆在打开诊断功能后，会出现车辆每个控制单元的当前状态，而故障车的诊断界面所列的控制单元中只有"0001-发动机电控系统"能够正常识别。选择"0009-电子中央电气系统",故障检测仪无法进入该系统,并提示错误代码"ODS8011E,控制地址为09的控制单元未安装或不应答"(图3-95)。原以为该车只是因为遥控钥匙的匹配值丢失,重新匹配遥控钥匙就能解决问题,现在看来,该车的故障并没有想象的那么简单,难怪此前几家修理厂都没有解决。

由于故障检测仪无法对车辆进行检测,因此维修人员决定由此入手,对故障进行排查。首先确认故障检测仪的诊断连接器与车辆诊断接口的连接,连接牢固、可靠,诊断连接器上的电源指示灯正常;进入诊断界面后,故障检测仪能够正常显示车辆的车架号等信息,说明故障检测仪能够与车辆进行通信,但通信不完整。

查阅相关资料可知,该车是2012年产的经典明锐车,使用了大众的PQ35平台。该平台的车辆有独立的CAN诊断系统,系统组成包括16端子的诊断接口和网关。车辆所有控制单元通过CAN总线将模块数据传递给网关,诊断接口有2根诊断CAN总线通往网关,在故障检测仪对车辆进行检测时,车辆各控制单元的数据就是从网关通过CAN线传递给故障检测仪的。

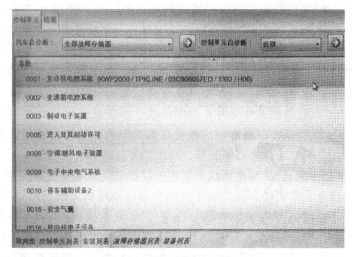

图3-93　故障车辆的诊断界面

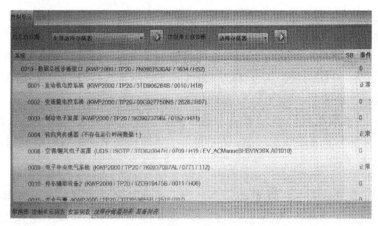

图3-94　正常车辆诊断界面

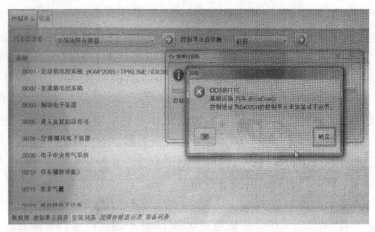

图 3-95 故障检测仪显示的错误代码

通过对故障车辆的诊断系统进行了解后，维修人员认为网关是车辆诊断数据传输的主要控制单元，如果网关出了问题，会直接影响车辆的诊断系统。尝试对网关进行更换，然后用故障检测仪重新对车辆进行诊断，但诊断界面仍和之前一样，无法显示控制单元的当前状态，故障依旧。排除了网关存在故障的可能后，维修人员将故障排查的重点放在线路上。但如果线路有问题，为什么系统能识别发动机控制单元呢？

查阅相关电路（图 3-96），对比发动机控制单元的通信线路和其他控制单元的通信线路的区别，发现发动机控制单元除了通过 CAN 总线进行数据传输外，还有单独一根导线通往诊断接口端子 T16b/7。电路显示此线为 K 诊断导线，也就是说发动机控制单元可以直接跳过网关的 CAN 故障诊断导线，直接通过诊断接口与故障检测仪进行通信。电路图同时显示 K 线除了连接诊断接口与发动机控制单元外，还连接着自动变速器控制单元。可惜故障车辆为手动档车型，所以无法验证故障检测仪是否也可以识别到自动变速器控制单元。

此时诊断思路已经非常清晰，可以确定是网关与诊断接口之间的 CAN 数据总线出了问题。用万用表测量诊断接口与网关之间的 CAN 数据诊断总线的 CAN-H 和 CAN-L，未见异常。将诊断接口拆下，检查 CAN-H 和 CAN-L 与诊断接口的连接情况，端子连接牢固，无松动现象。网关已经更换，网关和诊断接口之间的线路也检查了，仍无法找到故障点，故障排除陷入僵局。

再次排查线路，无意间发现 2 个 CAN 总线端子的位置和电路图所显示有所不同，仔细一看，原来诊断接口上 CAN-H 和 CAN-L 的端子位置与电路图所示（图 3-97）的相反。电路图中的 CAN-H 线的端子为 T16b/6，CAN-L 线的端子为 T16b/14，而故障车的 CAN-H 线的端子为 T16b/14，CAN-L 线的端子为 T16b/6（CAN-H 线颜色为橙/黑色，CAN-L 线颜色为橙/灰色）。仔细检查 2 个端子，并没有人为改动过的痕迹。

故障排除 将故障车的 CAN 诊断线调换位置后试车，故障检测仪可以正常与车辆进行通信了。进入"0009-中央电气系统"，存储有关于遥控钥匙错误编程的故障码。对遥控钥匙重新编程后，故障排除。

技巧点拨 该故障是一个综合故障，车载网络控制单元的遥控钥匙匹配丢失，造成遥控钥匙失灵，但在连接故障检测仪时，却发现故障检测仪无法与车辆进行通信，因此无法完成遥控钥匙的匹配，只有排除了故障检测仪无法与车辆通信的故障，遥控钥匙失灵的故障才能迎刃而解。

故障检测仪无法与车辆通信的故障是诊断接口的端子连接错误导致的，根据维修人员的描述，推测诊断接口端子连接错误可能在车辆出厂时就已经存在了，只要连接故障检测仪检测，就应该能发现故障，按常理，在对车辆进行保养和维护后，都应该用故障检测仪对车辆进行检测。

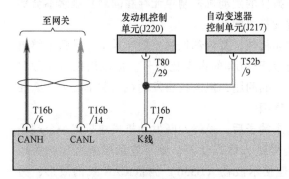

图 3-96　诊断接口通信电路

图 3-97　诊断接口 CAN-H 和 CAN-L 反了

三、2017 款斯柯达野帝蓄电池亏电

故障现象　一辆 2007 款 1.4T 斯柯达野帝，行驶里程 3899km，驾驶人反映在该车如果停放两天以上，蓄电池就会有亏电现象。

故障诊断　因为多次路试并且已经更换过蓄电池，当时测的静态电流为 40mA 左右（厂家指导文件为 60mA 以下），所以怀疑是驾驶人忘记关闭某用电器导致，但是驾驶人坚决否认，经过沟通最后决定将车辆留厂观察，果然第三天去起动车辆的时候发现亏电比较严重。

首先，根据该车电路图分析电子风扇正常工作的条件，风扇模块除了风扇电动机 2 个端子外，还有 4 个端子，分别是：1#端子，它通过 SA1 向风扇模块提供风扇工作的主电源；2#端子是来自主继电器的 87#端子，它是模块本身工作所需的电源；3#端子是来自发动机控制单元的占空比信号；4#端子接地。

风扇模块根据占空比信号的大小来控制风扇的转速，占空比为 10% 左右（车型不同稍有不同）风扇开始低速运转，占空比达到 90% 及以上，风扇最高速运转，而发动机的控制依据无非是冷却液温度和空调压力数据。另外，如果风扇模块在正常工作状态下没有收到来自发动机控制单元的占空比信号，或者占空比信号为 0 时，风扇均最高速运转。

根据以上分析，在发动机熄火、点火开关关闭以后，风扇仍然运转的可能原因有：第一，2#端子始终有电，并且 3#端子收到大于 10% 的占空比信号；第二，2#端子间歇性有电的时间与风扇运转间隙的时间同步。

根据从简单到复杂的原则，先查找关闭了点火开关很长时间后 2#针脚还有 12V 电压，导致风扇模块还处于工作状态的真正原因。根据电路图，分析主继电器的工作过程是：点火开关打开，发动机控制单元收到 15#电源后被唤醒，进行自检，在自检完成后给主继电器的控制端供电，然后主机电器开始工作，并通过 87#端子给发动机控制模块以及风扇模块供电。此时，发动机控制模块才算真正处于工作模式。另外，在点火开关关闭后，发动机控制单元还是要继续控制主继电器闭合一段时间，这时如果冷却液温度偏高，风扇会延时运转一段时间。

根据以上分析的原理，具体操作如下：用万用表测量熔丝 SB24 或者 SB10，在钥匙关掉以后很久仍然有 12V 电压，在拔掉主继电器后，该处的电压消失说明线路没有问题。风扇控制模块熔丝 SB24 的电压来自主继电器，于是检查主继电器的控制端电压，发现控制端接地。在与技术经理交流中得知，该控制线已经检查过，没有发现问题。同时，做过跨线处理后也没有解决问题。如果该线没有问题，难道换件的发动机控制单元存在问题？显然不会那么巧，更何况更换了多块发动机控制单元，都没解决问题。

至此，所有的问题都集中指向了发动机控制模块，其内部控制出现了异常，导致主继电器异常闭合，同时间歇性地为风扇模块提供了大于 10% 的占空比信号。据该店技术经理反映，通过反复换件，已排除发动机控制模块自身的问题，但需找出发动机控制单元为什么在点火开关关闭后，迟迟不进入休眠状态的真正原因。

在反复对照电路图检查发动机控制模块每个端子后，最终判断发动机模块只有一个端子是来自 15#继电器。我们知道发动机模块要慢慢进入休眠状态，除了它的唤醒电源被关闭外，CAN 线上也不能有数据传输。于是决定连接示波器（6356）测量 CAN 线的波形，另外，通过波形，也能检测发动机控制单元是否进入休眠状态。

在点火开关闭合后，CAN 的活动频率渐渐的变慢，最终变成两条直线，并且电压也只有 0.5V 左右，貌似已经进入休眠状态了。关闭点火开关 15min 后，波形突然向上窜起很短时间后又回归直线，不过电压值比第一次的直线稍高。通过截图（图 3-98、图 3-99）发现，随后每隔大概 30s 左右波形就会突然上窜，如此反复下去。

与此同时电子风扇也会随着波形的上窜而转动。其实图 3-98 和图 3-99 是一样的波形，只不过它们的时基设定的不一样，这就可以通图 3-98 看到风扇脉动的开始情况，而图 3-99 可以看出风扇运转的时间。

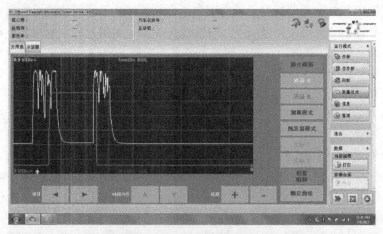

图 3-98　异常时 CAN-H 和风扇 PWM 信号波形（一）

通过波形的分析可以肯定的是，在点火开关关闭后有 CAN 模块没有休眠（不一定是驱动 CAN 总线，因为其他 CAN 总线会通过网关影响到驱动 CAN 的运行）。这时我们只需要确

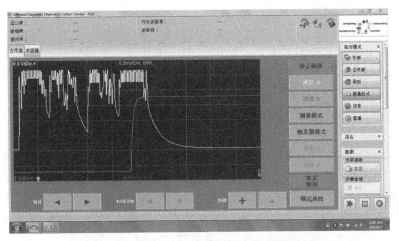

图 3-99 异常时 CAN-H 和风扇 PWM 信号波形（二）

定是哪个模块影响了驱动总线，用排除和脱离法会很轻松地找出问题模块。当把 ABS 控制单元的插头拔掉后，驱动总线的波形（图 3-100）立刻进入休眠状态，再检测 SB24 的电压为 0。

故障排除 由此说明：真正的故障点是 ABS 控制单元。在检查确认 ABS 控制单元的 15#供电端能够受点火开关正常控制后，更换 ABS 控制单元，并做好制动液的排气工作后，再测静态电流为 20mA 左右。至此，故障被彻底排除。

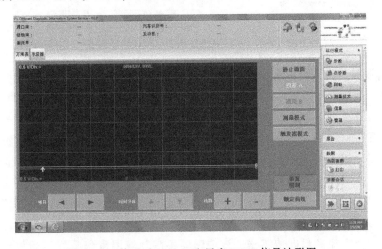

图 3-100 休眠时 CAN-H 和风扇 PWM 信号波形图

技巧点拨 作为维修人员，在维修比较复杂故障时，思路一定要清晰，对故障现象的分析要准确，不能盲目换件，检查维修某系统之前，一定要搞清楚该系统的工作模式，分析是哪个方面出了问题。按照由简单到复杂，由高频（故障率）到低频的原则进行检查和维修。即使一开始没有找到正确方向，但是随着维修的深入，总是能找到真正的故障点。

四、车载网络系统与传统电控系统的差异

车载网络系统也称车载总线系统,从其硬件组成来看,主要包括若干个模块(即各系统的电控单元 ECU)、节点(如智能传感器、智能开关等小的模块)、总线或网关(只有存在不同类型的总线或不同的通信协议时,网关才被应用到车载网络之中)等,由数据总线将这些模块、节点或网关按照一定的连接方式(称为总线拓扑结构),构成一个车载的局域网络。

从图 3-101 中可以看出,车载网络系统的每个模块、节点都通过总线连接到一起。总线相当于一条信息高速公路,每个模块(或节点)都可以将信息发送到总线上,也都可以从总线上接收需要的信息。因此,一个模块(或节点)所发送的信息可以由多个模块或系统来共享,这就是车载网络系统所具有的"信息共享"的特有功能。车载网络系统的这种结构和功能特点,使得其与传统汽车电控系统存在巨大差异。

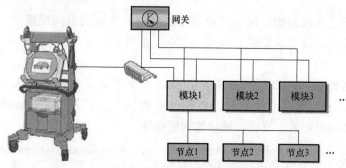

图 3-101 车载网络系统的组成及结构示例

1. 系统关联性的改变

在传统的汽车电控系统中,各系统的控制和功能基本是相互独立的,彼此之间没有必然的联系。以冷却液温度为例,在传统的汽车电控系统中(图 3-102a),会有一个专门的冷却液温度传感器将冷却液温度信号传送给发动机控制模块 ECU,用于冷车高怠速、混合气浓度、点火正时和冷却风扇等方面的控制,还会有一个冷却液温度感应塞将冷却液温度信号发送给仪表,用于指示冷却液温度。故此,同样是冷却液温度信息,发动机控制模块 ECU 和仪表之间却使用了相互独立的两套系统,这也使故障诊断变得相对简单、明确(两套系统不相互影响);还是冷却液温度,对于车载网络系统而言则大相径庭,如图 3-102b 所示,发动机上只安装一个冷却液温度传感器,该传感器将冷却液温度信息发送给发动机控制模块,发动机控制模块又会将该冷却液温度信息传输到数据总线上,供汽车仪表模块 IPC 和自动变速器模块 TCM 等共享使用。因此,如果出现冷却液温度表故障,不仅要考虑仪表本身,冷却液温度传感器、发动机控制模块和总线线路等,均在故障排查范围之内。相较传统的电控系统,排查范围和排查难度都会增加。这也表明,由于系统关联性的变化,使得车载网络系统的控制逻辑也有别于传统的电控系统。

2. 元件结构性和功能性的改变

从上述的例子中还可以深入探究车载网络系统在元件结构性和功能性方面发生的改变。仍以汽车仪表为例,在传统的汽车电控系统中,汽车仪表就是各种仪表、指示灯、警告灯的

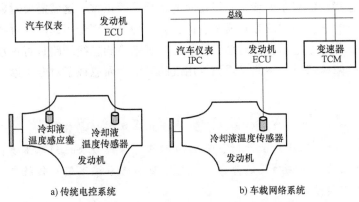

图 3-102 车载网络系统与传统电控系统在系统关联性上的差异

集合体,是单纯的电气仪表,与电控模块没有一点瓜葛。但是,在车载网络系统中,汽车仪表已经是一个真正意义上的电控模块了,它不仅能够接收信息,还能发送指令,并能与其他电控模块和诊断仪器进行必要的通信。有些车辆甚至将汽车仪表用作网关,作为不同级别、不同协议总线间通信的桥梁。在这样设置的车辆中,如果拆下汽车仪表,车辆将无法正常运行。不仅电气总成如此,就连小的电气开关也为适应车载网络系统而悄然发生着变化。

以汽车的前照灯开关为例。在过去,该开关就是一个物理意义上的开关,如图 3-103a 所示,用于控制前照灯电路的通与断。但在车载网络系统中,该开关已经进化成一个智能开关,如图 3-103b 所示。它通过数据总线 LIN 线为车身控制模块 BCM 提供前照灯信号的输入,开关本身并不直接参与控制前照灯电路的通与断。可见,随着车载网络系统的应用,汽车上原本的电气总成、元件等大都向电控模块演变。如果还是按照传统方法对这些电气总成或元件进行测试,不但会发生误判,还有可能对它们造成损坏。

3. 系统控制逻辑的改变

从前面所述系统关联性的差异可以看出,在传统的汽车电控系统中,无论是传感器、执行器还是电控单元之间,都是普遍遵照电路回路的原则进行电路连接的,所以无论是查阅电路图,还是分析电路故障,逻辑性直观易懂;而车载网络系统,由于总线的引入,使得原本需要几条线路或是十几条线路才能完成的功能,现在仅需要三四条线路(其中包括数据总线、电源线、搭铁线等)就可以实现。由此,传统电路中直观易懂的特性已不复存在,控制逻辑也不再是一一对应的

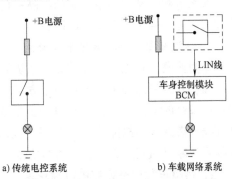

图 3-103 车载网络系统与传统电控系统灯光开关功能的差异

关系,而往往是一对多的关系。从这一点可以看出,在进行车载总线系统的故障检修前,一定要先搞清楚系统的逻辑控制关系。

4. 诊断设备的改变

对于传统汽车电控系统的检修,我们使用的诊断设备无非是诊断仪、万用表、试电笔、示波器等,如果没有故障信息,大家常常把万用表作为最主要的检测工具。但对于车载网络系统,专用诊断仪和示波器则是系统故障检修的最主要工具。这是因为数据总线和各个控制

模块的性能好坏直接影响着车辆整个网络系统的运行是否正常。这就需要对数据总线和控制模块间的通信进行测试，测试的方式通常有两种：一种是利用专用诊断仪对各模块的通信状况进行测试；第二种是通过示波器对总线波形的测试来检测总线线路是否正常。因此，在进行车载网络系统故障检修时，不能只强调万用表的重要性而忽视了对专用诊断仪和示波器的利用。

> **技巧点拨** 由于车载网络系统所具有的"信息共享"的功能特点，使得当系统中的某一个模块或某一处线路出现故障时，影响的不仅是这一模块或线路本身，而且会衍射到其他系统，造成其他系统功能的异常，这是车载网络系统车辆与传统电控系统车辆在故障生成方面最本质的区别。

五、检修搭载车载网络系统车辆的思路与方法

对于传统的电控系统车辆，故障信息是具体的、单一的、不衍射的（不会生成其他的故障信息）。仍以冷却液温度为例，"冷却液温度传感器信号电压过高"这一故障信息就指明了故障只与冷却液温度传感器及线路有关，要么是传感器电阻断路，要么是传感器信号线断路，故障范围非常容易确定；而对于车载网络系统车辆中涉及总线方面故障的，其信息含义比较模糊、单一性差，存在故障衍射效应（在其他系统中也会造成故障信息的出现）。例如："仪表数据输出错误"这一故障信息所表达的含义，究竟是仪表ECU发送信息异常的节点故障还是总线传输故障？不得而知。如果是总线故障，具体部位在哪儿，也无法从故障信息中判断得出，而且在其他系统的电脑模块中也可能出现与之相关的故障信息。由此，故障究竟由哪个系统引起，就更加扑朔迷离，大大增加了故障排查的难度。

那么，对于车载网络系统的故障究竟应该按照什么思路、采用什么方法才能把握住正确的排查方向，确定出真正的故障原因并实施检修呢？下面进行详细介绍与分析。

1. 认识车载网络系统的故障类型

作为前提，首先应该知道总线系统的故障原因类型。通过前面对车载网络系统的组成认识可知，其故障原因主要包括两个方面：一是总线本身的线路故障（如断路、短路等），称为总线系统的链路故障；二是总线上所连接的各个模块故障（如模块自身故障、模块的供电电源或搭铁线路故障等），称为总线系统的节点故障。在这其中，我们有时也将模块的供电电源故障单独划分出来，称为总线系统的电源故障。

2. 熟悉车载网络系统的故障现象

同传统的电控车辆一样，对于车载网络系统的车辆，当其总线系统出现故障时，通常会有以下两种类型的故障表现形式。

1）仪表盘中的故障警告灯或信息指示灯亮起，或是在信息中心显示故障提示信息。

2）没有异常的故障警告信息，但车辆某些系统的功能出现异常，如出现仪表失灵、发动机加速无力等症状。

3. 车载网络系统的故障诊查思路

（1）问诊　结合对故障现象的观察，诊断工作的第一步一定是"问诊"。"问诊"就是与驾驶人进行关于车辆故障相关内容的交流，如"故障是在什么条件下（时间、环境、路

况等）出现的？故障出现时都有哪些表现？故障出现是持续的还是间歇的？有规律可循吗？……"。通过"问诊"可以获取车辆故障的第一手资料，为后续准确圈定故障原因的范围提供有力依据。

（2）用诊断仪读取故障信息　利用专用诊断仪与车辆所有系统模块进行通信，读取并记录所有的通信和故障信息时有两种可能出现的情形。

一种是诊断仪无法与选择的系统模块建立通信。在数据通信接口 DLC 正常的前提条件下，这种情况表明：

1）诊断仪与该系统模块之间的通信线路存在故障。

2）该系统模块本身或模块的供电电源、搭铁线路等存在故障。

另一种情况是诊断仪能够与选择的系统模块建立通信。其获取的故障信息有以下几种可能：

1）有故障信息存在，而且是按 SAE（美国机动车工程师学会）定义的以"U"开头的故障码，这明确表示为车载网络系统的故障，或者故障信息不是 SAE 标准定义代码，但信息表达的是车载网络方面的故障。

2）有故障信息存在，但故障不属于总线系统的范畴，而是某一系统内部的传感器或执行器等方面的故障。

3）无故障信息存在。

在以上所能获取到的各类信息中，系统模块无法通信以及有关总线方面的故障信息，是排查车载网络系统故障的重要线索。如果获取的故障信息和故障症状表明仅是某一系统内部的独立故障，我们可以按照常规检修电控系统故障的方法进行故障排查。

值得注意的是，在利用诊断仪与各系统模块实施通信、获取信息时，一定要澄清以下几个方面的问题，并学会对系统通信的状态进行判断和识别。

1）当诊断仪根本无法进入到车辆的某一系统中并与之实现通信时，我们可以认定此时的状态为无法通信。

2）只要诊断仪能够进入到系统模块中，读取出其内部存储的故障码或数据流信息，我们都认定为系统通信正常。此状态表明，DLC 诊断接口与该模块间的通信正常，对于单线式总线（如 K 线），可以肯定总线线路正常；对于双线式总线（如 CAN 线），尽管不能肯定总线线路完全正常，但可以确定其一定在可工作的容错范围之内（如采用单线模式降级运行等）。

对于总线通信状态是否正常的判断，针对具体的车型可能还有另外的方法。如德系车辆，就可以利用 VAS5051 诊断仪来读取测量数据块中的 CAN 总线通信状态，用 VAS5051 读取某控制单元数据块，观察哪些控制单元与之发生信息交流，以及工作状态是否正常。如果某控制单元显示"1"，表示有信息交流；如果显示"0"，则表示无信息交流，原因可能是网关之间的总线线路断路或没有安装该控制单元。

3）另外，能与诊断仪进行通信的系统模块，如果其存储的故障信息仅为"与××控制单元（或模块）无法通信"，我们可以认为该模块与其他模块的通信是正常的。通过诊断仪与各系统模块间的通信，我们可以搜集到诸如"哪些模块无法通信、哪些模块中存在故障码"等较为全面的信息，在此基础之上，结合车载网络系统的拓扑结构图（参见下一步），仔细分析搜集到的信息与总线及各系统模块间的内在联系，并试图从中找到真正的故障原因——

故障源。为此,在这一环节一定要搞清故障码生成的条件,真正理解故障信息的含义,明确故障信息所能引起的后果。

(3) 获取并分析车载网络系统的拓扑结构图　车载网络系统连接了众多电控模块,少则十几个多则几十个或上百个,这些模块通过一种或多种类型的总线按照一定的结构形式连接在一起,构成了关系错综复杂的车载网络系统拓扑结构图。如果不了解各模块、各总线之间的连接方式,就无法知道它们之间的关系,即使读取到了故障信息,也无从下手。因此,正确分析网络系统的拓扑结构图是解决这一问题的必要手段。

如图3-104所示,车载网络系统的拓扑结构主要包括多主结构(也称总线结构)、主从结构和既含有多主结构又包括主从结构的复合结构等布局形式,不同类型的总线所采用的拓扑结构也不相同。

总线的常见类型主要有CAN线和LIN线等。其中,CAN线采用双绞线形式,抗干扰能力和容错能力较强,一般作为车载网络主系统的连接总线,采用多主结构的布局形式,总线上所连接的各个系统模块都能发送和接收信息,彼此之间地位平等。LIN线为单线,多采用主从结构,一般用于车载网络主模块与子模块之间的信息传输。复合结构的总线布局形式通常会包含类型不同或通信协议不同的总线(如同时包括CAN线和LIN线等)。为了确保各总线之间能够实现无障碍的信息交流,在系统中会采用一个网关。网关是一个"翻译官",也是一个"交通警",它不仅能够使两个信息传输速度不同的系统之间实现信息交换,还具有改变信息优先级的功能,并且网关也可用作诊断接口,如图3-104所示。一旦网关出现了故障,车辆的整个网络系统就很有可能发生瘫痪,而且诊断仪与各模块之间的通信也变得不可能。

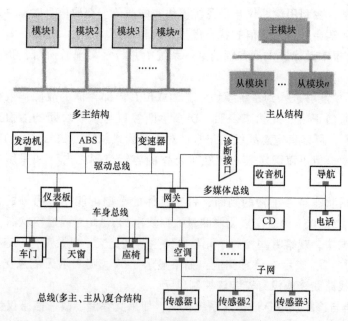

图3-104　总线系统的常见拓扑结构示例

通过拓扑结构图,我们可以很轻松地知道该网络中包含哪几种总线,总线是多主结构,还是既有多主结构又有主从结构。在此基础之上,就能够确定各模块或节点间的通信关系。

再将总线系统的故障信息与总线拓扑图结合起来加以分析，从中找出可能的故障原因就变得相对容易了。

（4）制定故障排查流程　在分析故障原因时，圈定的往往是一个范围，是若干个可能的原因，实践中很少能做到一次性准确地锁定到真正唯一的原因。因此，在制定维修计划时，应优先遵循"由主至次"的检修原则；如果圈定的各故障原因发生的可能性机会均等，则采用"由简至繁"的检修原则。通常，对于总线的线路检修和模块检修而言，模块检修相对简单一些。这是因为总线随车辆系统模块的增加而不断延伸，不仅线路的布置比较复杂，而且所能用于检测的插接器也很有限。模块则不然，对于模块的检测主要包括模块外部的电源供给和搭铁线路，除此之外就是更换模块。又由于模块的位置比想要检查的总线位置要好找得多，因此，车载网络系统的故障检修通常都会采用排除法，遵循"先节点（模块）后总线"的检修原则。当然，如果出现诊断仪与所有系统模块都无法通信的情况时则另当别论（但毕竟所有模块同时坏掉的可能性极小）。此时，应分析总线的拓扑结构图，观察其中是否存在网关，如果网关存在，则应先查网关及诊断仪与网关之间的通信线路，其次再去检查模块。

（5）实施故障排查检修　在排查过程中，预先设计的流程可能会因实际的检测结果而不断地做出调整。与此同时，检测项目和检测手段也会相应地发生变化。与车载网络系统故障原因的类别相对应，其故障检测项目主要包括系统模块节点故障的检测和总线链路故障的检测。

1）车载网络系统模块节点故障的检测。必须明确：只有那些无法与诊断仪和其他系统模块建立通信的模块才有必要实施节点故障的检测。检测内容包括：模块供电电源的检测、搭铁线路的检测以及模块自身的排查，具体如表 3-3 所示。

表 3-3　车载网络系统模块节点故障的检测项目及步骤

步骤	检测项目	检测结果-YES	检测结果-NO
1	查阅包含该模块范畴的系统电路图，找到图中的模块电源电路（包括蓄电池电源和点火档电源）和搭铁电路（可能存在多条搭铁电路）	进入第 2 步	查找到电路图，然后进入第 2 步
2	按照电路图的指导，利用万用表、试灯等检测工具分别对与模块相关的每一路电源和搭铁线路进行测试	进行第 4 步	如存在断路、短路等故障，进行修复，转入第 3 步
3	利用诊断仪与该模块进行通信，看通信是否恢复正常	维修完毕。说明与该模块相连的总线正常、模块本身也正常，并且其他模块中所存储的受该模块影响的故障信息自清除后也不应再出现	进入第 4 步
4	断开该模块的插接器，重新利用诊断仪与其他模块通信，清除这些模块中的故障码，再次进入各模块读取故障信息，看这些模块中除了有"该模块无法通信"的故障信息外，其他故障码是否都不再出现	说明该模块已损坏，更换后确认维修完毕	说明故障点是与模块相连的总线，应对总线故障进行排查

2）车载网络系统总线链路故障的检测。总线链路故障的检测项目主要包括两个大的方面：一是断路，二是短路。断路故障的细分项目比较少：对于单线式的总线（如 LIN 线），就是该总线断路了；对于双线式的总线（如 CAN 线），其断路故障分为 CAN-H 断路和

CAN-L 断路。短路故障的细分项目则较多：对于单线式总线，如 LIN 线，短路故障分为总线对电源短路和总线对搭铁短路；对于双线式的总线，如 CAN 线，其短路故障分为 CAN-H 对电源短路、CAN-H 对搭铁短路、CAN-L 对电源短路、CAN-L 对搭铁短路、CAN-H 和 CAN-L 之间短路。

针对上述的总线链路故障，其检测手段有两种：一种是利用万用表进行总线线路的断路和短路测量；另一种是示波器观察和分析总线的数据信息波形。

利用万用表进行总线线路的断路、短路测量与常规线路的测试方法是一样的，在此不予赘述。值得一提的是，在 CAN 总线系统中，有两个数据传输终端，每个数据传输终端内各有一个约 120Ω 的电阻，用以防止数据在传输线终端被反射，并以回声的形式返回，从而影响数据的正常传输。由于这个特点，在对 CAN 总线进行检测时，除了可以进行常规线路断路和短路的测量之外，一个简便的方法就是对总线的终端电阻值进行测量。如图 3-105 所示，在断开蓄电池，开启点火开关使各系统模块充分放电的前提下，将欧姆表的两只表笔分别跨接到 CAN-H 和 CAN-L 线上（CAN 线路不断开），如果测得的电阻值为 60Ω，说明总线线路正常（但不能排除是否存在对电源或对搭铁短路的情况）；如果测得的电阻值为 120Ω，说明总线存在断路故障；如果测得的电阻值为 0，说明两条总线存在彼此短路的故障。

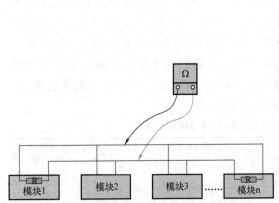

图 3-105 CAN 总线终端电阻的测量方法

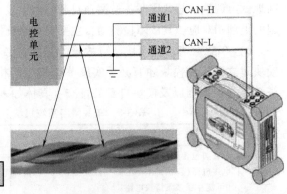

图 3-106 双通道示波器检测 CAN 总线波形的接线方式

由于万用表对总线的测试范围有限，测试结果也不直观，因此，利用示波器测试总线的数据信息波形才能观察到全面、清晰的测试结果。如图 3-106 所示，为双通道示波器检测 CAN 总线波形的接线方式。通过总线的波形图（篇幅有限，在此不做展开），我们能清楚地了解总线的工作状态，并能从中发现总线所存在的故障。在此基础上，与万用表测量手段相结合，找出总线的故障部位就不再是难事了。

（6）故障修复后的验证 在故障检修之后，一定要进行故障信息的再次读取、故障症状的再次观察，以及试车试验等相关的验证性工作，确认故障确已排除。

技巧点拨 作为一种新型主流的汽车技术开发平台，车载网络系统在当今乃至未来的汽车技术发展过程中，都将起到重要的支撑作用。车载网络系统的应用，改变了汽车维修技术人员传统的修车思路和修车方法，我们只有与时俱进，通过学习不断了解和掌握车载网络系统的工作机理，通过实践不断摸索和总结车载网络系统的故障诊断和检修方法，才能与汽车技术共同进步！

第四章

通用车系

第一节 凯迪拉克车系

一、2015 款凯迪拉克 XTS 显示"维修助力转向，请小心驾驶"

故障现象 一辆 2015 款凯迪拉克 XTS 轿车，行驶里程 22790km。该车仪表板防抱死制动系统 ABS、牵引力控制系统 TCS 故障指示灯常亮，转向无助力，驾驶人信息中心显示"维修助力转向，请小心驾驶"的提示（图 4-1）。

故障诊断 维修人员使用故障诊断仪 GDS2 检查，发现如下故障：发动机控制单元 ECM、变速器控制单元 TCM、车身控制单元 BCM 与电子制动控制单元 EBCM 失去通信；BCM 与动力转向控制单元、前照灯控制单元失去通信；BCM 高速通信启用线路对搭铁短路。

通过故障码分析，车辆的高速网络通信出了问题。筛选并分析和故障相关的故障码，维修人员判断应该是高速网络的通信启用线路上出现问题。继续通过 GDS2 查看具体是哪个控制单元不通信，分区确定哪一路控制单元通信启用线路有问题。发现电子制动控制单元、动力转向控制单元、人机交互控制单元不能与诊断仪建立通信。

图 4-1 仪表板的故障提示

根据电路图（图 4-2），发现电子制动控制单元、动力转向控制单元、人机交互控制单元共用一条启用线。所以重点检查 BCM X4 23 端子通用启用线路的情况。测量发现 BCM X4 23 端子的启用电压为 0V，22 端子有 11.6V 的启用电压。说明 BCM X4 23 端子这条启用线路有故障。是BCM内部出现了故障，还是这条启用线路出现了对搭铁短路情况，导致BCM进入保护模式，自动切断了启用线路的电源？

为了查明原因，维修人员断开BCM X4插接器，测量BCM X4 23端子启用线路与搭铁之间的电阻，结果为32.5Ω，说明这条启用线路确实对搭铁短路。查看电路图，由于这条启用线路有分路器J322，连接的控制单元较多，需要分别断开控制单元，缩小故障范围。

依次断开与分路器J322连接的控制单元的插接器，同时观察故障是否消失。当断开人机交互控制单元的启用线路插接器时，故障消失。进一步检查发现人机交互控制单元的启用线上加装有后视摄像头的电源线（图4-3）。将摄像头电源线拆除，故障消失；再次连接摄像头，故障再现。

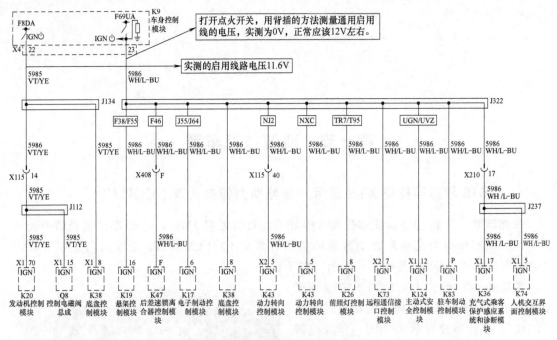

图4-2 相关电路图

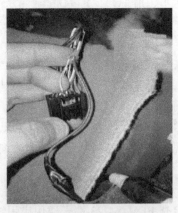

图4-3 加装的后视摄像头电源线跨接在人机交互控制单元启用线上

故障排除　拆除加装的后视摄像头，故障排除。

> **技巧点拨**　遇到车辆有较多故障码的情况，要根据故障找出重点的、有代表性的故障码，再进行分析和维修。测量过程中要分区、分片检查。由于后视摄像头可能会出现漏电现象，不能连接人机交互控制单元的常电源线，所以就连接在启用线路上。由于高速网络瘫痪，电子动力转向控制单元接受不到车速信息和发动机转速信息，所以没有转向助力。

二、2016款凯迪拉克CT6提示"请速检修车辆"

故障现象　一辆2016款凯迪拉克CT6车，搭载LTG 2.0T涡轮增压发动机，行驶里程3万km，驾驶人反映，仪表盘上发动机故障灯点亮，并且提示"请速检修车辆"。

故障诊断　接车后首先试车验证故障现象，故障症状确如驾驶人所述。用故障检测仪检测，发动机控制模块内存储有故障码：U01B0 00——发动机控制模块与蓄电池电流传感器失去通信。根据故障码的提示，读取怠速时车身控制模块的电源管理数据，发现蓄电池电流传感器的信号始终为0A（图4-4），不正常。查看维修手册，得知出现该故障码的可能原因有：LIN总线通信故障；蓄电池电流传感器故障；发动机控制模块程序故障。

参数名称	数值	单位
蓄电池电压	13.8	V
蓄电池电流传感器	0.00	A
起动时，蓄电池电量低	不活动	
车身控制模块控制的充电电压	不活动	
车身控制模块请求的降低充电电压	激活	

图4-4　车身控制模块的电源管理相关数据

查看蓄电池电流传感器电路（图4-5），断开点火开关，脱开蓄电池电流传感器导线连接器X1，用万用表测量导线连接器X1端子2的电压，为蓄电池电压，正常；测得端子1的电压为12.6V，将点火开关置于ACC位置，测得的电压为9.8V，正常；断开点火开关，断开发动机控制模块导线连接器X3，测量发动机控制模块导线连接器X3端子55与蓄电池传感器导线连接器X1端子1间的电阻，为0.5Ω，正常；测得导线连接器X1端子1与电源及搭铁间的导通性，不存在短路故障，排除LIN总线通信故障的可能，怀疑蓄电池电流传感器损坏。更换蓄电池电流传感器并清除故障码后进行路试，发动机故障灯再次点亮，回厂后，用故障检测仪读取故障码，仍为U01B0 00。

通过上述检查，将故障部位锁定在发动机控制模块上。为了弄清是发动机控制模块硬件故障，还是内部程序的问题，维修人员首先利用故障检测仪进入SPS编程系统，发现发动机控制模块有更新程序，且车身控制模块中的充电/能量存储系统也有更新程序，当前数据为84056308，更新的校准数据为84199799（图4-6）。

故障排除　依次对发动机控制模块和车身控制模块中的充电/能量存储系统进行更新编程学习后试车，发动机故障灯不再点亮，重新读取怠速时车身控制模块的电源管理数据（图4-7），蓄电池电流传感器信号显示为32.72A。至此，故障彻底排除。

技巧点拨 总线通信出现故障，往往涉及面比较广，在进行维修过程中，要读出相应的故障信息，缩小故障范围，最后排除故障。

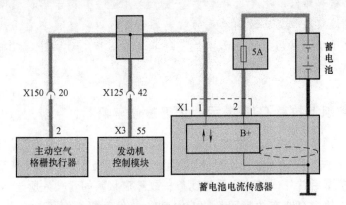

图 4-5 蓄电池电流传感器电路

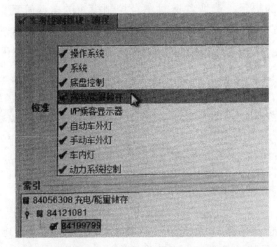

图 4-6 车身控制模块中的充电/能量存储系统有更新程序

参数名称	数值	单位
蓄电池电压	13.9	V
蓄电池电流传感器	32.72	A
起动时，蓄电池电量低	不活动	
车身控制模块控制的充电电压	不活动	
车身控制模块请求的降低充电电压	不活动	

图 4-7 车身控制模块的电源管理相关数据

第二节 别克车系

一、2015 款新君越收音机显示屏黑屏，娱乐导航系统均无法使用

故障现象 一辆 2015 款上海通用新君越，配置 2.4L LAF 发动机，行驶里程：

15000km，VIN：LSGGA53F8FH××××××。收音机显示屏黑屏，娱乐导航系统均无法使用。

故障诊断 首先验证故障现象，打开点火开关后收音机显示屏一直黑屏，按压收音机开关无任何反应（图4-8）。

用 GDS2 读取当前故障码有：U150F（LIN 总线 15）、U0028（MOST 总线）及 U0029（MOST 总线）3 个故障码。读取收音机数据，"替代 MOST 主节点上行位置"的返回值为 0，观察正常车辆该数据返回值为无（图4-9）。

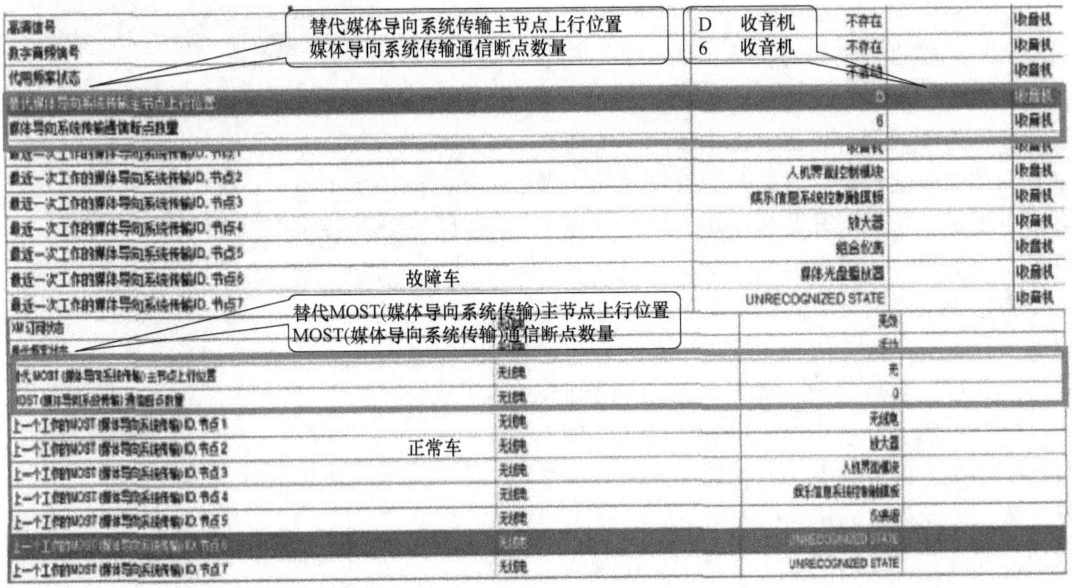

图 4-8 收音机显示屏

图 4-9 故障信息

收音机模块是 MOST 网络的主控模块，对整个网络进行诊断。媒体导向系统传输总线上的每个装置都需要有双绞铜线（2 条 TX 发送线路，2 条 RX 接收线路，1 条电子控制线路，即 12V 唤醒信号线路）。

综合以上的故障现象及故障码初步分析，MOST 通信总线中出现了断环的现象，由于"替代 MOST 主节点上行位置"为 0，查询 RPO 代码车辆配置再结合维修手册说明，判断故障可疑点在仪表或者仪表至收音机之间的线束。那么可能的故障包括：

① 仪表到收音机线路故障。
② 仪表或收音机硬件故障。
③ 干扰或者其他因素。

故障排除 首先对收音机至组合仪表之间的线路进行检测，将点火开关"OFF"，断开收音机模块和组合仪表模块，使用万用表测量两模块之间的 2 根 MOST 通信线路之间的电阻为 0.1Ω，正常；测量 2 根通信线之间的电阻也都正常。测量各线对地对电源都没有短路等异常情况。

由于组合仪表连接低速网络和MOST网络进行通信，考虑组合仪表能正常通信且工作，所以可以判断组合仪表的电源、搭铁、唤醒线正常。

接着检查组合仪表是否正常，断开组合仪表插头，跨接MOST网络的通信线路，如图4-10所示，针脚1和2为接收信号；针脚17和18为发送信号。将针脚1和18跨接，针脚2和17跨接。观察收音机数据流显示：替代MOST网络上行节点位置为0，显示屏仍为黑屏。

通过相关测量，已经排除组合仪表本身故障和组合仪表与收音机模块线路故障，但根据维修手册和故障现象分析，故障点应该就在这个范围之内，可是所有可疑点已经检查确定无故障，难道是主控模块对收音机数据处理错误？

尝试断开其他模块（人机交互模块）的插头，再观察收音机数据：替代MOST上行节点为2，收音机显示的故障点正常了，由此判断收音机处理数据为正常。再检查原车线路并未有加装或改装现象，考虑是否有其他用电器会产生干扰，于是断开其他模块，只留低速网络和MOST网络，故障仍然存在。

考虑MOST网络中的模块发送不正常或错误的信号，对网络上的相关模块断开插头，进行跨接处理。当跨接放大器的4和6号针脚，3和5号针脚时，观察GDS2的收音机数据流：替代MOST上行节点为无，收音机显示屏也恢复正常。至此可以确定MOST网络中的放大器模块内部故障，发送错误信息给下一个模块，因此收音机模块接收到的数据有误，误认为MOST网络有故障，数据显示替代节点为0，便记忆U0028故障码了。

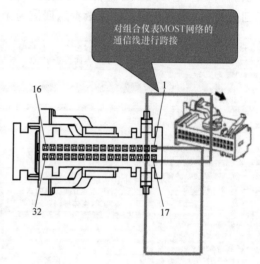

图4-10 MOST网络通信线位置

故障排除 确定了放大器模块的故障，经更换一个全新的模块之后，故障不再出现，至此故障排除。

技巧点拨 在判断显示屏黑屏故障以前，首先要对黑屏的现象进行一个初步的了解，比如黑屏时面板是否有背光，控制按键是否能够正常操作，收音机是否能够正常工作，如果上述三点都正常，我们大致可以判断黑屏不是由于MOST断环而引起的。

如果黑屏时不能进行任何操作，收音机也不能工作，基本可以判断是由于MOST断环而引起的黑屏。需使用GDS2读取故障码及数据流进行进一步的分析，收音机数据中的"替代MOST主节点上行位置"的返回值对判断断环节点非常重要。维修人员可以通过"替代MOST主节点上行位置"的返回值大致判断断环节点后，可以使用跨接通信线路的方法来判断故障的原因（模块或通信线路）。当然在检查黑屏的整个环节当中，也不能忽略模块本身的电源、接地以及MOST环的通信启用电路了。

二、别克君越高速网络通信异常

故障现象 一辆 2011 款君越轿车，行驶里程 47869km，车辆使用过程中仪表各指针归零，仪表显示屏交替显示"请检修 AFL 系统"、"请检修驻车系统""请检修悬架系统""请检修转向系统"……仪表显示屏上逐一提示检修各高速网络模块（图 4-11），同时档位指示灯不亮且行驶无力，故障出现后几分钟消失，且每年夏季就会出现此偶发性故障。

图 4-11 故障出现时仪表显示

故障诊断 驾驶人开车来检查，但未见故障现象，使用 GDS 进行全车故障码扫描，全部为 U 类故障，高速网络模块之间失去通信（表 4-1）。

图 4-12 高速网络故障模拟时仪表和导航显示情况

表 4-1 GDS 扫描出的故障码

发动机控制模块	U0073	00	控制模块通信高速 CAN 总线关闭	…	通过和失败
发动机控制模块	U0109	00	与燃油泵控制模块失去通信	…	通过和失败
发动机控制模块	U0140	00	与车身控制模块失去通信	…	通过和失败
燃油泵控制模块	U0073	00	通信总线 A 控制模块关闭	…	通过和失败
变速器控制模块	U0073	00	控制模块通信总线断开	…	通过和失败
变速器控制模块	U0100	00	与发动机控制模块失去通信	…	通过和失败
变速器控制模块	U0121	00	与电子制动控制模块失去通信	…	通过和失败
变速器控制模块	U0140	00	与车身控制模块失去通信	…	通过和失败
车体控制模块	U0101	00	与变速器控制模块失去通信	…	通过和失败
车体控制模块	U0139	00	与悬架控制模块失去通信	…	通过和失败
车体控制模块	U0128	00	与驻车制动控制模块失去通信	…	通过和失败
车体控制模块	U0181	00	与前照灯水平控制模块失去通信	…	通过和失败
车体控制模块	U0210	00	与后座椅加热控制模块失去通信	…	通过和失败
车体控制模块	U0100	00	与发动机控制模块失去通信	…	通过和失败
车体控制模块	U0073	00	控制模块通信总线断开	…	通过和失败

连接 GDS 逐一进入全车各模块进行检查，均能查看故障码和数据，判断此故障是网络偶发性故障。查看此车网络配置有高速 GMLAN、低速 GMLAN、底盘高速 GMLAN、局域网 (LIN)，到底是哪个网络出现问题呢？

1) 高速网络故障模拟：用一个带 3A 熔丝的跨接线分别将诊断接口 6#和 14#短路、将诊断接口的 6#和 14#对地短路、将诊断接口的 6#和 14#对电源短路。

现象是仪表指针归零，仪表交替显示"请检修 AFL 系统"、"请检修驻车系统"、"请检修悬架系统"、"请检修转向系统"……仪表显示屏上逐一提示检修各高速网络模块，档位指示灯不亮且行驶无力，但导航显示屏、空调和音响工作正常（图 4-12）。

2) 底盘扩展网络故障模拟：用一个带 3A 熔丝的跨接线分别将诊断接口 12#和 13#短路、分别将诊断接口的 12#和 13#分别对地短路、分别将诊断接口的 12#和 13#对电源短路。

现象是仪表指针正常、导航显示屏、空调、音响正常，车辆加速正常。

3) 低速网络故障模拟：用一个带 3A 熔丝的跨接线分别将诊断接口 1#对地短路、对电源短路。

现象是仪表黑屏且仪表指正归零，导航显示屏黑屏，车辆加速正常。

从上面模拟实验来看，导致此问题的故障为高速网络出现的问题。此车高速网络布局如图 4-13 所示。清除故障码后试车故障没再出现。处理发动机舱内所有搭铁点，并将地胶拆下，但没有发现地胶有进水痕迹，检查地胶下搭铁点及插头未见异常。为保险起见将前照灯控制模块、转向控制模块、燃油泵控制模块、悬架控制模块和同款车辆对调后让驾驶人使用

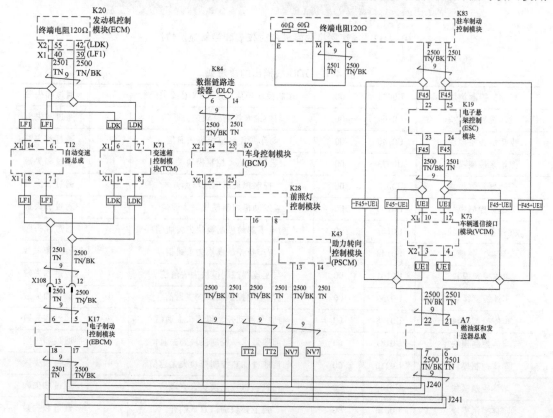

图 4-13　高速网络布局图

观察。驾驶人使用几天后故障再现，这次是直接带着故障现象来的，用诊断工具 GDS 进行读取故障码，依旧是原故障码。怀疑是高速网络上某个模块干扰导致，依次将可能存在故障的悬架控制模块、ABS 模块、TCM 模块、安吉星模块、前照灯模块、转向模块、收音机、空调模块、PEPS（遥控防盗）模块、EPB 模块、座椅模块、仪表、倒车雷达模块、天窗模块插头拔下，故障依旧。恢复所有模块插头，用示波仪测量诊断接口 6#，发现波形在 1.5~3.7V，明显不对（图 4-14），正常波形应该在 2.5~3.5V，测量诊断接口 14#，波形在 2.5~1.5V，正常（图 4-15）。

图 4-14　诊断接口 6#的电压波形　　　　　图 4-15　诊断接口 14#的电压波形

由于高速网络和底盘扩展网络传输速率一样，用示波器分别测量诊断接口底盘扩展网络的 12#（波形为 2.5~3.5V）和 13#（波形为 2.5~1.5V）的波形做对比（图 4-16）。

底盘扩展网络波形正常且无杂波。从波形上看应该是高速网络上 CAN-H 线路出现问题，测量高速网 CAN-H 电压为 2.8V，CAN-L 电压 2.2V，判断没有对电源短路。分别测量诊断接口 6#和 14#，对搭铁电阻均为无穷大，判断没有对地短路。将车辆熄火把蓄电池负极桩拆下后。用万用表测量诊断接口 6#和 14#之间的电阻，为 60Ω，正常。从上面诊断结果看，高速网络线没有对地、对电源短路，终端电阻也正常，那为什么会出现故障？这时诊断陷入困境，接上蓄电池重新着车时，车辆又恢复正常。此车故障为

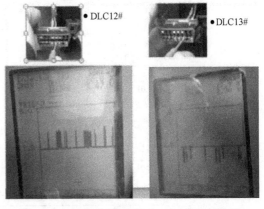

图 4-16　诊断接口端子 12#/13#的电压波形

偶发性故障，故障现象时有时无，且每到夏季天热此故障才会重现，出现故障时只要熄火等一会故障就会消失。查看此车终端电阻在 ECM 和 EPB（驻车制动）内部（图 4-13），决定等故障出现时，以最短的时间测量这两个终端电阻是否在 120Ω 范围之内，由此判断 ECM 和 EPB 是否正常。于是，将车辆开到烤漆房进行加热，可怎么加热故障就是不出现，再次将车辆放在太阳下直晒，4 天后故障重现，这时分别测量 ECM 和 EPB 的终端电阻，为 120Ω，正常。

查阅维修记录，发现此车除了 ECM，其他模块均与正常车对调过，可 ECM 只要编过程序就只能在此车上使用，而且费用太高，于是决定等故障出现时先排除线路故障，查看高速

网络布局图，从诊断接口分别到 ECM 和 EPB 分为两路。

多次试车等故障出现时，测量诊断接口 DLC6#至 EPB 的 F#端口，电阻为 0.3Ω，测量结果正常。测量诊断接口 DLC14#至 EPB 的 L#端口，电阻为 0.3Ω，测量结果正常。测量 DLC 的 14#至 ECM 的 X1-40#端口，电阻为 0.3Ω，测量结果正常，测量 DLC 的 6#至 ECM 的 X1-39#端口，电阻为无穷大，测量结果不正确，看来线路出现问题（图 4-17）。

故障排除 逐一查看故障网络线路针脚时，最终发现 EBCM（电子制动模块）的 17#针脚内部有些异物（图 4-18），将其针脚退下后分解发现像塑料一样的东西粘在针脚内部，重新焊接此针脚后多次试车，确认故障排除。

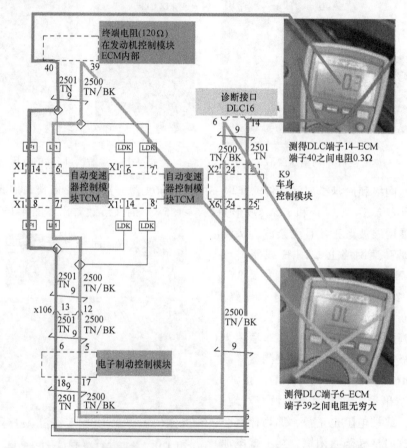

图 4-17 故障出现时诊断接口 DLC 与发动机控制模块 ECM 之间的线路导通情况

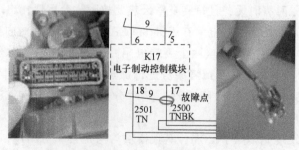

图 4-18 故障位置

技巧点拨：原来此故障针脚在温度比较低时还能够接触通，当温度升高后针脚内部塑料膨胀导致针脚接触不良，从而使高速网络失去通信，故障时变速器锁定在5档，这与驾驶人反映的加速无力现象吻合。

三、别克君越仪表指示灯无规律点亮

故障现象 一辆2008款上海通用别克君越2.4轿车，驾驶人反映该车仪表板内的各种指示灯在行驶时无规律地点亮，但车辆还能正常使用。

故障诊断 维修人员接车后试验，发现该车起动后仪表板内的防盗指示灯、ABS灯、维修保养提示灯、驻车制动灯、安全气囊故障指示灯、发动机功率下降指示灯、牵引力关闭指示灯及低胎压指示灯等陆续点亮，但发动机运转正常。连接故障诊断仪TECH-2对车辆进行检测，ECM内存储有故障码：P0315——曲轴位置偏差未读入，U1055——Unknow。但从该车的故障现象来分析，故障应该与P0315这个故障码没有关系。至于U1055则由于没有具体的含义，对于该车的维修起不到任何的帮助。

还有一个现象是TECH2除能够与ECM和TCM建立对话外，其余的控制单元均不能与TECH2建立对话。通过这种现象，可以判断是由于Class2数据线路导致的故障。对于该车故障的维修就只有从Class2通信线查起。该车有一个Class2的数据链接器SP205，它将各控制单元的Class2数据线汇集到一起，并用一个插接器进行连接。

将位于驾驶人腿部上方的Class2数据链路链接器SP205找到，采用逐一断开各个控制单元的Class2数据线的方法进行试验。当将空调控制单元的Class2数据线断开后，再用TECH-2进行测试，其余的控制单元均能与TECH-2正常进行通信。因此可以断定是由于空调控制单元，或空调控制单元的Class2数据线导致的该车故障。将空调控制单元总成拆下，断开后部的线束，连接后再次进行测试，除空调控制单元外，其余控制单元均能与TECH-2进行通信。从而再次排除了空调控制单元Class2数据线搭铁的情况，故障点也就锁定在了空调控制单元上。

故障排除 在更换新的空调控制单元后，车辆的各个系统工作一切正常。再次读取车辆各个控制单元的故障码信息，ECM内存储的2个故障码P0315与U1055已经变为历史故障码，用TECH-2清除即可。

技巧点拨 由于空调控制单元的故障造成了对所有采用Class2数据通信线进行通信的控制单元不能正常进行通信的故障，从而产生了该车仪表板内的各种指示灯误报警的故障。

四、别克新君越多个指示灯点亮

故障现象 一辆2014款别克新君越车，发动机型号为LFW，行驶里程2万km。早上起动时，仪表盘上的发动机故障灯、电子制动灯、防侧滑灯均点亮，发动机运转平稳，但转速表和发动机冷却液温度表抖动，且有时加速无反应。

故障诊断 用故障检测仪（GDS）读取故障码，发现各系统中共存储有21个状态为

"通信失败"的故障码（图 4-19），其中 20 个是开头为字母 U 的故障码，说明是通信总线系统方面的故障。另外，还存储有 20 多个历史故障码，也均是开头为字母 U 的故障码，也多为通信总线系统方面故障。将故障码清除后试车，故障码还会间歇性出现，据此判断该车通信总线系统存在间歇性故障。

控制模块	DTC	故障症状字节	说明
发动机控制模块	P0575	00	定速巡航控制开关信号信息计数器错误
发动机控制模块	U0073	00	控制模块通讯高速 CAN 总线关闭
发动机控制模块	U0101	00	与变速箱控制模块失去通信
距离传感定速控制模块	U0073	00	控制模块通信总线断开
距离传感定速控制模块	U0121	00	与电子制动控制模块失去通信
距离传感定速控制模块	U0100	00	与发动机控制模块失去通信
距离传感定速控制模块	U0140	00	与车身控制模块失去通信
距离传感定速控制模块	U0401	72	从发动机控制模块接收到的数据无效
距离传感定速控制模块	U0401	00	从发动机控制模块接收到的数据无效
距离传感定速控制模块	U0128	00	与手刹车控制模块失去通信
距离传感定速控制模块	U0415	72	从电子制动控制模块接收到的数据无效
车体控制模块	U0073	00	控制模块通信总线断开
车体控制模块	U0128	00	与手刹车控制模块失去通信
车体控制模块	U0100	00	与发动机控制模块失去通信
车体控制模块	U0101	00	与变速箱控制模块失去通信
车体控制模块	U0104	00	与巡速控制模块失去通信
车体控制模块	U0121	00	与电子制动控制模块失去通信
车体控制模块	U0131	00	与动力转向控制模块失去通信
车体控制模块	U0139	00	与悬吊控制模块失去通信

图 4-19 故障车辆读取的故障码信息

通信总线系统故障分为节点电源故障、节点故障（即控制模块及其相关部件故障）或链路故障（即控制模块之间的数据线故障）。判断链路是否短路与断路只需测量 DLC（数据传输线连接器）端子 6 与端子 14 之间的电阻值即可，测量值应为发动机控制模块中的终端电阻（120Ω）与驻车制动控制模块中的终端电阻（120Ω）并联后的电阻值，即 60Ω。根据图 4-20 用万用表测量 DLC 端子 6 与端子 14 之间的电阻，约为 60Ω，正常。考虑到该车故障是间歇性故障，再次读取故障码，无故障码存储，故障也自动消失了，那么在这种状态下的检测很多都是无用功。检查间歇性故障，很关键的一步便是使故障重现。

经过反复试车，故障重现，这时再测量 DLC 端子 6 与端子 14 之间的电阻值，约为 120Ω，异常，这说明某一侧的链路断路。脱开电子制动控制模块导线连接器，测量其端子 9 与端子 8 之间的电阻值，为 120Ω，这说明电子制动控制模块与发动机控制模块之间的链路正常。再测量电子制动控制模块导线连接器端子 6 与端子 5 之间的电阻，约为 17kΩ，这说明电子制动控制模块与驻车制动控制模块之间的链路断路或终端电阻断路。脱开远程通信接口控制模块（安吉星模块）导线连接器，测量导线连接器 X1 端子 10 与端子 12 之间的电阻，约为 120Ω，这说明远程通信接口控制模块与驻车制动控制模块之间的电路正常，判定故障在远程通信接口控制模块与电子制动控制模块之间的线路上。装回远程通信接口控制模块，再次测量电子制动控制模块端子 6 与端子 5 之间的电阻，约为 17kΩ，轻轻摇晃远程通信接口控制模块导线连接器，发现实测的电阻值间歇性地出现 120Ω，这说明远程通信接口控制模块导线连接器松动。仔细查看远程通信接口控制模块导线连接器 X2 端子 3 与端子 4，发现针脚与针孔之间的间隙过大，导致接触不良。

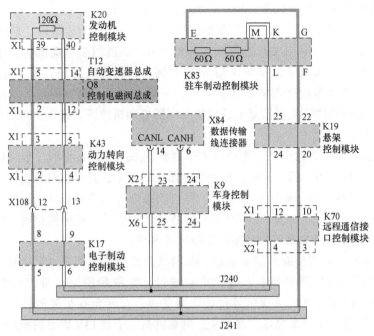

图 4-20 总线系统线路

故障排除 修复远程通信接口控制模块导线连接器 X2 端子 3 与端子 4 的针脚,并用扎带固定后,反复试车,故障均未再现。将车交给驾驶人使用,一周后电话回访,驾驶人反映车辆一切正常,故障排除。

> **技巧点拨** 接触不良故障在汽车维修中占有比较大的比重,这类故障往往隐蔽,难于排除,依据故障现象抖动相应部件的线束或插拔相应插接器检查,也可以发现故障点。

五、2011 款新君越 LIN 线部件损坏引发的多个故障

故障现象 一辆 2011 款新君越行驶中,偶尔会出现以下故障现象:收音机突然有"咚咚"的报警声;仪表此时提示右前门打开(图 4-21);能听到右前门内衬里面"喀喀"响,此时右前门玻璃升降器无论是从左前还是从右前都不能控制,完全不工作。

故障诊断 起初,驾驶人只注意到了前两个故障现象,并报修。修理工接修此车后,和驾驶人试车,曾出现过故障现象。别克新君越轿车在门锁块内部有一个车门状态开关,如果仪表收到车门打开的状态信号,仪表会出现图 4-21 所示的提示,在挂 D 档时,收音机会发出"咚咚"的报警声。确认故障后,按以往修理老款君越的修理经验,这一故障多是由门锁块里面的开关故障造成。于是,更换了一个右前门锁块,当时试车故障不再出现,于是交车。但驾驶人提车后,故

图 4-21 故障出现时的仪表提示

障仍没排除，故障现象仍然会偶尔出现，于是再次将车送修。

接车后首先用 GDS 检测，在车身控制模块（BCM）中有多个故障码，截屏如图 4-22 所示。相关故障码是：U1530——LIN 总路线 3 与设备 0（右前门锁电动机）失去通信。先清除故障码试车，故障又出现了，但再次用 GDS 检测，并没有故障码。为了确定检修方向，要确定故障码 U1530 和本故障现象是否有关系。如果有关系，要排除这一故障码。这一故障码有可能是 LIN 线故障，也可能是右前玻璃升降器电动机故障。仪表中车门状态信号显示流程如图 4-23 所示。

1）普通车型。对于普通车型，车门状态信号传递如图 4-23a 所示，车门状态信号直接传递到仪表和车内灯，当车门打开时，仪表会有相应的提示，且车内灯点亮。

2）老款别克君越。对于老款别克君越，车门状态信号传递如图 4-23b 所示，车门状态信号传递给车身控制模块（BCM），BCM 通过数据线将此信号再传递给仪表，仪表会有相应的显示。同时，BCM 直接根据车门状态信号控制车内灯。

3）新款别克君越。对于新款别克君越，车门状态信号传递如图 4-23c 所示，车门状态信号就近传送给玻璃升降器电动机，电动机再通过 LIN 线传递给车身控制模块（BCM），BCM 通过低速 GMLAN 数据线将此信号再传递给仪表，仪表会有相应的显示。同时，BCM 直接根据车门状态信号控制车内灯。在这里，电动机是一个在 LIN 线上的模块。

DTC 显示屏				
控制模块	DTC	故障症状字节	说明	故障症状说明
车体控制模块	B3125	02	仅有驾驶员车门开锁回路	对地短路
车体控制模块	B3130	02	所有车门开锁回路	对地短路
车体控制模块	B3135	02	所有车门锁定回路	对地短路
车体控制模块	U0181	00	与头灯控制模块失去通信	----
车体控制模块	U0254	00	与遥控启动模块失去通信	----
车体控制模块	U1530	00	LIN 总线 3 与设备 0 失去通信	----

图 4-22 故障码截屏

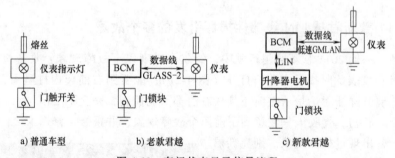

图 4-23 车门状态显示信号流程

新款别克君越车窗电动机 LIN 线电路如图 4-24 所示，右前车门闩锁及车窗电动机电路如图 4-25 所示，在左前门锁块 A23D 内有 3 个触点开关，左侧的两个开关分别是用钥匙从左前门上锁/解锁开关。此信号传递给左前车窗开关 S79D，S79D 再通过 LIN 线传递给车身控制模块（BCM）。A23D 内右侧的触点为车门状态信号开关，此信号传递给左前车窗电动机 M74D，M74D 再通过 LIN 线传递给 BCM。在右前门锁块 A23P 内有 1 个触点开关，即右前车门状态信号开关，此信号传递给右前车窗电动机 M74P，M74P 再通过 LIN 线传递给 BCM。这一信号传递路线是就近传递，然后多路信号再由一根 LIN 线传递，节省了大量线束，这是

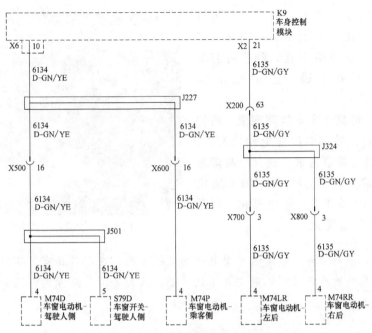

图 4-24 车窗电动机 LIN 线电路

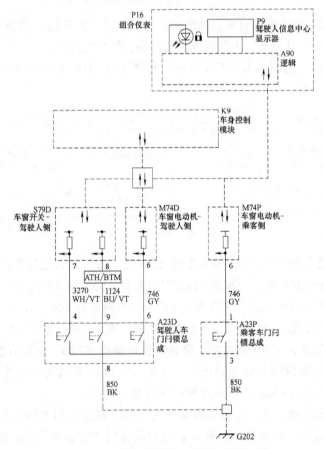

图 4-25 右前车门闩锁及车窗电动机电路

以后车身控制的发展方向。由以上分析可知，如果右前车窗电动机 M74P 损坏，就可能出现右前车窗玻璃不能升降、右前车门状态信号不能传递，且记忆故障码 U1530。

故障排除 可见，本车故障现象、所记忆故障码都和右前玻璃升降器电动机有关，更换右前门玻璃升降器总成，这几个故障现象同时排除。损坏的玻璃升降器如图 4-26 所示，由图可见它不单单是一个电动机，而是电动机中集成了控制模块。

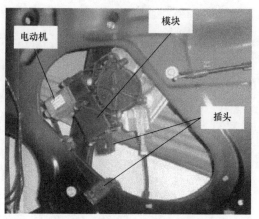

图 4-26　右前车门玻璃升降器

技巧点拨 多路信号传输是新车型电气的发展方向，在诊断具有多路信号传输车辆的故障时，以往的检修经验可能有些就不适用了，只有弄清楚信号的传递流程，才能准确、迅速地诊断故障。

六、2013 款别克君越升降器主控开关控制功能偶尔失效

故障现象　一辆 2013 款别克新君越轿车，行驶里程 4.5 万 km，驾驶人侧升降器主控开关控制功能偶尔失效，且关闭点火开关拔出钥匙后，打开左前门，收音机无法自动关闭。

故障诊断　用 GDS 查看车身控制模块内部有故障码：DTC U1530-00——LIN 总线 3 与设备 0 失去通信（图 4-27）。

控制模块	DTC	故障症状字节	说明	故障症状说明	
车体控制模块	U1530	00	LIN总线3与设备0失去通信	…	通过和失败
多轴加速传感器模块	U0121	00	与电子制动控制模块失去通信	故障	历史记录

图 4-27　故障码（一）

尝试用主驾车窗升降开关控制所有车窗时无法控制，尝试用其他门车窗升降器开关单独控制车窗升降器时，发现只有两后门车窗升降器开关是可以的。关闭点火开关，拔出钥匙后打开左前门时，收音机不会自动关闭。在操控左前门车窗升降器开关时，用 GDS 诊断工具观察车窗开关信号数据没有变化，初步估计是数据线路通信出现了问题，参考电路图（图 4-28）。

左前车窗升降器开关 S79D 和左前车窗升降器电动机 M74D，以及右前车窗升降器电动机 M74P 共用的数据线 LIN3 网络进行通信。任何一个 LIN3 数据线上的网络通信模块出现故障，均有可能会干扰 LIN3 通信，导致这种故障现象。

当时初步怀疑是左前门上的车窗升降器开关 S79D，或左前门上的车窗升降电动机 M74D 的故障，导致此类现象，因为只有打开左前门时收音机才会自动关闭。拆下左前门内饰板后，尝试将车窗升降器主控开关 S79D 插头拔下后故障依旧。尝试将左前升降器电动机

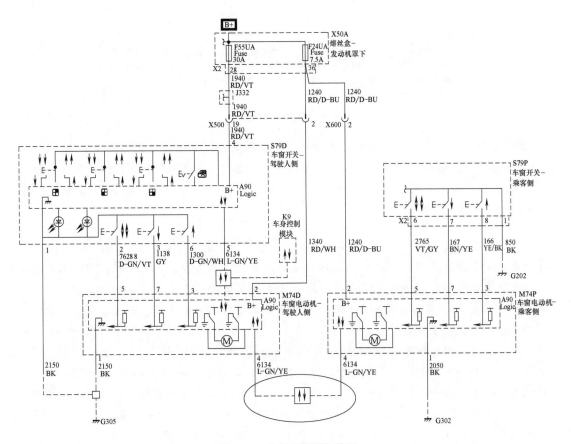

图 4-28 前车窗控制电路图

M74D 插头拔下后,除左前升降器不能工作外,车窗升降器主控开关控制其他升降器控制均正常,重新插上左前升降器电动机 M74D 插头后故障没有再现,检查左前升降器模块外部有生锈现象,怀疑模块进过水。

于是,更换驾驶人侧升降器总成(含 M74D)后,让驾驶人使用观察。两周后驾驶人再次报修该故障,表示故障现象和之前现象一模一样。只不过频次减少。

怀疑上次诊断失误了,于是将驾驶人侧车窗升降器电动机 M74D 插头拔下后,读取故障码如下:车体模块内部有 U1534-00——LIN 总线 3 与设备 4 失去通信(图 4-29),看来不是这个模块导致的。

尝试将主驾升降器开关 S79D 插头拔下后,读取故障码:车体模块内部有 U1538-00——LIN 总线 3 与设备 8 失去通信(图 4-30),看来也不是这个模块导致的。

控制模块	DTC	故障症状字节	说明	故障症状说明	
车体控制模块	B3205	4B	驾驶员车窗电动机	校准没有学习	目前
车体控制模块	B3210	4B	乘客车窗电动机	校准没有学习	目前
车体控制模块	U1534	00	LIN总线3与设备4失去通信	…	目前

图 4-29 故障码(二)

控制模块	DTC	故障症状字节	说明	故障症状说明
车体控制模块	U1538	00	LIN总线3与设备8失去通信	…
多轴加速传感器模块	U0121	00	与电子制动控制模块失去通信	故障

图 4-30 故障码（三）

故障排除 尝试将右前门升降器电动机 M74P 插头拔下后，故障码如图 4-27 所示。车体模块内部有 U1530-00 LIN——总线 3 与设备 0 失去通信，看来故障码指示的是车体控制模块 K9（BCM）与右车窗升降器电动机 M74P 失去通信，更换右前车窗升降器总成（含 M74P）后故障彻底排除。

> **技巧点拨** 此车为什么右前车窗升降器电动机 M74P 出现问题，会导致在打开左前门时收音机无法自动关闭。之后对比同款车型，在查找电路图时，并未发现左前门锁块开关信号去向，仔细测量线束发现左前门开关信号线直接传给了左前门车窗升降器电动机 M74D，根据左前门车窗升降器电动机 M74D 插头端子视图可以看出，6#为锁块内部的车门开关信号，后测量线路得到证实。
>
> 此车左前门开关信号通过专线输入到左前门车窗升降器电动机 M74D，然后左前升降器电动机 M74D 再将车门开关信号通过 LIN3 线传给 BCM，由 BCM 确定车门的状态后，通过低速网络让收音机处于休眠状态。由于此车右前门车窗升降器模块内部故障，导致 LIN3 数据线受到干扰，导致车体控制模块无法获知左前门的状态，所以在关闭点火开关，拔出钥匙后并打开驾驶侧车门时，会出现收音机无法自动关闭的现象。

七、别克 GL8 更换变速器后不着车

故障现象 一辆别克 GL8 商务车在其他修理厂更换了 4T65E 自动变速器后出现了不着车的故障。

故障诊断 首先验证故障现象，打开点火钥匙时仪表中无档位指示，发动机故障灯微亮，防盗指示灯点亮，起动机无反应。使用专用 TECH-2 诊断仪无法进入车辆串行数据总线相连各个模块。

根据 CLASS-2 串行数据全部无法通信的现象，确定检查工作首先在 CLASS-2 串行数据线开始，数据链接连接器示意图（DLC），如图 4-31 所示。因为此车刚刚换过变速器，首先检查变速器连接螺钉处的 G113/G117/G119 搭铁线连接正常，蓄电池电压正常。排除搭铁线正常后，在仪表板左侧找到了数据线组合件 SP205，拔下 SP205 插头，测量 M/K/G/F/E/D/B 端子电压，B 端子是动力系统模块，PCM 电压显示 3.3V，E 端子是 ABS 模块无电压显示，其他端子 0.2~0.4V，用连接线分别连接 A 和 D 端子、A—F 端子、A—G 端子、A—K 端子、A—M 端子，TECH-2 都能和相关模块正常通信联络。TECH-2 不能和 B、E 端子的 PCM 模块、ABS 模块通信。

故障排除 根据在 SP205 处测量 PCM（动力系统控制模块）有 3.3V 电压，怀疑是 PCM 有故障导致的不正常的电压，干扰了串行数据的正常运行。拆下 PCM 替换，换上一个

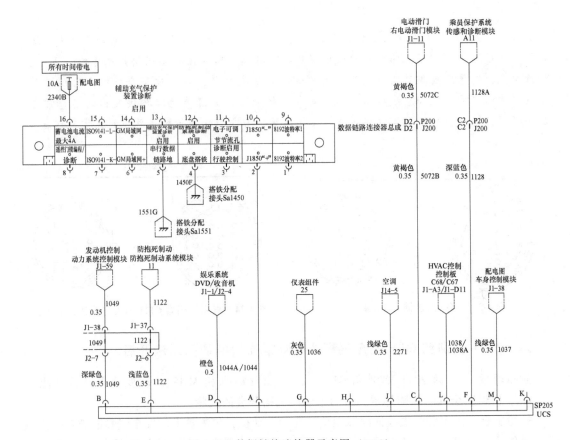

图 4-31 数据链接连接器示意图（DLC）

PCM 后依然不能和 PCM 通信，测量 B 端子电压依然为 3.3V。随后测量了 PCM 模块到 SP205 的数据线，重新查看串行数据链接电路图，发现一个重要的线索，不能进行串行通信的 PCM、EBCM 两个模块都经过 C101 插头（图 4-32）。随将重点放在 C101 插头（图 4-33）的检查上。当看到 C101 插头又联想到刚刚换的变速器，突然想到，是不是 C101 插头和变速器插头 C111（图 4-34）互换了？再定眼一看，果真是两个插头外部一样，把插头互换一试故障消失了。

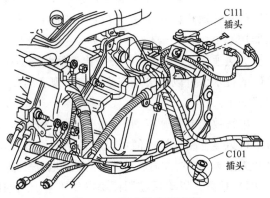

图 4-32 发动机前部线束

至此故障真相大白，原来维修工人不细心插错了插头，导致了这次奇怪的故障。

技巧点拨 此车通信总线控制系统是二级串行数据总线（Class-2），是相对之前使用的一种 UART（异步接收与传递）串行数据总线而言，传输速度是 10.4kbit/s，数据系统静止时为 0，启用时 7V。二级串行数据是按脉冲宽度调制的，每一位信息都有两种宽度，长或短。在 GL8 上不同的模块连接在一条串行数据总线上，控制模块之间的通信和检测工具 TECH-2，都是通过这条数据线总线进行的。采用总线控制的车辆，无论是总线网络故障，还是连接在总线上的任一模块出现故障，都可能对其他控制模块产生影响。因此，维修总线控制系统故障时，不能只考虑故障的模块或部件，要考虑整个总线上的故障对系统产生的影响，比如总线线路对地、对电源的短路，或者是故障模块发出的不正常电压，还有搭铁线虚接，系统电压不正常等等故障，都会影响串行数据总线的正常工作。

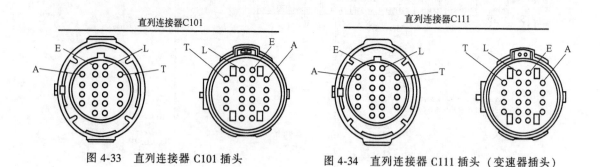

图 4-33 直列连接器 C101 插头　　　　图 4-34 直列连接器 C111 插头（变速器插头）

八、2011 款别克 GL8 安全气囊故障灯常亮后电动门无法开启

故障现象　一辆 2011 款别克 GL8 车，装配发动机和 MH8 自动变速器，行驶里程 3 万 km，出现安全气囊故障灯常亮，后电动门无法开启的故障。

故障诊断　接车后首先验证故障现象。起动发动机，仪表盘上的安全气囊故障灯一直点亮，操作后电动门，没有任何反应。连接 GDS2 读取故障码，调得的故障码有：U0151——与安全气囊控制模块失去通信；U0204——与右后车门开关控制面板失去通信；U0210——与后部座椅加热模块失去通信；U0254——与遥控起动模块失去通信；U0208——与座椅存储器控制模块失去通信；U0209——与前部座椅加热模块失去通信；U0230——与尾门控制模块失去通信；B2955——安全传感器数据回路。其中故障码 U0151 出现多次。根据这些故障码的提示，可以看出是网络通信出现了问题。查看该车的维修手册，获悉对此类故障码的解释如下。

串行数据电路是车辆中控制模块互相通信的方式，一旦故障检测仪通过数据链路连接器与串行数据电路连接，便可以对各个模块进行诊断，并检查是否存在故障码（DTC）。当点火开关置于 RUN 位时，在串行数据电路上进行通信的每个控制模块发送一个健康状态（SOH）信息，以确保控制模块操作正常。当控制模块不在串行数据电路上进行通信时，例如，模块失去电源或搭铁，正常在串行数据电路上发送的健康状态信息便会消失，串行数据电路上欲接收健康状态信息的其他控制模块，检测到信息不存在，那么控制模块轮流设置一个与不通信控制模块健康状态信息丢失相关的故障码。该故障码仅针对不通信的控制模块和可设置为相同代码的一个或者多个模块。串行数据通信故障码丢失，不表示包括已存储了故障码的模块有故障。

根据维修手册上的说明和对该类车的维修经验，此类问题多是线路连接器接触不良引起的，根据故障码找共性，它们都属于低速网络。

接着对照电路图对线路进行测量，诊断连接器 DLC84 的端子 1 与连接器的端子间的电阻为 0.4Ω，正常，但是连接器 X201 的端子 53 与安全气囊控制模块导线连接器 X1 的端子 15、加热座椅控制模块导线连接器 X3 的端子 11、尾门控制模块导线连接器的端子间的电阻都很大。由电路图可知，它们共用一个星形连接器，所以怀疑这个星形连接器出现问题，掀开地板胶皮检查该星形连接器，发现已进水腐蚀（图 4-35）。

故障排除 询问驾驶人得知，该车不久前在外铺过地板垫。经检查发现当时铺地板垫时把空调排水管接头断开，安装时没有连接到位，导致空调水无法正常排出，造成 SP5060 星形连接器端子腐蚀。于是用清洗剂处理腐蚀点，然后涂抹导电膏后试车，一切正常，故障彻底排除。

图 4-35　因进水造成端子腐蚀的连接器

> **技巧点拨**　连接器端子进水腐蚀导致出现异常故障，多个关于网络的故障码出现，故障现象与读取到的故障信息不相符，这种奇怪的故障往往是搭铁不良或是多种导线出现异常所致。

九、2011 款别克 GL8 装复后发动机无法起动

故障现象　一辆 2011 款别克 GL8，搭载 3.0L V6 SIDI 智能直喷发动机。在非专业的修理厂拆装了动力总成及全车线束，装复后发动机无法起动。

故障诊断　接车后首先进行故障确认，踩下制动踏板，按住点火起动按钮，起动机无任何反应。测量蓄电池电压正常，仔细检查所有的搭铁线及蓄电池火线，无虚接之处。按住点火起动按钮 5s，将点火开关打开到"KEY-ON"电源模式，仪表盘中的各种警告灯都能正常点亮，但发动机故障指示灯只是微亮。利用通用全球诊断系统 GDS 读取故障码，显示发动机控制模块 ECM、变速器控制模块 TCM、电子制动系统控制模块 EBCM 未连接，其他系统可以正常通信。在车身控制模块中存在很多故障码，依次为：①U0100——失去与发动机控制模块的通信；②U0101——失去与变速器控制模块的通信；③U0121——失去与电子制动控制模块的通信。

清除故障码，重新起动发动机，依然无反应。再次用 GDS 进入各系统，之前出现的故障码又重复出现。

根据以上的故障码进行分析，多个模块相互之间失去通信，且存在很多"U"类故障码，应首先检查数据通信线路是否正常。依据电路图（图 4-36），因为此车的 ECM、TCM、EBCM 无法通信，可以断定高速数据网络异常，因为以上的模块都依靠高速网路通信的。关闭点火，断开蓄电池负极等 60s 以上，利用万用表测量诊断插头的 6 脚（高速串行数据总线+）与 16 脚（高速串行数据总线-）之间的电阻，为 122Ω，而正常值应为 60Ω 左右。需要说明的是，为了减小电子设备对数据通信线路的干扰，在高速数据总线的两个终端模块中各带有一个 120Ω 的电阻器，并联后总电阻变成 60Ω，所以在诊断插头的 6 脚与 14 脚会测得

60Ω 的电阻。本车的高速总线电阻值为122Ω，说明有一个终端模块的电阻没有接入网络，或是串行数据线路在某一处有断路现象。

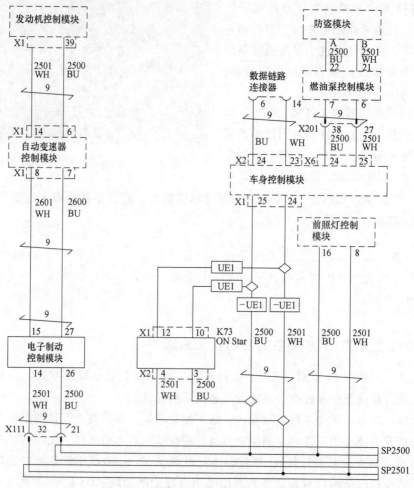

图4-36 数据通信示意图（高速 GMLAN）

数据通信线分布在车上很多部位，为了避免不必要的麻烦而导致故障范围扩大，因此选一处比较容易拆装的部位进行排查。根据本车的特点，变速器控制模块的插头应是首选，因为它便于拆装。断开 TCM 的插头，再测试诊断插头的6脚与14脚的电阻，仍是122Ω，说明终端模块 ECM 内的电阻没有接入数据通信网络，因为如果这个电阻接入网络，那么另一终端模块的电阻就一定没有接入网络，那么在断开 TCM 时，整个高速数据网络的电阻将变成无穷大，而结果并非如此。据此可断定 ECM 至 BCM 方向的数据线有断路现象。装复 TCM 插头，断开 X111 插头（位于发动机舱内空气滤清器总成后），测试插头的21脚与32脚（插头进入发动机舱防火墙通往 BCM 的一侧）之间的电阻，为120Ω，说明终端防盗系统控制模块的电阻已接入网络。再测试 X111 插头另一端的21脚与32脚（通往 EBCM 的一侧）之间的电阻，为120Ω，说明 ECM 内的电阻也接入了网络。既然如此，两个终端电阻都已经接入网络，在诊断插头处就应该测得60Ω 的电阻，可为什么偏偏就是120Ω 呢？难道是X111 插头断路。

故障排除 仔细观察，由于碰撞，插头外壳已有部分破损，完好的插头反插时无法进入，而这个插头反正却都可以插入，怀疑此插头装反。正确装好后，再测试诊断插头的 6 脚与 14 脚之间的电阻，为 60Ω，已恢复正常，起动发动机，可以顺利起动，以前不能通信的模块都能正常通信了。

> **技巧点拨** 在维修线路故障时，通常采用的方法是测量某根导线两端的电阻来判断线路的导通性，对于此车，如果分别测量各段数据线，操作起来一定很繁琐，如能根据线路特定的电阻，同时测量两根数据线，就会简便得多。

十、2017 款昂科威自动前照灯关不上

故障现象 一辆 2017 款昂科威 2.0L 全新车，VIN：LSGXE83L1HD××××××，行驶里程为 76km。该车自动前照灯停用功能失效，也就是说自动前照灯关不上。

故障诊断 接车后，首先验证故障现象。该车自动前照灯功能无法关闭，而且仪表上的所有指针都指向最低位，故障指示灯全部点亮，音响娱乐系统无法工作，驾驶人信息中心提示维修信息（图 4-37）。连接故障诊断仪对全车进行故障扫描，结果如图 4-38 所示。

图 4-37 故障车仪表台上的故障指示灯全亮

大部分的故障码都显示与组合仪表失去通信，进入组合仪表系统调取故障码，并查看和指针式仪表有关的数据流，发现仪表模块不能通信。查阅维修手册关于仪表的电路图（图 4-39）对仪表的供电和接地进行检测。

经检查仪表的供电和接地都正常，将仪表的插头复位，并用 DBDT 软件进行低速网络诊断，诊断结果如图 4-40、图 4-41 所示。

低速 GM LAN 的工作电压在 3~4V，属于正常范围，但是数据流中显示低速 GM LAN 网络中的控制模块没有仪表，而且还缺少许多控制模块。低速 GM LAN 的工作电压正常，说明低速网络线没有对正、负极短路和线间短路的情况。

根据 DBDT 软件的检测结果，结合低速网络电路图（图 4-42），再次对故障进

控制模块	DTC	故障症状字节	说明
举升门控制模块	U0020	00	低速CAN总线
车身控制模块	B097B	04	动力模式启动开关电路
车身控制模块	B257B	03	照明控制开关电路
车身控制模块	B2645	07	环境光照传感器电路
车身控制模块	B3980	00	未从组合仪表收到环境标识符
车身控制模块	C 0277	06	制动踏板位置传感器电路
车身控制模块	U0155	00	与仪表失去通信
车身控制模块	B1325	03	控制模块电源电路
组合仪表	U0140	00	与车身控制模块失去通信
组合仪表	U0151	00	与充气约束系统传感和诊断模块失去通
组合仪表	U0159	00	与驻车辅助控制模块失去通信
后差速器离合器控…	U0422	00	从车身控制模块收到的数据无效
充气式约束系统传…	U0155	00	与组合仪表失去通信
充气式约束系统传…	U0184	00	与收音机失去通信
收音机控制装置	U0140	00	与车身控制模块失去通信
收音机控制装置	U0151	00	与充气约束系统传感和诊断模块失去通
HVAV控制装置	U0155	00	与组合仪表失去通信
收音机	U0020	00	低速CAN总线
收音机	U0140	00	与车身控制模块失去通信
收音机	U0164	00	与HVAC控制模块失去通信
HVAC控制模块	U0155	00	与组合仪表失去通信
HVAC控制模块	U0184	00	与收音机失去通信
HVAC控制模块	U0198	00	与远程信息处理控制模块失去通信
举升门控制模块	U0155	00	与组合仪表失去通信
无钥匙进入控制模块	B297B	5A	驾驶人车门开启开关电路
无钥匙进入控制模块	U0155	00	与组合仪表失去通信
驻车辅助控制模块	U0155	00	与组合仪表失去通信
驻车辅助控制模块	U0184	00	与收音机失去通信
转向柱锁止控制模块	U0020	00	低速CAN总线
转向柱锁止控制模块	U0155	00	与组合仪表失去通信

图 4-38 故障车上的故障码

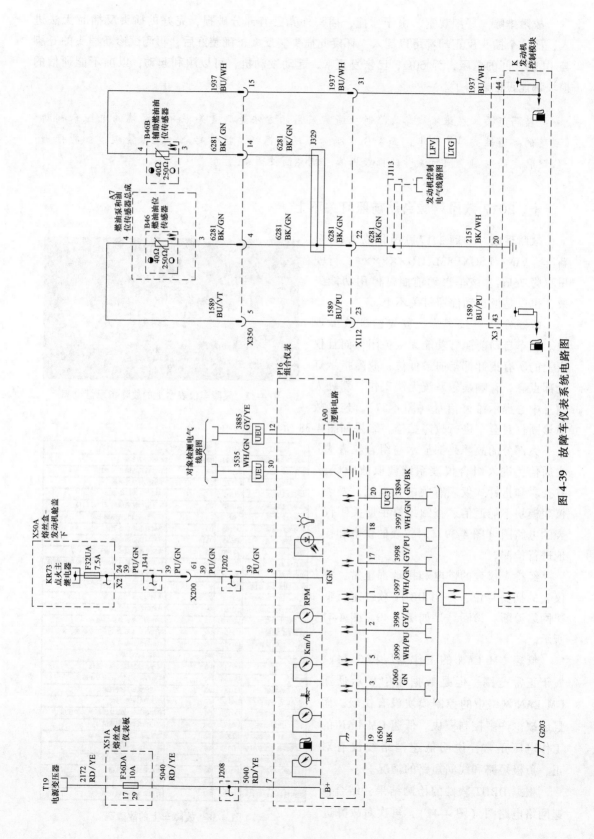

图 4-39 故障车仪表系统电路图

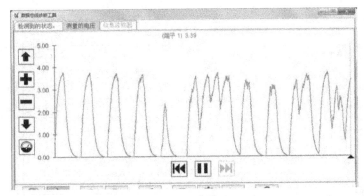

图 4-40　故障车低速网络工作电压

图 4-41　故障车低速网络数据流

行解析。经过对电路图的分析和查看，发现隔离低速 GM LAN 网络上的模块都没有进行通信。为了验证故障，从 X84 插头（诊断接口）的 1 号脚跨接一根数据线到 JX203 集线器，此时出现了神奇的一幕：仪表的指针功能恢复，故障指示灯全部熄灭，音响娱乐系统的功能也得到恢复。由此，将问题锁定在串行数据网关模块和 JX203 插头之间。测量 K56 X1 插头的 15 号脚到 JX203 的电阻为 0.02Ω，属于正常范围。与试驾车互换网关模块（不用编程）后，故障现象出现了转移，至此，故障车的仪表故障基本解决，接下来重点排查前照灯的控制问题。该车前照灯的电路图如图 4-43 所示。

在操作前照灯开关的时候将开关打到关闭位置，此时的数据流显示自动前照灯停用开关"不活动"。

故障排除　前照灯开关的数据没有输入给 BCM，断开前照灯控制开关，用带熔丝的专用跨接线，跨接前照灯开关插头的 5 号和 6 号针脚，前照灯功能恢复。更换 K56 网关模块和前照灯开关后，该车的两个故障被彻底排除。

> **技巧点拨**　仪表故障是由于网关模块内部故障造成的，前照灯故障是由于前照灯开关故障引起的。K56 串行数据网关模块用于处理多个 GM LAN 总线之间的通信，并用作隔离安全网络与不安全网络的网关。该模块的功能是缓解总线负载，以支持网络安全和新的主动式/增强型安全功能，例如有限能力的自动驾驶和增强的碰撞避免。

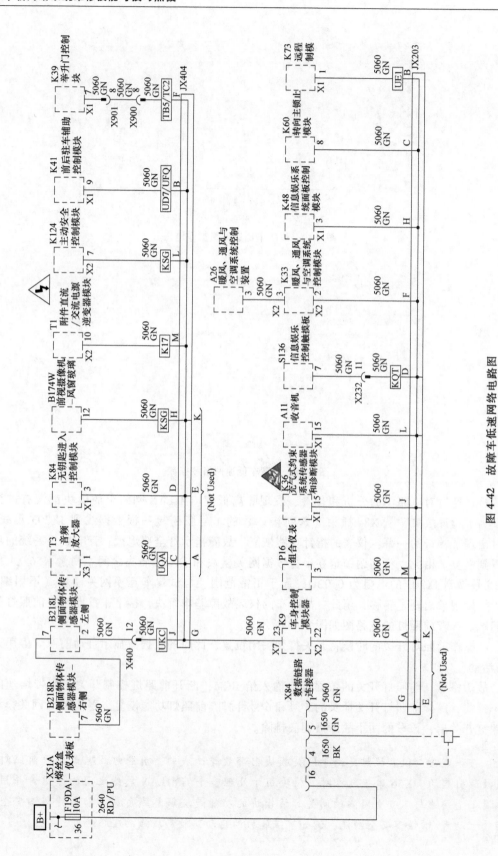

图 4-42 故障车低速网络电路图

K56 串行数据网关模块被用作所有功能信息的帧到帧网关。K56 串行数据网关模块用作主高速 GM LAN 总线、网关扩展高速 GM LAN 总线、网关隔离高速 GM LAN 总线和底盘高速 GM LAN 总线之间的网关。K56 串行数据网关模块还用作主低速 GM LAN 总线和网关隔离低速 GM LAN 总线之间的网关。K56 串行数据网关模块和故障诊断仪之间的通信通过主高速 GM LAN 总线完成。

前照灯故障是由于前照灯开关故障造成的,在检测时要通过数据流、电路图和车载网络诊断工具进行综合诊断分析,才能快速准确地找到故障根源。

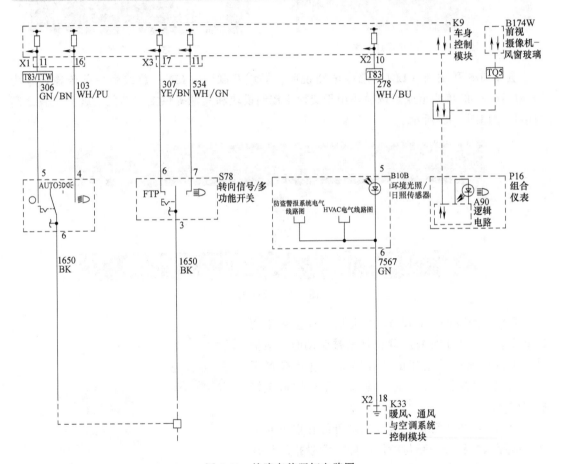

图 4-43 故障车前照灯电路图

十一、2014 款别克昂科拉换档背景灯不亮

故障现象 一辆 2014 款别克昂科拉,行驶里程:27126km。VIN:LSGJB84J8EY××××××。驾驶人反映换档背景灯不亮。

故障诊断 首先验证了驾驶人所说故障现象(图 4-44),确认故障存在。正常车辆如图 4-45 所示。常规检查未发现异常,使用专用诊断仪 GDS 诊断,检查结果有故障码显示,如图 4-46 所示。

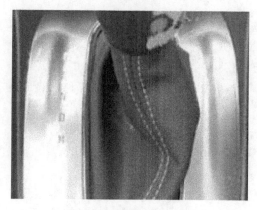

图 4-44　换档背景灯不亮

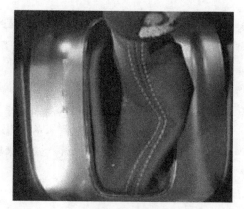

图 4-45　正常车辆显示

查阅局域互联网（LIN）总线电路说明：局域互联网（LIN）总线由一条传输速率为 10.417kbit/s 的单线组成。该模块用于交换主控制模块和其他提供支持功能的智能装置之间的信息，如图 4-47 所示。

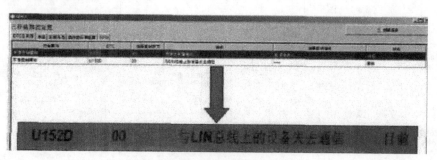

图 4-46　故障码

要传输的数据（1 和 0）在通信总线上由不同的电压表示。当 LIN 总线静止且未被驱动时，该信号处于接近蓄电池电压的高压状态，这代表逻辑"1"。当传输逻辑"0"时，信号电压被拉低至搭铁（0V）。

根据故障现象分析，认为故障可能在以下几方面：线路系统存在短路与断路故障；背景指示灯损坏或有其他加装部件；相应的模块存在故障等几个方面。

图 4-47　LIN 总线电路说明

查看图 4-48 所示相关的电路图，万用表测量 P2 变速器变速杆位置指示器 2 号端子与 BCM9 号端子的导线通断正常；无对电压短路；无对接地短路现象，测得 2 号针脚电压为 0.7V，正常值为 12V。随后使点火开关 ON 档，测量 F21DA（10A）熔丝电压，电压值为 0V，正常数值为 12V 左右，检查熔丝正常。

如图 4-49 所示，继续使点火开关 ON 档，测得 R1 的 1 号端子与接地电压为 12V，可是用万用表表笔测量熔丝盒 1 号端子与 2 号端子电压为 0V，似乎 2 号接地有问题。

在点火开关 ON 档时，KR76 继电器 30 号端子测得电压 12V。试着拔除 KR76 继电器，测量 R1 与 2 号线圈电阻值，为 70Ω，电阻值正常，然后再次插回继电器，却发现变速杆背景指示灯点亮了。

故障排除　结合上述的测量过程，最终检查确认仪表熔丝盒 KR76 继电器 R1 的 2 号插脚内部接触不良。

> **技巧点拨**　故障是由于仪表板熔丝盒内部接触不良，造成变速杆指示灯不亮。车辆电器系统可能会存在间歇性接触不良的故障，给维修人员带来诊断难度，有时往往很费周折，很难去模拟，需要我们根据相应故障码及相关数据流去分析判断。掌握相应的网络结构与原理去加以分析与参考，才能更好地解释故障现象，再结合识读线路的能力，解决问题。

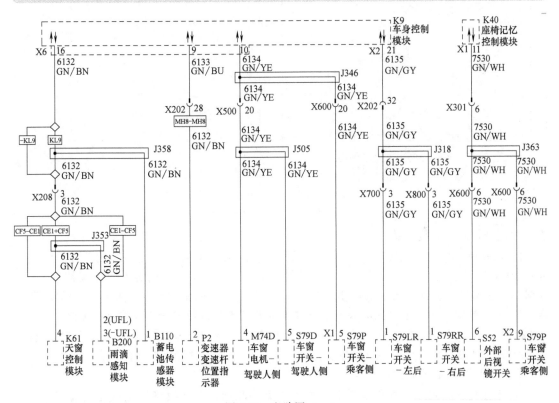

图 4-48　电路图（一）

十二、别克威朗总线系统故障诊断思路

CAN 总线由德国博世 BOSCH 公司开发，通过 CAN 总线，传感器、控制器和执行器，由串行数据线连接起来，其通信协议相当于 ISO/OSI 参考模型中的数据链路层，网络可根据协议探测和纠正数据传输过程中因电磁干扰而产生的数据错误。CAN 网络的组配比较容易，允许任何节点之间直接进行通信，而无需将所有数据全部汇总到主控制器后再行处理。由于 CAN 的突出优势，目前 CAN 总线被当代汽车车载网络系统广泛采用。

1. 搞清 CAN 总线系统的结构

一般在对总线系统进行维修之前，首先要认真分析总线系统的电路图，下面以别克威朗

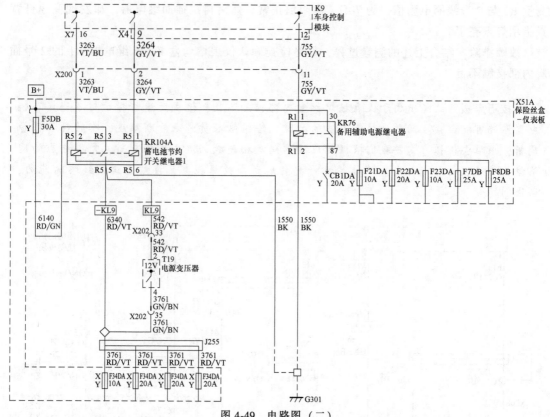

图 4-49 电路图（二）

轿车为例进行总线结构分析。

图 4-50 所示为别克威朗轿车总线系统示意图，由图 4-50 可以看出该车的总线系统共连接有 10 个控制模块，终端电阻分别在发动机控制模块（K20）和电源变压器模块（T19），数据诊断连接器（X84）从车身控制模块（K9）接出。这非常类似于电工电子中的串联电路，10 个控制模块用 2 条导线串联起来。如果用万用表测量数据诊断连接器（X84）的端子 6 号和端子 14 之间的电阻，根据电工电子知识可知，应该可以检测到一个 60Ω 左右的电阻。对于终端电阻只需要简单地将其理解为是用来降低信号传输过程中振荡的元器件即可。

2. 认清 CAN 总线故障的类型

CAN 总线系统故障的难点是会造成发动机无法起动，并且故障检测仪无法通信。从而导致维修人员无法利用故障自诊断系统来进行初步故障判断。但只要能够认识清楚故障的外在表现和内在原因之间的关系，难点便可迎刃而解。CAN 总线系统的故障可归纳为 CAN-H 与 CAN-L 之间短路、CAN-H 与搭铁之间短路、CAN-L 与搭铁之间短路、CAN-H 与电源之间短路、CAN-L 与电源之间短路、CAN-H 或 CAN-L 断路等几种类型。

不同 CAN 总线的拓扑结构不一样，同样的故障就会有不同的外在表现。以别克威朗车总线系统为例，当总线系统出现短路时，发动机无法起动且故障检测仪无法与控制模块通信；当总线系统出现断路故障时，发动机也无法起动，但故障检测仪可以在 X84 到断点之前的控制模块进行通信，故障检测仪只是无法与断点之后的控制模块进行通信。

3. 理清故障诊断思路

当汽车总线系统出现故障时，首先要进行故障的初步确认。具体的方法是首先起动发动

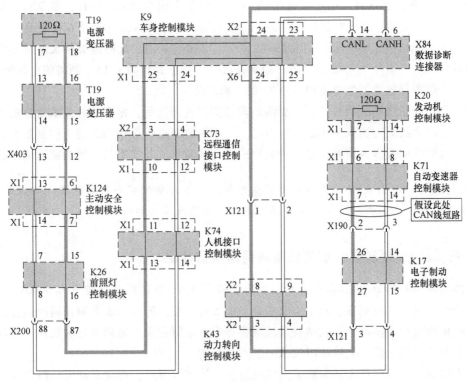

图 4-50 别克威朗轿车总线系统

机,如果发动机无法起动,则连接故障检测仪进行诊断,详见表 4-2 所列。

表 4-2 汽车总线系统故障诊断思路

故障原因	故障现象		
	发动机起动情况	故障检测仪与控制模块的通信情况	X84 端子 6 和端子 14 之间的电阻/Ω
CAN-H 与 CAN-L 之间短路	无法起动	无法通信	约为 0.5
CAN-H 与搭铁之间短路	无法起动	无法通信	约为 60
CAN-L 与搭铁之间短路	无法起动	无法通信	约为 60
CAN-H 与电源之间短路	无法起动	无法通信	约为 60
CAN-L 与电源之间短路	无法起动	无法通信	约为 60
CAN-H 或 CAN-L 断路	无法起动	断点后的控制模块无法通信	约为 120

在进行初步判断后,需要对故障点做出诊断,提高 CAN 总线系统的故障诊断效率的关键是在断点的选择上,理论上讲选择任何一个点断开检测都是可以的,但在选择断点上是有讲究的,应该先选择一个断点将整个系统分为 2 大块,来判断故障的大致范围。以 CAN-H 与 CAN-L 之间短路为例加以说明。

如图 4-50 所示,假设 K17 与 K71 间的 CAN 线短路,则有 2 个选择,一是断开 K9 的 X1,二是断开 K9 的 X6。如果是断开 K9 的 X1 后,在 X84(端子 6 和端子 14)测得的电阻为 1Ω 左右,则表明 K9 到 T19 这一段没有短路故障,短路故障在 K9 到 K20 这一段。如果断开 K9 的 X6 后,在 X84(端子 6 和端子 14)测得的电阻为 120Ω 左右,则表明短路故障在 K9 到 K20 这一段。接下来断开 K17 的导线连接器,如果在 X84(端子 6 和端子 14)测得的电阻值为 120Ω 左右,则表明短路故障在 K17 到 K20 这一段,此时需要将 K17 的导线连接器插接好后,断开 K71 的导线连接器,如果在 X84(端子 6 和端子 14)测得的电阻值为 1Ω 左右,则表明短路故障发生在 K17 至 K71 的一段线路中。

如果是总线系统的断路故障,只要用故障检测仪进行诊断,便可比较简单地发现大致的断点位置。因为故障检测仪是无法与断点之后的控制模块进行通信的。对于控制系统及线路的故障,有的维修技术人员希望能一针见血地找到故障点,其实不然,因为欲速则不达。

技巧点拨 对于 CAN 总线系统的故障诊断,首先需要对整个系统进行一个梳理,看懂电路及架构,切大块划区间,然后再仔细查,找到故障点加以排除。

十三、2018 款别克全新君威高速网络通信故障

故障现象 一辆 2018 款别克全新君威车,搭载 1.5T 发动机,行驶里程 5000km。该车冷车起动时,组合仪表信息显示中心交替提示前照灯、助力转向系统故障,同时还会出现车门上的锁止按钮频繁动作,以及防盗系统报警等多个故障现象。故障出现时间短,且频率非常高。待发动机热机后,上述故障现象一般不易出现。

故障诊断 接车后首先试车验证故障现象。接通点火开关,起动发动机,组合仪表上无任何故障灯点亮,且信息显示中心也无任何故障提示。连接故障检测仪(GDS2)读取故障码,在发动机控制模块和其他控制模块内均储存了很多高速网络通信的故障码(图 4-51),几乎涵盖了高速网络上的所有控制模块。记录并尝试清除故障码,故障码可以清除。进行路试,大约行驶 2min,驾驶人反映的故障现象再次出现。回厂后,用故障检测仪进行检测,上述控制模块内仍然储存了很多高速网络通信的故障码。根据故障码的提示,结合该车的故障现象分析,初步判断故障出在高速网络上。

控制模块	DTC	故障	说明	故障症状说明
发动机控制模块	P0700	00	变速器控制模块已请求故障指示灯点亮	---
发动机控制模块	U0101	00	与变速器控制模块失去通信	---
发动机控制模块	U0121	00	与电子制动控制模块失去通信	---
发动机控制模块	U0140	00	与车身控制模块失去通信	---
变速器控制模块	U0100	00	与发动机控制模块失去通信	---
变速器控制模块	U0121	00	与电子制动控制模块失去通信	---
变速器控制模块	U0140	00	与车身控制模块失去通信	---
电子制动控制模块	U0159	00	与驻车辅助控制模块失去通信	---
电子制动控制模块	U0140	00	与车身控制模块失去通信	---
电子制动控制模块	U0100	00	与发动机控制模块失去通信	---
电子制动控制模块	U0131	00	与动力转向控制模块失去通信	---
电子制动控制模块	U0151	00	与充气约束系统传感和诊断模块失去通信	---
电子制动控制模块	U0101	00	与变速器控制模块失去通信	---
电子制动控制模块	U2099	03	高速通信启用电路	低电压
车身控制模块	B097B	04	动力模式起动开关电路	开路

图 4-51 读取的故障码

由于车辆为新车，为了快速确定故障部位，避免无谓的拆卸。维修人员再次清除故障码，连接专用数据总线诊断工具（DATA BUS）进行路试。当故障现象出现时，专用数据总线诊断工具界面并未提示有失去通信的控制模块（图 4-52）。回厂后，用故障检测仪进行检测，控制模块内仍然储存了很多高速网络通信的故障码。

数据总线诊断工具
检测到的状态： | 测量的电压 | 信息监控器
检测到的状态：　确定　00:59:553

已响应	最长响应时间	数据电路：	
✓		6, 14	K9 车身控制模块
✓		6, 14	K43 动力转向控制模块
✓		6, 14	K17 电子制动控制模块
✓		6, 14	K1 14 V 电源模块 K57 電瓶充電器控制模組
✓		6, 14	K26 前照灯控制模块 K28 前照灯（光束）水平调节控制模块
✓		6, 14	K73 远程通信接口控制模块
✓		6, 14	K56 串行数据网关模块
✓		6, 14	K20 发动机控制模块
✓		6, 14	K71 传输控制模块 T12 自动变速器总成 Q8 控制电磁阀总成

图 4-52　高速网络总线诊断

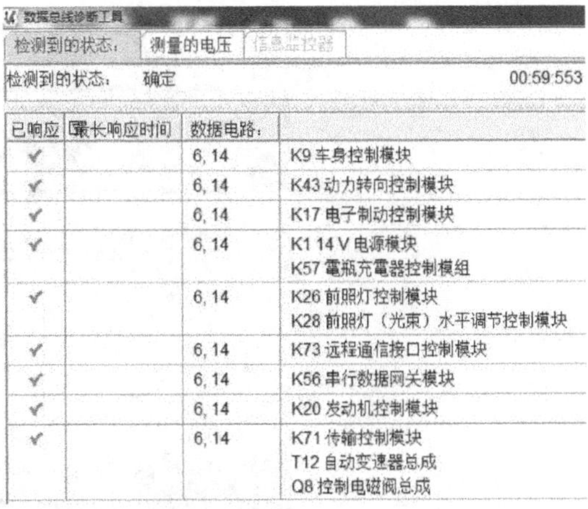

仔细对上述高速网络通信的故障码进行分析，除了与相关控制模块失去通信的故障码外，另外一个高速网络通信故障码：U2099——网络通信启用电路低电压，引起了维修人员的注意。根据故障码的提示，维修人员查阅了相关资料，得知高速网络有一条专门的通信启用电路，由 BCM（车身控制模块 K9）发出，网络上的控制模块根据该电路的电压水平启用或停用通信，当电路电压过高（12V 左右）时，启用通信；当电路电压过低时，停用通信。继续查阅该车的网络通信启用电路（图 4-53），得知网络通信启用电路分为 2 路，一路是启用高速网络上的动力系统控制模块，另一路是启用高速网络上的其他控制模块。连接示波器，将点火开关置于 ON 模式，选择示波器 B 通道测量其中一路网络通信启用线（BCM 导线连接器 X4 端子 23 所在的连接线）的信号电压。当故障出现时，网络通信启用信号电压瞬间从 11.61V 降到 0V，立即又恢复正常。继续测量另外一路网络通信启用线（BCM 导线连接器 X4 端子 22 所在的连接线）的信号电压。测得端子 22 的信号电压与端子 23 的信号电压同步波动。找来一辆正常车，将点火开关置于 ON 模式，测得端子 22 的信号电压和端子 23 的信号电压均始终维持在 12V 左右。由此确定该车的故障是由网络通信启用信号电压异常造成的。

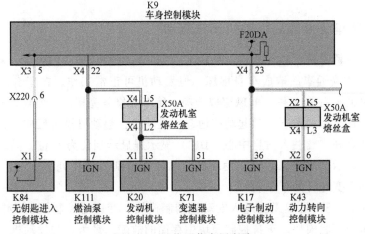

图 4-53　网络通信启用电路

根据上述检查测量结果，认为造成网络通信启用信号电压异常的可能原因包括：无钥匙进入控制模块（K84）故障；BCM 故障；相关线路故障。将示波器选择增加一个通道 A，同

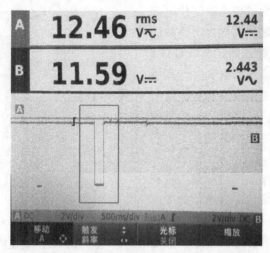

图 4-54 测得的 BCM 导线连接器 X3 端子 5 的信号电压

步测量 BCM 导线连接器 X3 端子 5 的信号电压。当故障出现时，测量到的结果如图 4-54 所示，说明 K84 及其与 BCM 之间的线路正常，判定故障出在 BCM 内部电路板上。

故障排除 更换 BCM 后反复试车，上述故障现象始终没有出现。于是将车辆交还给驾驶人，一个星期后进行电话回访，驾驶人反映车辆一切正常。至此，故障排除。

> **技巧点拨** 对于大多数的 4S 店来说，为了尽可能地提高工作效率，"置换法"修车恐怕是用得最多的了，但这有个弊病——不能充分锻炼和提高分析问题、解决问题的逻辑判断能力。

第三节 雪佛兰车系

一、科鲁兹车身修复后发动机无法起动

故障现象 一辆雪佛兰科鲁兹自动档轿车，VIN 码为 LSGPC53P19F××××××，行驶里程 5.9 万 km，该车因交通事故造成车身损坏，但发动机可正常工作。在车身修复过程中，拆装过仪表台，更换了右前 A 柱、前风窗玻璃等。待车身修复完毕后，发现发动机无法起动。

故障诊断 接车后，按下一键起动按钮起动发动机，起动机没有反应，此时仪表盘上的故障指示灯全部点亮，驾驶人信息中心（DIC）显示屏显示档位为 R 位，同时带导航的信息娱乐系统显示屏显示倒车影像。由于发动机控制模块识别变速杆处于 R 位，发动机自然无法起动，但实际上变速杆处于 P 位。

检测仪 MDI+GDS，发现无法进入发动机控制模块、变速器控制模块及电子制动控制模块，但可进入车身控制模块。车身控制模块中存储的故障信息为：与发动机控制模块、变速器控制模块、电子制动控制模块等无法通信。由上述检测结果推断，控制模块之间的信息数据传输出现了故障，即 CAN 系统有故障。查看 CAN 系统结构（图 4-55）可知，发动机控制模块、变速器控制模块、电子制动控制模块等均在高速 CAN 上；查看该车高速 CAN 系统结

构(图4-56)可知,各控制模块之间为串联电路,一旦其中某控制模块出现断路,整个高速CAN将不能正常工作。

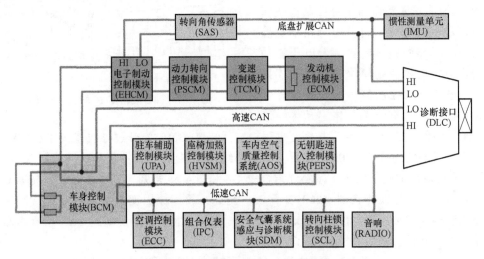

图 4-55 科鲁兹轿车 CAN 系统结构

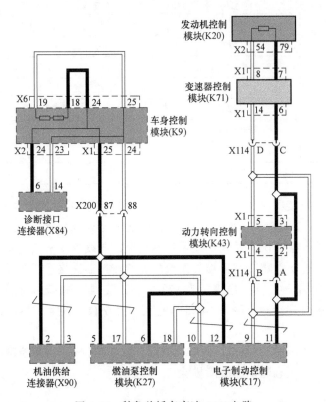

图 4-56 科鲁兹轿车高速 CAN 电路

首先,检查在高速CAN上的各控制模块的熔丝(在发动机舱熔丝盒内),均正常。接着断开蓄电池负极接线,用万用表测量该车16端子诊断接口(图4-57和表4-3)上端子6与端子14间的电阻,为120Ω(正常应为60Ω),异常,说明高速CAN存在断路。断开和连接发动机控制模块的导线连接器时,诊断接口端子 6 与端子 14 间的电阻保持不变,为 120Ω,说明诊断接口与车身控制模块间的线路正常,而车身控制模块与发动机控制模块间的线路断路。准备测量电子制动控制模块与发动机控制模块间的线路连接情况,但电子制动控制模块的安装位置较难拆装。在分析图 4-56 后,决定从导线连接器 X200 下手。

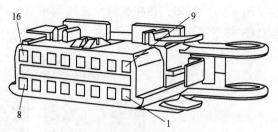

图 4-57 科鲁兹轿车 16 端子诊断接口

由于之前在车身修复过程中,拆装仪表台时断开过导线连接器 X200,因此很快就找到了导线连接器 X200 的位置。断开导线连接器 X200,发现导线连接器 X200 上由 1 根白色导线对应的端子发生了倾斜,结合表 4-3 和图 4-56 得知,该白色导线为高速 CAN-L 线,倾斜的端子为导线连接器 X200 端子 88。至此,故障原因变得清晰:在车身修复过程中,导线连接器 X200 端子 88 因维修人员安装失误而发生倾斜,使高速 CAN 出现断路,导致各控制模块间无法通信,发动机无法起动。

表 4-3 科鲁兹轿车 16 端子诊断接口各端子的含义

端子	含义	端子	含义
1	低速单线 CAN 总线	9	LIN1
2	LIN2	10	LIN2
3	中速 CAN-H	11	中速 CAN-L
4	搭铁	12	底盘扩展 CAN-H
5	搭铁	13	底盘扩展 CAN-L
6	高速 CAN-H	14	高速 CAN-L
7	未定义	15	LIN4
8	未定义	16	供电端子

修复倾斜的导线连接器 X200 端子 88 后,用万用表测量导线连接器 X200 端子 88 与端子 87 间的电阻为 ∞(正常应为 120Ω),异常。难道不是导线连接器 X200 端子 88 的问题?经检查各控制模块的连接情况,发现变速器控制模块的导线连接器未连接,这是在维修过程中断开的,后来忘记连接。将变速器控制模块的导线连接器连接后,再用万用表测量导线连接器 X200 端子 88 与端子 87 间的电阻,为 120Ω,恢复正常。接着将导线连接器 X200 连接,用万用表测量诊断接口端子 6 与端子 14 间的电阻,为 60Ω,正常。最后试着按下一键起动按钮,发动机顺利起动。

故障排除 修复倾斜的导线连接器 X200 端子 88,并将断开的各控制模块的导线连接器连接后试车,发动机可顺利起动,故障排除。

技巧点拨 该故障属于人为故障,在此告诫广大维修人员在拆装各种导线连接器时一定要小心操作,否则有些比较细的导线连接器端子在拆装过程中极易发生倾斜,从而引起线路连接不良,而此类人为故障大多难以排查,会增加很多不必要的维修时间,大大降低了维修效率。

二、2013款雪佛兰科鲁兹停车后无法起动

故障现象　一辆2013款科鲁兹1.8，行驶里程57623km，更换冷却液储液罐后，行驶中电动助力转向系统EPS警告灯亮，仪表台上的转速表和车速表出现波动，停车后再也无法起动。

故障诊断　现场检查发现，对发动机进行起动操作时，起动电机不工作，仪表台上电动助力转向系统EPS警告灯亮，燃油表、冷却液温度表没有指示、没有档位显示。

连接专用诊断电脑，无法读取车辆VIN。使用同车型VIN“强行”进入，高速总线上的模块无法通信，低速总线上模块的数据通信正常（图4-58）。

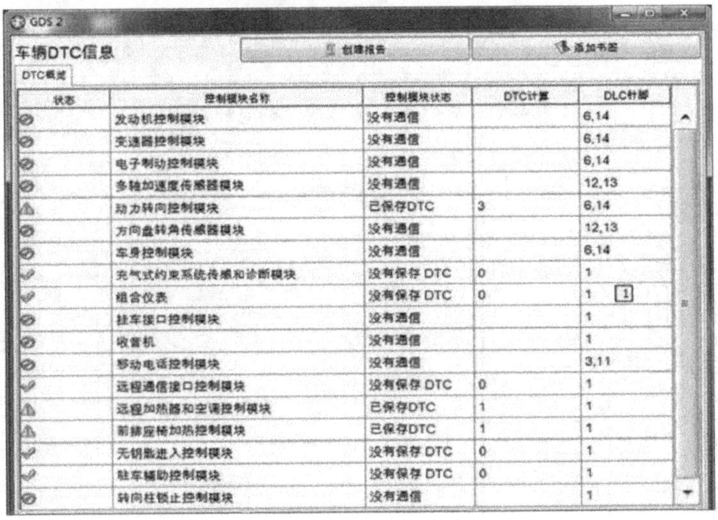
GDS 2
车辆DTC信息
创建报告　添加书签
DTC概述

状态	控制模块名称	控制模块状态	DTC计算	DLC针脚
	发动机控制模块	没有通信		6,14
	变速器控制模块	没有通信		6,14
	电子制动控制模块	没有通信		6,14
	多轴加速度传感器模块	没有通信		12,13
	动力转向控制模块	已保存DTC	3	6,14
	方向盘转角传感器模块	没有通信		12,13
	车身控制模块	没有通信		6,14
	充气式约束系统传感和诊断模块	没有保存DTC	0	1
	组合仪表	没有保存DTC	0	1
	挂车接口控制模块	没有通信		1
	收音机	没有通信		1
	移动电话控制模块	没有通信		3,11
	远程通信接口控制模块	没有保存DTC	0	1
	远程加热器和空调控制模块	已保存DTC	1	1
	前排座椅加热控制模块	已保存DTC	1	1
	无钥匙进入控制模块	没有保存DTC	0	1
	驻车辅助控制模块	没有保存DTC	0	1
	转向柱锁止控制模块	没有通信		1

图4-58　故障车上各模块的通信状态

动力转向控制模块中有通信类的故障码（图4-59）：U0100 0——与发动机控制模块ECM；U0121 0——电子制动控制模块EBCM；U0140 0——车身控制模块BCM失去通信。

控制模块	DTC显示屏	故障症状字节	DTC描述	故障症状说明
动力转向控制模块	U0100	0	与发动机控制模块失去通信	故障
动力转向控制模块	U0121	0	与电子制动控制模块失去通信	故障
动力转向控制模块	U0140	0	与车身控制模块失去通信	故障

图4-59　故障车动力转向控制模块中的故障码

通过故障现象和故障码可以看出，该车故障是由高速总线无法通信造成的。使用网络诊断软件DBDT进行检测，显示高速总线14#有开路，得到的电压波形如图4-60所示。

测量DLC6#～14#端子处高速总线终端电阻为121Ω，说明高速总线存在断路，与之前DBDT诊断的结果一致。接下来的工作就是要找到断路的具体位置。

该车高速网络电路图如图4-61所示，高速总线上的各模块连接方式如图4-62所示。断开TCM，向DLC方向测量高速总线14# CAN L的导通情况，电阻为32MΩ；断开EBCM，测量EBCM至TCM之间高速总线14# CAN L的导通情况，电阻为32MΩ；断开EPS，测量EPS

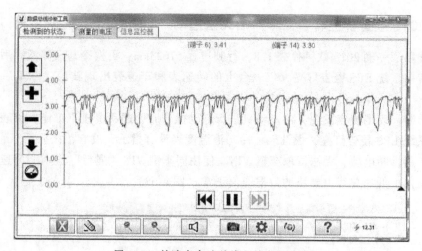

图 4-60 故障车高速总线上的电压波形

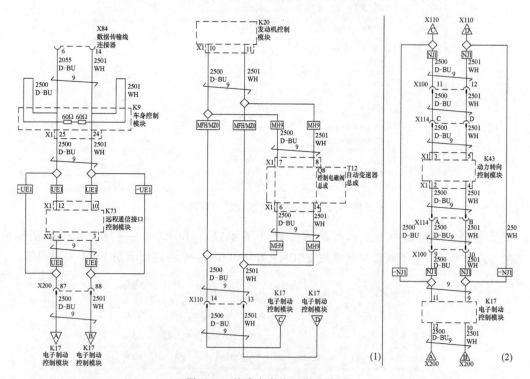

图 4-61 故障车高速网络电路图

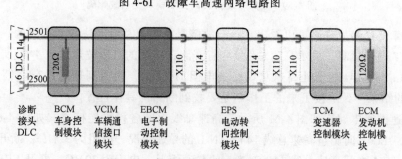

图 4-62 高速网络各模块连接示意图

至 EBCM 之间高速总线 14# CAN L 的导通情况，电阻为 32MΩ；断开插头 X114，测量 X114 至 EPS 之间高速总线 14# CAN L 的导通情况，电阻为 32MΩ。

通过上述测量，基本可以判断出插头 X114 至 EPS 之间的高速总线 14#CAN L 的电路中存在故障。该电路位于车辆下方的转向机线束中，由左前雾灯至转向机，沿着前副车架左侧框架布置。

沿着该车转向机线束仔细检查（图 4-63），发现一处线束的外皮有挤压破损痕迹，拨开后看到其中的高速网络线（白色）几乎完全断开，只有几根锈蚀的铜丝和表皮连接。从破损痕迹看，是底盘撞击造成导线受损。线束表皮是波纹套，破损不易被发觉，但是内部的导线已经破损、进水锈蚀，最终导致故障。

故障排除　更换该段线束后，测得高速总线的电压波形如图 4-64 所示，该车故障被彻底排除。

> **技巧点拨**　该案例是高速网络断路造成无法通信的典型故障，网络导线破损、腐蚀，最终呈接近断路状态。具体到该车，由于更换冷却液时侵入液体，使故障凸显。

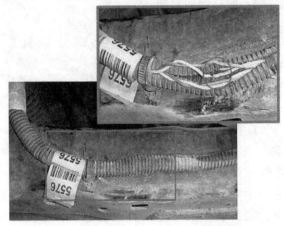

图 4-63　高速网络线（白色）几乎完全断开

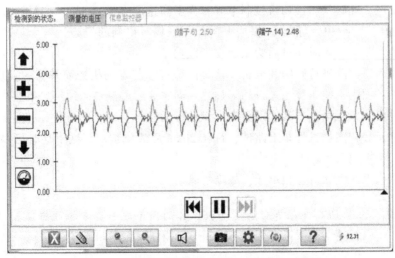

图 4-64　故障被彻底排除后高速总线的电压波形

三、2013款雪佛兰科鲁兹行驶中突然熄火且无法起动

故障现象 一辆2013款雪佛兰科鲁兹轿车,行驶里程11万km。驾驶人反映该车在行驶中突然熄火且无法起动。

故障诊断 维修人员赶到现场后试车,发现车辆能够起动,而且运转也很正常。检测发现3个故障码:P0700——变速器控制单元请求故障灯点亮;P2501——发电机L端子信号电压高;U0073——总线A关闭。

清除故障码后经过长时间的路试,突然仪表板上的驻车辅助系统指示灯点亮,同时冷却液温度表、转速表和里程表都归零了,说明故障出现了。将车停到路边观察,发现发动机仍然运转平稳。但是熄火后发现再也无法起动了。

连接GDS诊断仪,发现它无法与车辆连接。手动输入车身编号VIN后,低速网中的控制单元可以进入了,但高速网中的仍然无法进入。测量诊断插座6号与14号端子间的总线电阻,为65Ω,正常。接下来准备逐个断开高速网中的控制单元,以便恢复总线的正常功能。操作过程中发现,当手刚一触到制动控制单元EBCM时,高速网的通信就恢复正常了。

用手晃动EBCM插接器附近的线束,发现通信时好时坏。通过进一步的晃动,将可疑范围逐渐缩小,最后发现是12号端子有问题(图4-65)。检查发现该插孔变大了,导致接触不良。将插孔缩紧后,发动机顺利起动。但此时感觉到这种故障

图4-65 有问题的总线信号线

现象与驾驶人描述的不完全吻合,因此还没有绝对地把握确定故障已经排除,于是继续试车。傍晚时分发动机在行驶中突然熄火且无法起动,这次的症状与驾驶人所反映的完全一致。

检测中发现,此时只有发动机控制单元脱离了高速网(图4-66)。测量诊断插座6号与14号端子间的电阻为60Ω,正常。根据上次赶往现场时得到的经验,认为等车辆冷却后也许还能够起动。果然一段时间过后尝试起动,成功了。

回到车间后对故障进行归纳和分析,认为故障应该与发动机控制单元的温度特性有关。于是用吹风机对发动机控制单元进行均匀加热,同时注意避免整体过热。果然在达到一定温度时,发动机控制单元再次与高速网脱离,发动机无法起动。可见问题有可能出在这里。将发动机控制单元装在同款试驾车上路试,行驶20km后故障重现,到了这时可以肯定问题就出在这里。

故障排除 更换发动机控制单元,故障排除。

技巧点拨 温度的高低也是影响发动机工作的因素之一,模拟故障温度可以使故障再现。

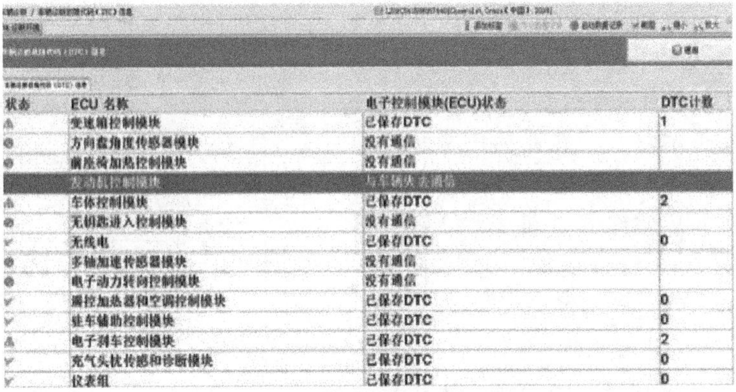

状态	ECU 名称	电子控制模块(ECU)状态	DTC计数
	变速箱控制模块	已保存DTC	1
	方向盘角度传感器模块	没有通信	
	前座椅加热控制模块	没有通信	
	发动机控制模块	与车辆失去通信	
	车身控制模块	已保存DTC	2
	无钥匙进入控制模块	没有通信	
	无线电	已保存DTC	0
	多轴加速传感器模块	没有通信	
	电子动力转向控制模块	没有通信	
	遥控加热器和空调控制模块	已保存DTC	0
	驻车辅助控制模块	已保存DTC	0
	电子刹车控制模块	已保存DTC	2
	充气头枕传感和诊断模块	已保存DTC	0
	仪表组	已保存DTC	0

图 4-66 脱离网络的控制单元

四、雪佛兰科鲁兹起动机偶尔不能转动

故障现象 一辆通用科鲁兹轿车，型号 SMG7166ATC，发动机型号 LDE，VIN：LSGPC52U5EF094355，配用自动变速器。当点火开关打到起动档时，起动机有时能转动，有时不能转动。在起动机不能转动时，伴随着 ABS 与动力转向故障指示灯点亮，换档时，仪表板上的变速器档位指示灯显示异常。起动机能转动时，上述指示灯均指示正常。有时在发动机运转过程中，突然出现发动机转速表指示值为 0，同时又伴随着上述指示灯异常。发动机熄火后再次起动，起动机又不能转动，使用解码器进入发动机系统，解码器无法与发动机模块进行通信。

故障诊断 根据上述故障现象，初步诊断为该车数据通信系统出现了故障。科鲁兹轿车数据通信系统包括：高速 GM LAN 数据通信总线、低速 GM LAN 数据通信总线、多条 LIN 总线等组成。车身控制模块作为该车数据通信系统中的网关，它按照网络传输协议与每个网络交互，并转换高速通信总线和低速通信总线之间的串行数据信息，使不同模块之间可以进行通信。车身控制模块和解码器之间的所有通信，都是通过数据传输线连接器 X84（即故障诊断接口），在高速数据通信总线上进行的。

该车高速数据通信总线系统示意图如图 4-67 所示。在该高速数据通信总线系统中，共连接有 5 个控制模块，分别为车身控制模块（K9）、ABS 控制模块（K17）、电子动力转向控制模块（K43）、自动变速器控制模块（T12）、发动机控制模块（K20）等。高速数据通信总线由 2 条双绞线组成，1 条信号线是 GMLAN（+），颜色为深蓝色，另 1 条信号线是 GMLAN（-），颜色为白色。当总线静止时，2 个信号电路的电压均为 2.5V，此时电压差约为 0，其传输逻辑为 1。当传输逻辑为 0 时，则 GMLAN（+）被拉高至大约 3.5V，而 GMLAN（-）被拉低至大约 1.5V，此时电压差约为 2.0V。在数据总线两端均串联 2 个 60Ω 的终端电阻，作为车辆正常操作过程中高速数据通信总线上的负载。

当发动机控制模块 K20 同时接收到变速器的 P 档或 N 档、点火钥匙的合法信息、点火开关的起动等信号时，才能接通起动继电器线圈控制电路，允许起动机转动。起动信号是由点火开关直接发送给车身控制模块 K9，钥匙的合法信息是由防盗控制模块接收并发送给 K9，上述信号再由 K9 通过高速数据通信总线发送给 K20，而变速器的 P 档或 N 档信号可直接传输给 K20，或由变速器控制模块通过高速数据通信总线传输给 K20。故当该总线出现故障时，上述信号无法传输,导致起动机无法转动。

由于 K17、K43、T12 都是高速数据通信总线上的组成部分,故当该总线出现故障时,ABS 及动力转向故障指示灯、变速器档位指示灯均显示异常。由于发动机的转速信号是由曲轴位置传感器检测,并传输给发动机模块 K20,再通过高速数据通信总线传输给车身控制模块 K9,最后再由 K9 通过低速数据通信总线传输给仪表控制模块。当该总线出现故障时,K9 就不能通过该总线读取其他模块的信息,从而导致仪表控制模块不能通过低速数据通信总线,从 K9 中获取上述信号,故在发动机运转过程中,当该总线突然出现线路连接不良时,就会出现转速表指示值为零的现象,同时解码器也无法与发动机模块通信。

使用解码器分别进入高速数据通信总线中的 5 个模块,发现解码器无法与 K17、K43、T12、K20 这 4 个模块通信,但却能与 K9 进行通信,故可判断 2 条高速数据通信总线没有出现与搭铁短路、与电源线短路或线间短路等故障,而是出现了断路或接触不良故障,且故障范围可能在 ABS 模块与车身模块 K9 之间的串行数据线路、或 K17、K9 模块及其线束的连接处。

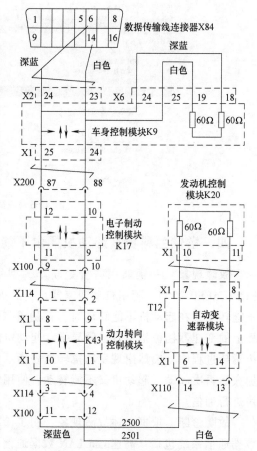

图 4-67 高速 GMLAN 数据通信总线系统示意图

使用万用表测量数据传输线连接器 X84 的端子 6 与端子 14 之间的电阻值为 124Ω 左右,数值不正常(正常电阻为 60Ω 左右),这说明串行数据电路确实存在开路或电阻过大故障。

将点火开关置于 OFF 位置,拆下蓄电池搭铁线,断开 K17 的线束连接器。测量 K17 模块线束的端子 9 与端子 11 之间的电阻为 122Ω,正常,说明 ABS 模块与发动机模块之间的串行数据线路是正常的。测量 K17 模块线束的端子 10 与端子 12 之间的电阻,其电阻值为 ∞,说明在 ABS 模块与车身模块之间存在故障。

连接 K17 的线束连接器,断开 K9 的 X1 线束连接器,测试 X1 线束的端子 25 与端子 24 之间的电阻值为 123Ω,正常,说明 K9 至 K17 之间的线路正常;测量 X84 的端子 6 与端子 14 之间的电阻也是 121Ω,正常,说明 K9 至 X84 之间的线路也正常。

故障排除 通过上述检查,确定故障应该在车身控制模块 K9,检查 K9 模块的 X1 的各端子,发现 X1 的端子 25 似断非断,出现接触不良故障,故障点如图 4-68 所示。通过焊接,故障排除。

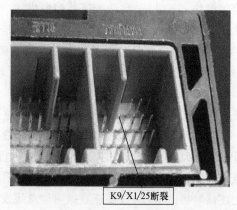

图 4-68 K9/X1/25 端子断裂

技巧点拨 在诊断科鲁兹轿车高速数据通信总线故障时,可先使用解码器确定总线上能进行通信模块的数量。

若解码器与2个或2个以上的模块不能进行通信,可按下述步骤检测:

① 测量X84的端子5和搭铁之间的电阻是否小于10Ω,若不正常,则应检修搭铁线路。

② 若电阻值正常,则分别测试X84的端子6、端子14与搭铁之间的电压,均应低于4.5V。若等于或高于4.5V,则应测试串行数据电路是否对电源线短路。

③ 若均低于4.5V,则分别测试X84的端子6、端子14与搭铁之间的电阻,均应大于100Ω。若小于或等于100Ω,则应测试串行数据电路是否对搭铁短路。

④ 若均大于100Ω,则测试X84的端子6与端子14之间的电阻,应为50~70Ω;若小于35Ω,则应测试串行数据电路之间是否存在线间短路;若电阻大于70Ω,但小于无穷大,则应测试串行数据电路是否存在开路或电阻过大故障。

若解码器只与一个模块不能通信,则应将点火开关置于OFF位置,拆下蓄电池搭铁线,断开未通信模块的线束连接器,测试该模块的搭铁电路与电源电路。

① 测试不通信模块每个搭铁电路端子和搭铁之间的电阻应小于10Ω。

② 测试模块每个B+电路、点火开关控制的点火电路、控制模块控制的点火电路(即唤醒信号电路)等,上述各端子与搭铁之间连接的测试灯应点亮。

③ 测试各不通信模块连接器对高速串行数据电路之间的电阻,应为120Ω左右。

若上述检查均正常,应更换该模块。

五、2018款迈锐宝XL行驶中仪表提示"车身稳定控制系统关闭"

故障现象 一辆2018款上汽通用雪佛兰迈锐宝XL轿车,行驶里程274km。驾驶人反映该车在行驶中仪表会提示"车身稳定控制系统关闭"。

故障诊断 进厂时该车仪表板并没有故障提示,维修人员使用通用专业诊断仪GDS2进行检测,发现了大量通信类故障码(DTC)(表4-4)。

表4-4 检测到的故障码(DTC)

控制单元	故障码	故障码描述	状态
动力转向控制单元	U0073	控制单元通信,高速CAN总线关闭	非当前,历史记录
	U0415	从电子制动控制单元收到的数据无效	非当前,历史记录
	U0140	与车身控制单元失去通信	非当前,历史记录
发动机控制单元	U0140	与车身控制单元失去通信	通过,历史记录
电子制动控制单元	U0140	与车身控制单元失去通信	通过,历史记录
	U0073	控制单元通信,高速CAN总线关闭	通过,历史记录
驻车辅助控制单元	U0422	从车身控制单元收到的数据无效	通过,历史记录
	U0253	未知DTC	非当前,历史记录

该车为准新车,没有任何改装加装设备,发动机舱内和驾驶舱内的电器连接也没有异常。对故障码进行分析,这些故障码是底盘上几个主要控制单元之间的通信类故障,记录这些故障码之后导致了车身稳定控制系统关闭。

在以上故障码中,动力转向控制单元(EPS)和电子制动控制单元(EBCM)都记录故障码：U0073——控制单元通信，高速CAN总线关闭。设置此故障码通常是由于总线断路，控制单元无法传输信息所造成的。

动力转向控制单元、发动机控制单元（ECM）及电子制动控制单元同时记录了故障码：U0140——与车身控制单元失去通信。而这3个控制单元并没有记录彼此间失去通信的故障码，说明这3个控制单元之间的通信正常。但是它们却同时无法与车身控制单元（BCM）进行通信，说明故障点应该靠近BCM。

此外，动力转向控制单元记录故障码：U0415——从电子制动控制单元收到的数据无效，驻车辅助控制单元记录故障码：U0422——从车身控制单元收到的数据无效；U0253——未知DTC。对故障码进行分析，很有可能是因为总线的故障是间歇性的，当故障出现时，数据传输出现异常中断或数据信息不全，接收数据的控制单元无法解读这些"异常数据"，所以设置数据无效的故障。

为了准确找到故障的位置，就需要参考通信网络电路图（图4-69）。根据通信网络结构

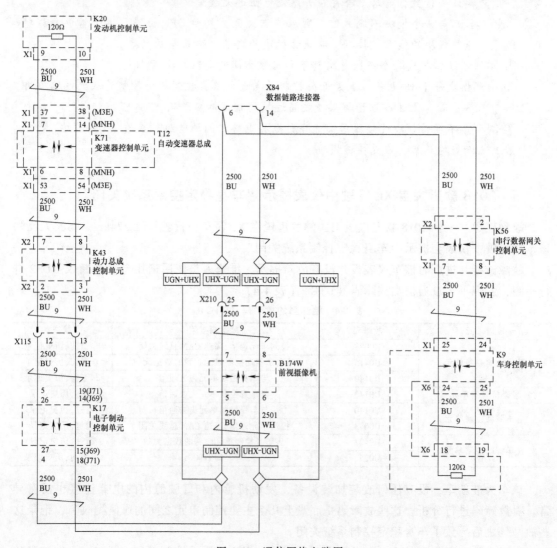

图4-69 通信网络电路图

第四章　通用车系

图，高速网络间歇性断路的故障点，应该在 BCM 至 EBCM 之间。但是与之前车型相比，该款车型的高速网络中多了一个网关控制单元，该控制单元负责网络安全和不同网络之间的数据转换。而且网关控制单元恰好位于 BCM 和 EBCM 之间，疑点很大。但是网关控制单元中并没有设置故障码，使用诊断仪也不能直接查看网关数据，只能看到识别信息。

由于检查网关控制单元需要先拆卸仪表台装饰件、空调面板及收音机显示屏等部件，对于一个仅行驶了不足 300km 的新车来说，维修人员还是很有压力的。而且，如果某一控制单元插接器上的高速网络间歇性断路，应该也会记录 U0073 故障码，所以检查外部控制单元的插接器会更容易些。

于是维修人员决定先根据网络结构图，从网络最远端开始，由车外至车内，逐一检查控制单元的插接器和其间经过的线束插接器（X115、X210）。具体的检测方法是，使用网络诊断软件"Data Bus Diagnostic Tool"（DBDT）监测高速网络的通信状况，同时晃动各控制单元的插接器，查看是否会出现由于端子接触不良造成的间歇性断路故障。如果通信异常，DBDT 软件会发出警报，并显示出不能通信的控制单元。

在检查控制单元的同时，维修人员也沿着线束走向进行检查，看是否存在因为运动干涉造成的线束破损情况。即便是晃动插接器时没有出现异常，维修人员也会断开插接器，对其中的端子进行针对性的检查，并涂抹特殊润滑脂，这样即使没有找到故障点，也可以消除氧化层造成的端子接触不良。维修人员使用以上的诊断方法，逐一检查并使用特殊润滑脂处理了发动机舱内各控制单元的插接器（ECM、TCM、EPS、EBCM）和线路所经过的插接器（X115、X210）。在整个过程中均没有发现异常。

至此，就剩下位于驾驶舱内的网关控制单元和车身控制单元了，这也是重点的怀疑对象。于是维修人员小心翼翼地拆掉了仪表台装饰板、空调面板及收音机显示屏，这才终于看到了网关控制单元（图 4-70）。网关控制单元有 2 个插接器（X1 和 X2），其中都有高速网络线，分别通向网络的两端。先晃动其中的 X1 插接器，网络诊断工具软件开始报警，提示网络出现了因"开路"造成的数据传输中断。反复晃动插接器，均会出现故障报警，并且设置了代表高速总线关闭的 U0073 故障码，说明正是该插接器处出现了断点。

断开插接器，根据电路图针对性地检查高速总线的 2 个端子（7 号和 8 号端子）。目视检查，发现 7 号端子的插孔略大于 8 号端子的插孔。使用探针测试，7 号端子探针插入后松旷，明显异于其他端子，8 号端子探针插入紧实，与其他端子无异。说明接触不良的故障点就在 7 号端子（图 4-71）。

仔细查看 7 号端子与其他端子的区别，发现其端子并无损伤，但是其插孔中没有类似其他插孔中明显的"镀锡"，这可能就是端子松旷的原因。

故障排除　对网关控制单元插接器的 7 号端子进行处理，使其变得结合紧实，装复试车，故障排除。

> **技巧点拨**　在该故障中，总线断点任一侧的各控制单元中，均未记录彼此无法通信的故障码，这说明断路并没有造成整个网络瘫痪。同时，各控制单元都会设置与断点另一端的控制单元无法通信的故障码。通过这个规律，再结合网络结构，实际上就可以初步分析出断点所在位置。

但需要注意的是,该故障中,网关控制单元并没有设置与断点下游各控制单元(如BCM)无法通信的故障码。此外,通过这一案例还可以发现,通过DBDT网络诊断软件查找间歇性断路故障是非常方便的,维修人员应该学会使用此类辅助工具进行故障排除。

图4-70 网关控制单元所在位置

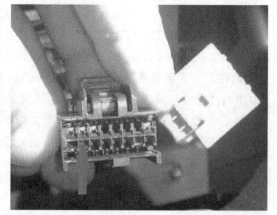

图4-71 异常的7号端子

第五章

丰田车系

第一节 丰田凯美瑞

一、丰田凯美瑞 CAN 网络系统特点

近 10 年来，CAN 网络在汽车上迅速发展成熟，这样就要求维修人员能掌握 CAN 的检修方法。下面介绍丰田 CAN 总线系统和 BEAN 总线系统的结构特点。

1. CAN 总线系统

CAN（Controller Area Network 控制器区域网）是一种实时应用的串行数据通信总线系统，具有高性能和高可靠性，并易于检测故障。

(1) CAN 总线结构 图 5-1 所示为不带智能起动进入系统的丰田凯美瑞 CAN 总线结构。各节点（ECU 或传感器）通过 CAN 总线相连，实现数据的实时通信。各节点分别是指 ECM、防滑控制 ECU、组合仪表、主车身 ECU、空调放大器、中央安全气囊传感器总成、DLC3。CAN 总线为双绞线，由 CAN-H 和 CAN-L 两条线配对，并由差动电压驱动，如图 5-2 所示。CAN 有两个 120Ω 的终接电阻器，这里终端电阻器位于组合仪表和 ECM 中，连接终端电阻器的总线为主总线，其他为总线支线。

(2) CAN 总线通信 信息的发送有两种规则，一是某一节点向该节点发送请求时，该节点才向其发送信息；二是没有请求信号，各节点向对应节点定期发送信息。当 2 个以上节点同时需要发送信号时，那么节点自身需判定信号优先级别，优先级别高的先发送，如 ECM 发送发动机冷却液温度信号 THW 到组合仪表，防滑控制 ECU 需电子节气门协调工作的信号发送到 ECM，这时 ECM 和防滑控制 ECU 各自比较信号优先级别，结果是，防滑控制 ECU 优先发送。同样当同一节点需同时发送 2 个以上信号时，该节点也要判定优先级别，级别高的先发送，如 ECM 发送发动机冷却液温度信号 THW、发动机转速 Ne，发动机转速 Ne 信号优先发送。信息接收时，也会有相应的规则，如某一节点发送信息的同时如何协调

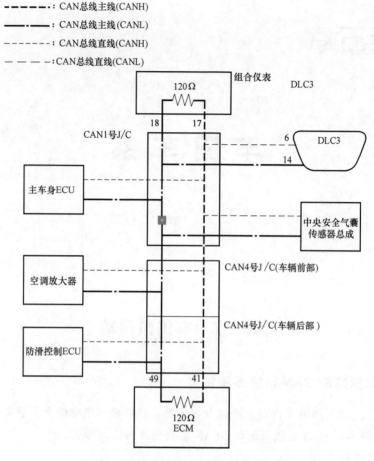

图 5-1 凯美瑞 CAN 网络系统结构示意图

信息接收等。那么，CAN 总线通过通信协议，也就是通信规则，保证了通信的顺利进行，同时也保证了高的通信稳定性及高的通信速度。一般 CAN 的通信速度为 500kB/s（最高 2MB/s）。CAN 总线节点通信示意图如图 5-2 所示。

CAN 总线为短字节传输，数据帧 1~8 字节，保证了传输的可靠性和稳定性。另外，一旦节点判定传输数据出错时，会请求重新发送，具有纠错功能。

(3) CAN 通信特点

1) 减少了线束和连接器的使用，可靠性增强。比较总线通信和非总线通信，如图 5-3 所示，3 个 ECU 中的每一个 ECU 要控制相应的执行器，需要接收 3 个传感器的信号。如果按照图 5-3a 所示不使用总线通信，3 个传感器信号都需要单独输送到 3 个 ECU，如果采用图 5-3b 中的总线通信，每个传感器信号号只要输入到 1 个较近的 ECU，另外 2

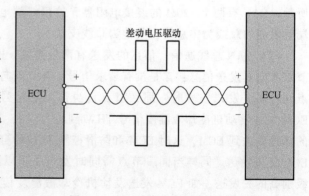

图 5-2 CAN 总线节点通信示意图

个传感器信号只需要通过总线传送。比较两图可知,有总线时线束和连接器减少了。实际中,车辆上大量的传感器信号都是多个 ECU 需要,那么总线通信的使用将大幅减少线束和连接器。

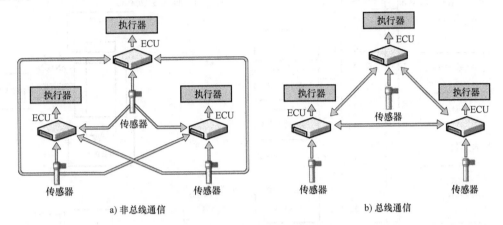

图 5-3 总线通信和非总线通信对比

2) 抗电磁干扰。CAN 总线为双绞线,具备抗强的电磁干扰的能力。

3) 失效保护。发生故障时,CAN 总线失效保护功能起动,最大限度地保证其他部分正常工作。另外 CAN 总线也易于诊断。比较 CAN 总线通信、其他总线(以某 BEAN 总线为例)通信、常规总线通信。

常规总线通信,各节点通过单线连接到总线(也为单线),总线未形成环形。当总线一处断路时,断开后形成了两部分,两部分之间将无法实现通信。

4) 传输速度多样性。CAN 总线从传输速度上来看,有高速 CAN 总线(CAN HS)、中速 CAN 总线(CAN MS)、低速 CAN 总线(CAN LS)。有些车辆上同时使用多种速度的 CAN 总线。

2. 丰田 BEAN 总线

丰田 BEAN 总线在常规总线通信的基础上,将总线形成环形。当总线一处断路时,各节点之间仍然实现通信,对车辆的使用毫无影响,这时也无法检测到总线的故障码,只有在两处以上断路时才会影响车辆正常工作,才能检测到故障码。

如图 5-1 所示,CAN 总线在常规总线通信的基础上,将单线变为双绞线。当一处断路时(诊断仪显示图中红色"×"位置断路),分成两部分:一部分为主车身 ECU、组合仪表、DLC3,其他为另一部分,这两部分之间无法实现通信,各部分内部能实现正常通信。这时也能检测到总线的故障码。

总线故障发生时,就其本身而言故障只有两种方向,要么断路,要么短路,当总线短路(与地短路或电源电压短路)时,总线失效保护,各节点之间都无法通信。

在丰田车中总线故障码可以通过 IT2(丰田智能检测仪 2 代)检测出,进入 BUS CHECK 进行操作,能检测出总线的故障码。该检测仅仅针对各节点之间通信异常。

对于 CAN 总线,我们可以还通过检测 DLC3 端子 CAN-H(6)、CAN-L(14)、接地、电源蓄电池正极之间的电阻,来进一步确定 CAN 总线短路或断路的情况。检测方法如表 5-1 所示。

图 5-4 所示为带智能起动进入系统的丰田凯美瑞 CAN 总线结构。CAN 1 号总线(应用

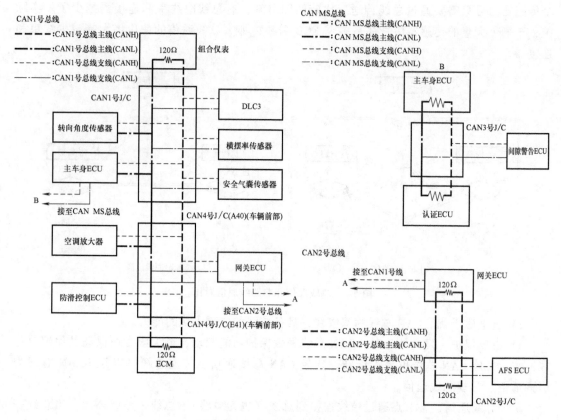

图 5-4 带智能起动进入系统的凯美瑞 CAN 网络系统

在动力系统)为高速 CAN 总线,CAN MS 总线(应用在智能起动进入系统等)为中速 CAN 总线,CAN 2 号总线(应用在 AFS 自动前照灯系统)CAN 总线速度又不同。那么这 3 种速度不一样的 CAN 总线形成了 3 个子 CAN 网络,它们之间通过网关进行通信。在 DLC3 端子用 IT2 检测 CAN 总线时,只能检测到 CAN 1 号总线网络系统。该车网络系统除了 CAN 总线之外,还有 AVC-LAN 总线,应用于音响等多媒体系统。

> **技巧点拨** 现在维修人员对车载网络方面的知识相当匮乏的原因有两方面:一是由于 CAN 网络大量应用,但故障发生的数量还不多,很少有这方面的维修经验;二是 CAN 网络故障往往表现为跨系统性,对维修人员跨系统诊断能力要求高,如故障部位在发动机电路部分,但故障现象可能在组合仪表上出现,或者在空调系统体现。

表 5-1 凯美瑞 DLC3 端子检测

符号	端子编号	名称	参考端子	结果	条件
SIL	7	总线"+"	5-信号接地	脉冲发生	传输期间
CG	4	底盘接地	车身接地	1Ω 或更低	始终
SG	5	信号接地	车身接地	1Ω 或更低	
BAT	16	蓄电池正极	车身接地	9~14V	

(续)

符号	端子编号	名称	参考端子	结果	条件
CAN-H	6	CAN 线"高"	14-CAN-L	54~69Ω	点火开关 OFF
			蓄电池正极	6kΩ 或更高	
			4-CG	200Ω 或更高	
CAN-L	14	CAN 线"低"	蓄电池正极	6kΩ 或更高	
			4-CG	200Ω 或更高	

二、丰田凯美瑞事故维修后出现多处异常

故障现象 一辆凯美瑞 ACV30L 轿车，配备 U250E（5 速手自一体）ECT 变速器，行驶里程 15343km。该车发生事故，事故中该车追尾前车，车辆前部一定程度损伤，但未引发气囊工作。为便于钣金修复和涂装，将发动机总成拆下，钣金和涂装作业后，发动机装车，试车时出现如下故障现象：

1）IG ON 或 STA 时，组合仪表上 ABS 指示灯常亮和防滑指示灯常亮。正常时，IG ON 时，自检后 ABS 指示灯和防滑指示灯熄灭。在 ABS（带 VSC、TRC）系统出现故障时点亮 ABS 指示灯和防滑指示灯。另外，VSC 作动时防滑指示灯点亮提醒驾驶人。

2）组合仪表上冷却液温度表一直指在最低位置。正常时，IG ON 时，冷却液温度表指针能反映发动机冷却液温度的变化。

3）组合仪表上发动机转速表一直指零。

4）组合仪表上变速杆位置指示灯都不显示。正常时，IG ON 时，变速杆在 P 位置，仪表上档位指示的 P 字母相应点亮。

5）空调无冷气。怠速时，开空调后，从高到低缓慢逐步的调节温度，暖气阶段能感觉温度的变化；到冷气阶段，只能吹出环境温度的空气。另外也观察到压缩机磁性离合器未动作。

故障诊断 故障现象中前 4 种故障现象都表现在组合仪表上。一时无法找出故障的共同点，考虑故障现象与相应系统的电子控制系统或组合仪表有关，对各相应系统故障码进行检测，及对组合仪表实施相应项目的主动测试。

连接丰田智能测试仪 IT2，点火开关转到 IG ON，打开 IT2 电源，选择自动进入，提示"无法检测到车辆特征"。说明 IT2 与车辆无法通信。IT2 本身没有故障，那么问题在车辆本身。然后对该车诊断端口 DLC3 进行检测。诊断端口 DLC3 的端子如图 5-5 所示。

诊断端口 DLC3 的测量方法和标准见表 5-1。按照表 5-1 诊断方法对诊断端口 DLC3 的信号进行检测。检测结果为：BAT（16）-车身接地：电压为 12.23V，正常；CG（4）-底盘接地：电阻为 0，正常；SG（5）-底盘接地：电阻为 0，正常；CAN-H

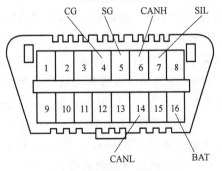

图 5-5 凯美瑞 DLC3 的端子

(6)-CAN-L（14）：电阻为118Ω，异常。

从检测结果可知，CAN-H（7）与CAN-H（14）之间的测量电阻异常。由图5-1可知，如果从DLC3端测量CAN网络电阻值，这时表现为组合仪表和ECM中两个120Ω电阻器并联，测量值为60Ω左右，标准范围为54~69Ω（见表5-1），现在测量值为118Ω，可以判断主总线有断路。接着分别测量主总线CAN-H和CAN-L的通断。

依据电路图，在车辆上找到组合仪表和ECM的相应端子。先脱开组合仪表和ECM相应的连接器插座，测量ECM（49）至组合仪表（18）之间的电阻为0，正常；ECM（41）至组合仪表（17）之间的电阻为0，正常。将ECM的连接器插座恢复，测量DLC3（6）至组合仪表（14）之间的电阻为无穷大，异常。将ECM的连接器插座再次脱开，并将组合仪表的连接器插座恢复，再次测量DLC3（6）至组合仪表（14）之间的电阻为118Ω，正常。可以判断有断路，要么断路发生在ECM的连接器上，发生在ECM的连接器插座（41）和（49）端子上，要么发生在ECM电阻器本身。

故障排除 对ECM的连接器插座（41）和（49）端子和ECM侧插销对应端子进行观察，发现插座41端子有松动。重新插好ECM连接器和插座41端子。再次测量DLC3（6）至组合仪表（14）之间的电阻为118Ω，正常。试车，故障彻底排除。

> **技巧点拨** ECM插座端子（41）位置断路，导致ECM无法与CAN网络的其他ECU通信，那么ECM无法接收CAN网络中其他ECU的信号，ECM的信息也无法与其他ECU实现共享。

三、丰田凯美瑞使用遥控发射器时，中控锁无反应

故障现象 一辆2012年丰田凯美瑞车，搭载5AR-FE发动机和6速手自一体变速器，行驶里程2万km，驾驶人反映，按下遥控发射器，中控锁无反应。用机械钥匙打开车门，起动发动机，发动机顺利起动，组合仪表上多个故障指示灯点亮，同时发动机转速表无显示，转动转向盘，转向盘无助力。将发动机熄火，重新起动发动机，一切又恢复正常。

故障诊断 接车后，首先试车验证故障现象，起动发动机，发动机顺利起动，组合仪表上ABS灯、防侧滑指示灯、转向故障灯点亮。连接故障检测仪（GTS）读取故障码（图5-6），制动系统控制模块（ABS）内存储了2个当前故障码：U0124——与横向加速传感器失去通信，U0126——与转向角度传感器失去通信。动力转向ECU（EMPS）内存储了1个历史故障码：U0129——与制动系统控制模块失去通信。空调放大器内存储了3个历史故障码：U0131——与动力转向ECU失去通信，U0142——与主体ECU失去通信，U0155——与组合仪表失去通信。组合仪表系统内存储了2个历史故障码：U0100——与发动机控制模块'A'失去通信，U0129——与制动系统控制模块失去通信。主体ECU内存储了1个历史故障码：U0327——软件与车辆安全控制模块不兼容。电源控制系统内存储了2个历史故障码：U0140——与主体ECU失去通信，U0155——与组合仪表失去通信。由于故障码均反映模块之间的通信存在故障，怀疑CAN线存在故障。

断开蓄电池负极电缆，测量数据诊断连接器（DLC3）端子6（CAN H端子）与端子14

(CAN L 端子）之间的电阻，为 64Ω（正常情况下，应为 54Ω~69Ω），正常。测量 CAN H 与 CAN L 线路，未发现与电源及搭铁短路的情况。记录并尝试清除故障码，故障码可以清除，试车，故障不能再现。

查看该车的维修履历，加装过导航、倒车雷达，并且做过防盗升级，怀疑是加装上述产品导致的故障。拆除所有加装产品，同时根据驾驶人反映按下遥控发射器，中控锁没有出现故障现象，更换新的主体 ECU。将车交付给驾驶人，并嘱咐驾驶人后期继续使用观察。

正常检查结果						
系统	DTC	当前	待定	历史	校准
ABS/VSC/TRC	U0124	X			F152633141
	U0126	X			
EMPS	U0129			X	8965B33064
	U0131			X	886500649002
空调	U0142			X	
	U0155			X	
组合仪表	U0100			X	838000X09007
	U0129			X	
主车身	U0327			X	892213342002
电源控制	U0140			X	
	U0155			X	
发动机和IECT					306C4100
					50622200
巡航控制					—
驾驶人侧车门电动机					—
滑动天窗					—
HL自动水平					—
SRS空气囊					8917F06201
起动控制					—

图 5-6 读取的故障码

半个月后，驾驶人打来救援电话反映停车在路边遥控又没有反应，维修人员赶到现场，用机械钥匙打开车门，起动发动机，发动机顺利起动，故障现象跟驾驶人原来描述的一样。用故障检测仪（GTS）检测，发现 GTS 无法与车辆建立通信。打开 GTS 帮助功能，使用 DLC3 电缆检查工具，发现 DLC3 端子 16（+B 端子）、端子 4（搭铁端子）及端子 5（搭铁端子）显示绿色，表明供电和搭铁正常；端子 6（CAN H 端子）、端子 14（CAN L 端子）、端子 7（K 端子）及端子 5（L 端子）显示红色，表明通信不正常。将发动机熄火，一段时间后，起动发动机，一切又恢复正常，组合仪表上多个故障指示灯仍然点亮。用故障检测仪读取故障码，故障码与之前的一样，推测个别控制模块存在间歇性故障，导致 CAN 通信故障。于是将车辆开到维修站以便进一步检修。

进厂后查看该车 CAN 通信网络图，发现存储故障码的控制模块均在 V 总线上，说明 V 总线通信异常。对储存故障码的各控制模块的导线连接器进行检查，没有发现松动及进水痕迹。对线束外表进行仔细检查，也没有发现异常。起动发动机，晃动各控制模块的导线连接器及线束，故障现象始终没有出现。根据 CAN 总线相关接线连接器布局图（图 5-7），拆下仪表板，找到 CAN 1 号接线连接器和 CAN 2 号接线连接器。晃动 CAN 1 号接线连接器与 CAN 2 号接线连接器之间的线束，组合仪表上发动机转速指针不停地摆动，ABS 指示灯、防侧滑指示灯、转向助力故障灯点亮，转向盘无助力，故障码也随即生成。清除故障码，按住 CAN 1 号接线连接器（图 5-8），晃动 CAN 1 号接线连接器与 CAN 2 号接线连接器之间的线束，故障不再出现，表明 CAN 1 号接线连接器部位存在接触不良的现象，导致 V 总线上的各控制模块不能正常通信。至此，将故障点锁定 CAN 1 号接线连接器上。

故障排除 更换组合仪表线束（CAN 1 号连接器不能单独更换）后反复试车，故障现象未再出现，故障排除。

技巧点拨 对于网络通信线存在的故障，其诊断的难度往往比其他系统的难度要大，涉及面要广，因此，对于此类故障要深入分析，综合诊断，只有这样才能准确排除故障。

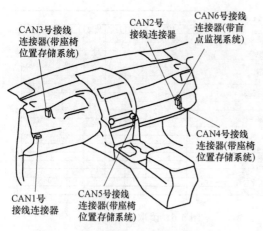

图 5-7 CAN 总线相关接线连接器布局

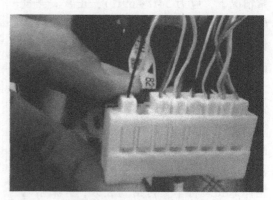

图 5-8 CAN 1 号接线连接器

四、丰田车系 CAN 通信系统故障的诊断思路

下面以雷克萨斯车型为例介绍 CAN 通信系统故障的诊断思路。如图 5-9 所示，诊断连接器端子 4 为搭铁端子，端子 6 为 CAN-H 端子，端子 14 为 CAN-H 端子，端子 16 为供电端子，通过测量端子 6 和端子 14 间的电阻（注意测量前需断开蓄电池负极接线柱，并静置 1min 以上），可以初步判断故障类型。首先，测量诊断连接器端子 6 与端子 14 间的电阻，其测量

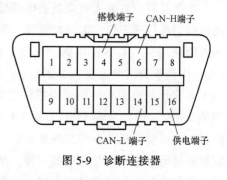

图 5-9 诊断连接器

结果有电阻正常（54~69Ω）、电阻偏大（大于 69Ω）和电阻偏低（小于 54Ω）3 种，然后根据不同测量结果按照以下思路进行诊断。

1. 电阻偏大

导致诊断连接器端子 6 与端子 14 间电阻偏大的主要原因有：CAN 主线断路；带终端电阻的控制单元内部断路。

如图 5-10 所示，紫色线为 CAN 主线，黑色线为 CAN 支线，假设 CAN 右侧接线盒与发动机控制单元间的 CAN-H 主线或 CAN-H 主线断路，具体诊断步骤如下：断开蓄电池负极接线，用万用表测量诊断连接器端子 6 与端子 14 间电阻，为 120Ω；脱开 CAN 左侧接线盒导线连接器 H117，测量其导线侧端子 1 和端子 2 的电阻，为 120Ω，说明 CAN 左侧接线盒与组合仪表间的 CAN 主线正常。脱开 CAN 左侧接线盒导线连接器 H116，测量其导线侧端子 1 和端子 2 的电阻，为 ∞（正常应为 120Ω），异常。脱开 CAN 右侧接线盒导线连接器 H125，测量其导线侧端子 1 和端子 2 的电阻，为 ∞。脱开发动机控制单元导线连接器 A22，测量发动机控制单元端子 13 和端子 26 上的电阻，为 120Ω，说明发动机控制单元内的终端电阻正常。由此可以确定，CAN 右侧接线盒与发动机控制单元间的 CAN-H 主线或 CAN-H 主线断路。

2. 电阻偏低

导致诊断连接器端子 6 与端子 14 间电阻偏小的主要原因有：CAN-H 主线与 CAN-H 主线短路；CAN-H 支线与 CAN-H 支线短路；控制单元内部 CAN-H 线和 CAN-H 线短路。

如图 5-10 所示，假设 CAN 左侧接线盒内部 CAN-H 主线与 CAN-H 主线短路，具体诊断步骤如下：断开蓄电池负极接线，用万用表测量诊断连接器端子 6 与端子 14 间电阻，小于 54Ω（具体电阻随着短路形成的电阻 R 变化而变化）。脱开 CAN 左侧接线盒连接器 H119，再次测量诊断连接器端子 6 与端子 14 间电阻，为 ∞，说明诊断连接器与 CAN 左侧接线盒间的 CAN 线正常。重新连接 CAN 左侧接线盒连接器 H119，依次脱开 CAN 支线上的导线连接器 H118、H134、H123、H127、H126 及 H129 等，同时测量诊断连接器端子 6 与端子 14 间电阻，发现其电阻始终小于 54Ω，说明 CAN 支线不存在短路（若在脱开某个导线连接器时，电阻恢复正常，则说明该导线连接器与其控制单元间的 CAN 支线短路或控制单元内部 CAN 线短路）。接着脱开 CAN 主线上的导线连接器 H117，诊断连接器端子 6 与端子 14 间电阻依旧小于 54Ω，说明 CAN 左侧接线盒与组合仪表间的 CAN 主线正常（若此时诊断连接器端子 6 与端子 14 间电阻变为 120Ω，则说明 CAN 左侧接线盒与组合仪表间的 CAN 主线短路或组合仪表内部 CAN 线短路）。再脱开 CAN 主线上的导线连接器 H125，诊断连接器端子 6 与端子 14 间电阻小于 1MΩ（正常电阻应为 ∞），异常，说明短路故障依然存在。脱开 CAN 主线上的导线连接器 H116，诊断连接器端子 6 与端子 14 间电阻仍小于 1MΩ，至此确定 CAN 左侧接线盒内部 CAN 线短路。

3. 电阻正常

虽然诊断连接器端子 6 与端子 14 间电阻正常，但并不代表 CAN 通信系统能正常工作，CAN 线还有可能对搭铁或电源短路。

如图 5-10 所示，假设至安全气囊控制单元的 CAN-H 支线对搭铁短路，具体诊断步骤如下：断开蓄电池负极接线，用万用表测量诊断连接器端子 6 与端子 14 间电阻，正常。分别测量诊断连接器端子 6 与端子 4 间电阻及端子 14 与端子 4 间电阻，均小于 1MΩ（正常电阻应为 ∞），说明 CAN 线对搭铁短路。从 CAN 左侧接线盒和 CAN 右侧接线盒上依次断开通往各控制模块的导线连接器，同时测量诊断连接器端子 6 与端子 4 间电阻及端子 14 与端子 4 间电阻，当脱开 CAN 左侧接线盒导线连接器 H134 时，诊断连接器端子 6 与端子 4 间电阻及端子 14 与端子 4 间电阻均变为 ∞，说明 CAN 左侧接线盒与安全气囊控制单元间 CAN 线或安全气囊控制单元内部对搭铁短路。当 CAN 线存在对电源短路的故障，其诊断思路与 CAN 线对搭铁短路相似，再依次断开 CAN 左侧接线盒和 CAN 右侧接线盒上的导线连接器，分别测量诊断连接器端子 6 与端子

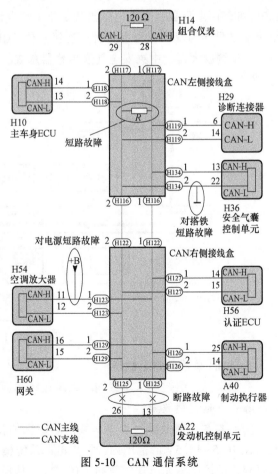

图 5-10 CAN 通信系统

16 间电阻及端子 14 与端子 16 间电阻即可。

> **技巧点拨** 一般情况下，当 CAN 通信系统存在故障时，组合仪表上会有多个故障指示灯点亮，且很多系统无法正常工作，有时甚至会使车辆无法与故障检测仪通信；若车辆仍能与故障检测仪通信，相关控制单元中会存储关于 CAN 通信系统的故障码。

第二节 丰田卡罗拉

一、丰田卡罗拉多个故障指示灯常亮

故障现象 一辆丰田卡罗拉轿车，行驶里程 4.5 万 km，发动机无法起动，发动机故障指示灯、ABS 故障指示灯、动力转向故障指示灯、安全气囊故障指示灯等指示灯都常亮，故障诊断仪无法通信。

故障诊断 如图 5-11 所示，卡罗拉轿车 CAN 总线由 CAN-H 和 CAN-L 这两条线来提供通信的操作电压，发动机 ECM、制动器执行器、空调放大器、车身 ECU、组合仪表、安全气囊控制单元、动力转向 ECU 之间都是通过 CAN 总线进行通信的。卡罗拉 CAN 总线有 2 个 120Ω 的终端电阻器，终端电阻器分别位于组合仪表和 ECM 中，ECM 和组合仪表之间连接 2 个终端电阻器的双绞线为主总线。连接其他 ECU（包括防滑控制 ECU、组合仪表、主车身 ECU、空调放大器、中央安全气囊传感器总成、EPS ECU、DLC3）的双绞线为支线。

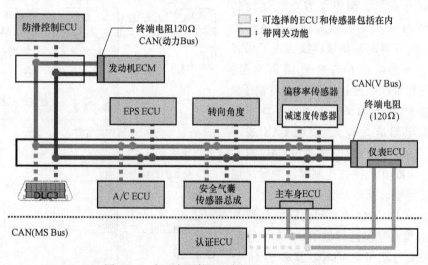

图 5-11 丰田卡罗拉 GL 车型 CAN 总线结构

1. CAN 总线的常见故障

一般来说，引起汽车车载网络系统故障的原因有 3 种：一是汽车电源系统故障；二是节点故障；三是链路故障。

（1）电源系统故障 汽车车载网络系统的核心部件是控制单元，控制单元的正常工作电压在 10.5~14.5V 的范围内，如果电源系统提供的电压低于该值，就会造成一些对工作电压要求高的控制单元出现短暂的工作停止，从而使整个汽车车载网络系统出现短暂的无法通

信。这类故障产生的原因主要有：蓄电池、发电机、供电线路、熔丝等元器件出现故障。

（2）节点故障　节点是汽车车载网络系统中的电控模块，因此节点故障就是各电控模块故障。这类故障产生的原因有：各类控制单元、传感器等元器件出现故障。这种故障一般单独出现，可采用更换电控单元（并匹配）的方式修复。

（3）链路故障　当汽车车载网络系统的链路出现断路、短路，以及线路物理性质引起的通信信号衰减或失真等故障时，都会引起多个电控单元无法正常工作，或者电控系统错误动作。链路故障形式主要有：CAN-H 和 CAN-L 短路、CAN-H 对正极短路、CAN-H 对搭铁短路、CAN-H 断路、CAN-L 对正极短路、CAN-L 对搭铁短路、CAN-L 断路。当 CAN 总线系统线路发生断路或短路时，出现以下故障现象：

1）当出现 CAN 总线或支路电路断路时，一般除了 ECU 以外，断开其余电脑 CAN 线路，发动机均能正常起动，出现故障的相关系统仪表指示灯会点亮。

2）当出现 CAN 总线短路时，发动机无法起动，且仪表上多个系统故障指示灯同时点亮。

2. CAN 总线的常见故障现象

汽车车载系统出现故障时，常见的故障现象归纳起来主要有以下 3 个方面：

1）多个控制单元工作不正常甚至出现失效。

2）同时出现不同的多个故障现象。

3）无法与故障诊断仪器进行数据通信。

3. 故障原因分析

根据车辆发动机无法起动，仪表上多个指示灯同时点亮，诊断仪无法通信等故障现象，结合 CAN 总线系统结构特点以及常见故障类型，并通过检测诊断座 16 号脚电压为 12V，确定电源系统为正常，此时可以初步确认为 CAN 系统出现故障，主要原因为线路短路故障。

根据维修手册提示，结合维修经验，按照以下思路诊断检测：

（1）CAN 线路检查　使用金德 KT600 故障诊断仪执行 "COMMUNICATION BUS CHECK"，如果系统没有故障，则相关的控制单元会逐一显示出来。经操作发现多个控制单元无法在屏幕上显示，说明 CAN 线路有故障。

（2）检查支路电阻　根据接线盒各端子连接图（图 5-12），通过测量 CAN1 号接线盒中与各系统连接的 CAN-H 与 CAN-L 端子电阻（标准电阻值：60Ω 左右），判断相应系统线路

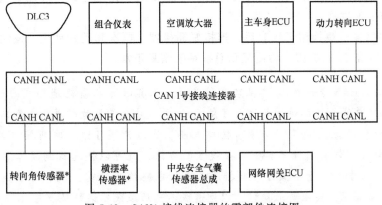

图 5-12　CAN1 接线连接器的零部件连接图

是否存在短路与断路。经测量，电阻值都在 54~68Ω 之间，说明 CAN1 号接线盒中与各系统连接的 CAN-H 与 CAN-L 端子正常。

（3）CAN 总线检查　由于 CAN 通信系统未输出任何故障码（DTC），所以要测量 DLC3 端子间的电阻以确定故障部位，如图 5-13 所示，检查并确认 CAN 总线、CAN 总线和 +B 或搭铁是否有短路。但要注意，在进行电路检查之前，将点火开关置于 OFF 位置，让车门保持静止状态 1min 以上再进行检查，否则将会引起测量电阻值变化导致测量结果不准确。

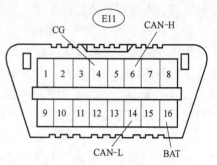

图 5-13　DLC3 端子结构图

1）检查 CAN 总线（主线是否断开，CAN 总线是否短路）。用万用表和测试线检查 DLC3 诊断接口的端子 6（CAN-H）和端子 14（CAN-L）之间的电阻。若出现 0Ω，说明 CAN 总线中 CAN-H 和 CAN-L 有短路，若出现 120Ω 左右，说明主电脑（ECM 或仪表电脑）有断路。若在 60Ω 左右，需要按维修手册进行下一步检查。经测量，发现测量值 58Ω，说明主线无断开，CAN 总线无短路。

2）检查 CAN 总线是否对 B+ 短路。断开蓄电池负极端子，用万用表和测试线对于 E11-6、E11-14 与 B+ 进行电阻检查，正常电阻值 6kΩ 或更大。经测量结果为无穷大，说明 CAN 总线对 B+ 无短路。

3）检查 CAN 总线是否对搭铁短路。用万用表和测试线对于 E11-6、E11-14 与搭铁之间进行电阻检查，正常电阻值 200Ω 或更大。经测量结果接近 0Ω，则可以判断出 CAN 总线中 CAN-L 有搭铁短路的地方。

（4）检查 CAN 总线对搭铁短路　点火开关置于 OFF 位置，断开 CAN1 接线连接器，如图 5-14 所示，根据卡罗拉车载网络电路图找到 CAN-L，通过 CAN-L 进行短路点查找，方法是借助测试线，万用表红表笔连接要测试的端子，黑表笔连接搭铁点逐一进行测试，标准电阻值 200Ω 或更大。经测量结果为 E58-13 与搭铁点之间的电阻接近 0Ω，则可以判定为组合仪表线路中 CAN-L 搭铁短路。但是无法知道具体短路点。此时可以断开组合仪表的插接器，测量此时 E58-13 与搭铁点的电阻，若电阻接近 0Ω，说明 CAN-L 至组合仪表之间的线路出现搭铁短路，若电阻为无穷大，说明组合仪表内部 CAN-L 出现短路。经测量电阻为无穷大，说明组合仪表出现故障。

（5）换件修复　更换组合仪表后，连接好插接器，再次起动发动机，发动机起动正常，各种故障指示灯亮 2s 后熄灭，检测显示总线系统恢复正常。

技巧点拨　CAN 总线的故障现象多种多样，但其故障本质就是总线的短路和断路；通过掌握 CAN 总线系统的结构原理，了解 CAN 总线系统常见故障类型、判断方法以及一般故障所对应的现象，从 DLC3 诊断接口入手，通过测量 DLC3 诊断接口的 CAN-H 和 CAN-L 端的电阻，以及断开 CAN1 号接线盒的方法，就可以快速找到故障点。根据维修经验，结合维修手册，逐步操作诊断排除。进行电路检查之前，认真看检查程序之前的"小心"和"提示"，按照要求操作，以免造成不良后果或错误结果。

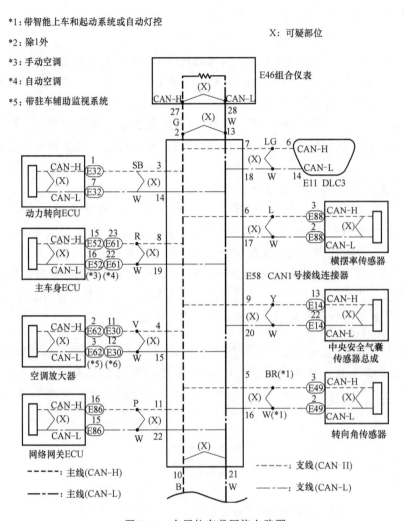

图 5-14　卡罗拉车载网络电路图

二、丰田卡罗拉 CAN 通信系统及其检修

1. 丰田卡罗拉车轿车 CAN 通信系统的网络结构

丰田卡罗拉车轿车 CAN 通信系统的网络结构如图 5-15 和图 5-16 所示。主总线是总线上介于 2 个终端电阻器之间的线束，支线是从主总线分离出来通往 ECU 或传感器的线束；2 个 120Ω 的电阻器并联安装在 CAN 主总线的末端，终端电阻器使得 CAN 总线之间的电压差的变化能得到精确测定。为使 CAN 通信能正常工作，必须安装 2 个终端电阻器，每个终端电阻器的电阻值为 120Ω。由于 2 个终端电阻器并联安装，所以在 2 条总线之间测量的电阻为 60Ω。对于带智能上车和起动系统的车辆，CAN 通信系统由通过主车身 ECU 连接至各个系统的 CAN1 总线和 MS 总线组成，CAN1 总线和 MS 总线都带有 2 个 120Ω 的电阻器的终端电路，可进行 500kbit/s 和 250kbit/s 的高速信息通信。通过 CAN 系统进行通信的 ECU 或传感器有防滑控制 ECU、横摆率传感器（带 VSC）、转向角传感器（带 VSC 或驻车辅助监视系统）、主车身 ECU、中央安全气囊传感器总成、认证 ECU（带智能上车和起动系统）、空调

放大器、组合仪表、动力转向 ECU、电视摄像机 ECU）。

2. 丰田卡罗拉车轿车 CAN 通信系统故障症状描述

可使用故障检测仪来检查 CAN 通信系统的故障码。DLC3 虽然连接至 CAN 通信系统，但没有针对 DLC3 或 DLC3 支线故障的故障码，如果 DLC3 或 DLC3 支线存在故障，则 CAN 网络上的 ECU 不能向故障检测仪输出故障码。可通过测量 DLC3 端子间的电阻来检查 CAN 总线的故障，但是，从 DLC3 无法检测到非 DLC3 支线的其他支线断路故障。用故障检测仪对该车 CAN 通信系统进行检测，故障检测仪检测结果显示的故障症状和可疑的故障部位如表 5-2 所列。

3. 丰田卡罗拉车轿车 CAN 通信系统检测方法

丰田卡罗拉车轿车 CAN 通信系统故障，可以通过对 CAN 总线主线和 CAN 总线支线的电阻进行检测，进而判断具体故障部位。测量 CAN 总线主线和 CAN 总线支线的电阻前，要先断开点火开关，检查并确认钥匙提醒警告系统和照明系统未处于工作状态。使车辆保持原来状态至少 1min，不要操作点火开关和任何其他开关或车门。如果需要打开任何车门以检测连接器，则打开该车门并让其保持打开状态，因为操作点火开关、任何其他开关或车门，会触发相关和传感器进行信息通信，该通信会导致电阻发生变化。

> **技巧点拨** CAN（控制器区域网络）是一个用于实时应用的串行数据通信系统，该系统通信速度高且可检测故障，通过将 CAN-H 和 CAN-H 总线配对，CAN 可根据电压差进行通信，许多安装在车辆上的 ECU（或传感器），是通过信息共享和相互通信进行工作的。

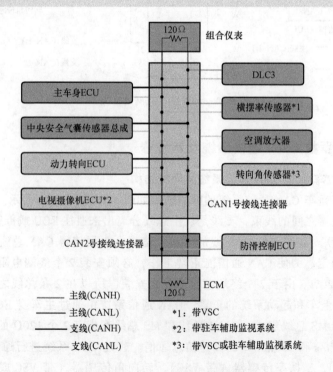

图 5-15 丰田卡罗拉车轿车通信系统的网络结构（一）

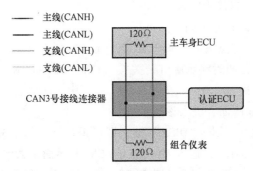

图 5-16　丰田卡罗拉车轿车通信系统的网络结构（二）

表 5-2　故障检测仪检测结果显示的故障症状和可疑的故障部位

症状	可疑部位
"CAN 总线检测"结果为"CAN 主总线断路"	CAN 主总线断路
"CAN 总线检测"结果为"CAN 总线短路"	CAN 总线短路
"CAN 总线检测"结果为"CAN 总线对 B+短路"	CAN 总线对 B+短路
"CAN 总线检测"结果为"CAN 总线对搭铁短路"	CAN 总线对搭铁短路
"CAN 总线检测"结果为"CAN 总线支线一侧断路"	CAN 总线支线一侧断路
"Engine"未显示在故障检测仪上	ECM 通信终止模式
"ABS/VSC/TRAC"未显示在故障检测仪上	防滑控制 ECU 通信终止模式
"Steering Angle Sensor"未显示在故障检测仪上	转向角传感器通信终止模式
"Yaw Rate/Decelerate Senser"未显示在故障检测仪上	横摆率传感器通信终止模式
"EPS"未显示在故障检测仪上	动力转向 ECU 通信终止模式
"Air Conditioner"未显示在故障检测仪上	空调放大器通信终止模式
"SRS Airbag"未显示在故障检测仪上	中央安全气囊传感器通信终止模式
"Main Body"未显示在故障检测仪上	主车身 ECU 通信终止模式
"Combination Meter"未显示在故障检测仪上	组合仪表 ECU 通信终止模式
"Parking Assist Monitor"未显示在故障检测仪上	电视摄像机 ECU（带驻车辅助监视系统）通信终止模式

第三节　丰田其他车系

一、丰田车 MOST 系统及故障诊断

1. 丰田车 MOST 系统

如图 5-17 所示，丰田车 MOST 系统以导航为控制主机，用 MOST 总线将各子设备以环形方式连接。控制主机通过 Wake Up（唤醒）线向各子设备发送"唤醒"或"休眠"控制信号；MOST 总线负责传输控制信号及音频信号，不传输视频信号。

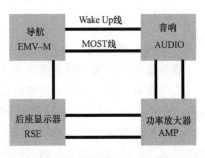

图 5-17　丰田车 MOST 系统

2. 丰田车 MOST 系统自诊断方法

丰田车 MOST 系统自诊断方法如下。

1）在车辆停止状态，将点火开关置于 ACC 位或 ON 位。

2）按下"INFO"键，同时将示廓灯开关按"ON→OFF→ON→OFF→ON→OFF"的顺序操作，即接通、断开 3 次。

3）显示 Service Menu 画面，进入诊断系统。

4）进入自诊断系统后，长按"DISP"键，即可退出该系统。MOST 系统自诊断后，如果 MOST 系统有故障（图 5-18），进入 MOST Line Check 界面，大致会有以下 3 种情况。

① 所有设备状态均显示为"OK"（图 5-19），故障原因一般为 MOST 总线损坏或某设备损坏。

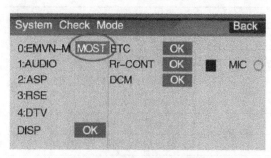

图 5-18　MOST 系统有故障

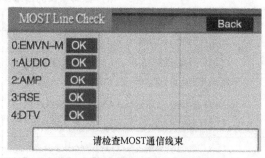

图 5-19　所有设备状态均显示为"OK"

② 其中一个设备状态显示为"NCON"（图 5-20），故障原因一般为该设备供电异常或自身损坏。

③ 连续几个设备状态均显示为"NCON"（图 5-21），故障原因一般为第 1 个显示为"NCON"的设备与其上一个设备间的 Wake Up 线通信故障。

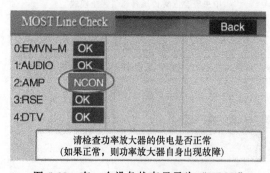

图 5-20　有一个设备状态显示为"NCON"

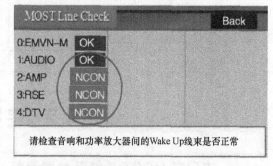

图 5-21　连续 3 个设备状态均显示为"NCON"

3. 故障排除实例

故障现象　一辆丰田霸道车音响无声音。

故障诊断　执行 MOST 系统自诊断，发现 MOST 系统存在通信故障，但各设备状态均显示为"ON"（图 5-22）。由此推断 MOST 总线损坏或某设备损坏。

测量各设备间 MOST 总线（端子 MO+ 与端子 MI+、端子 MO- 与端子 MI-）的导通性及搭铁情况，导通且无相互短路及搭铁；测量各设备端子 MO+ 与端子 MI+、端子 MO- 与端子

MI-间的电阻,当测量到功率放大器时,发现端子 MO+与端子 MI+间的电阻为 5.6Ω,端子 MO-与端子 MI-间的电阻为 6.3Ω,异常(正常情况下,电阻应均小于 1Ω)。由此推断功率放大器损坏。

故障排除　更换功率放大器后试车,音响声音恢复正常,故障排除。

> **技巧点拨**　对于相关车型 MOST 系统的故障诊断,应在了解其结构及诊断原则的基础上,进行针对性地检测与分析。

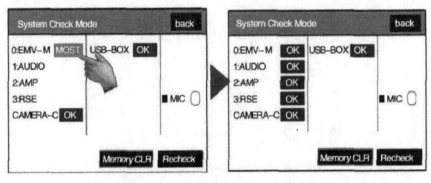

图 5-22　故障车 MOST 系统自诊断结果

二、雷克萨斯 RX350 左侧后视镜无法正常调节

故障现象　一辆雷克萨斯 RX350 车,驾驶人反映该车左侧后视镜无法正常调节。

故障诊断　接车后试车,按下后视镜主开关总成(图 5-23)上的左侧后视镜选择开关,左侧后视镜选择开关指示灯正常点亮;按下后视镜主开关中部的调节按钮,调节左侧后视镜的镜面角度,发现镜面可以下倾和右倾,但无法上倾和左倾;选择右侧后视镜并进行调节,可以正常调节;操作后视镜折叠开关,发现左右后视镜均能正常伸缩。试车至此,确认该车故障为左侧后视镜镜面无法上倾和左倾。

如图 5-24 所示,操作后视镜主开关总成上的开关,后视镜主开关总成检测开关信号。故障诊断时,可以通过读取后视镜主开关总成的数据流来查看各开关的状态,如图 5-25 所示。主开关总成通过 LIN 线将开关信号发送至主车

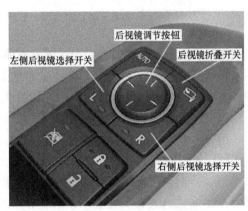

图 5-23　后视镜主开关总成

身 ECU,主车身 ECU 通过 CAN 线将开关信号发送至相应的后视镜 ECU,接收到开关信号后,相应的后视镜 ECU 控制车外后视镜内置的后视镜左右调节电动机、上下调节电动机及伸缩电动机工作,以调节后视镜镜面位置及后视镜的伸缩。

结合故障现象及后视镜控制原理分析,由于后视镜主开关总成与主车身 ECU 之间的线路是左右后视镜共用的控制线路,而右后视镜能正常调节,说明这段线路正常;又因为左侧

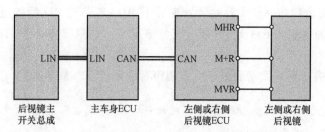

图 5-24　后视镜控制原理示意

参数	值
D Door P/W Auto SW	OFF
P Door P/W Auto SW	OFF
RR Door P/W Auto SW	OFF
RL Door P/W Auto SW	OFF
P Door P/W Up SW	OFF
RR Door P/W up switch	OFF
RL Door P/W up switch	OFF
P Door P/W Down SW	OFF
RR Door P/W Down SW	OFF
RL Door P/W Down SW	OFF
Door Lock Switch Status	OFF
Door Unlock Switch Status	OFF
Window Lock Switch Status	OFF
Mirror Selection SW (L)	OFF
Mirror Selection SW (R)	OFF
Mirror Position SW (L)	OFF
Mirror Position SW (R)	OFF
Mirror Position SW (Up)	OFF
Mirror Position SW (Dwn)	OFF
Outer Mirror Fold SW	OFF
Number of Trouble Codes	0

图 5-25　后视镜主开关总成数据流

后视镜镜面能够下倾和右倾，而上下左右的控制信号都是由主车身 ECU 通过 CAN 线发送至左侧后视镜 ECU 的，所以可以确定主车身 ECU 与左侧后视镜 ECU 间的 CAN 线也正常。分析至此，推断可能的故障原因有：左侧后视镜损坏；左侧后视镜与左侧后视镜 ECU 间的线路故障；左侧后视镜 ECU 损坏。

用故障检测仪检测，左侧后视镜 ECU 中无故障码存储；对左侧后视镜执行主动测试，在执行后视镜镜面上下调节测试（Mirror UP/DOWN）和后视镜镜面左右调节测试（Mirror Right/Left）时，发现左侧后视镜镜面仍无法上倾和左倾。拆下左前车门饰板，检查左侧后视镜 ECU 导线连接器，无进水、松脱等异常现象。根据图 5-26，脱开左侧后视镜 ECU 导线连接器 Z4，将蓄电池的正极连接至导线连接器 Z4 端子 1，负极连接至导线连接器 Z4 端子 10，发现后视镜镜面持续上倾；将蓄电池的正极连接至导线连接器 Z4 端子 10，负极连接至导线连接器 Z4 端子 1，后视镜镜面持续下倾；将蓄电池的正极连接至导线连接器 Z4 端子 9，负极连接至导线连接器 Z4 端子 10，后视镜镜面持续左倾；将蓄电池的正极连接至导线连接器 Z4 端子 10，负极连接至导线连接器 Z4 端子 9，后视镜镜面持续右倾。上述测试说明左侧后视镜及其与左侧后视镜 ECU 间的线路均正常，由此推断左侧后视镜 ECU 损坏。

故障排除　更换左侧后视镜 ECU 后试车，左侧后视镜可以正常调节，故障排除。

技巧点拨 本案例的难点在于对后视镜控制中 LIN 线和 CAN 线控制的理解,这两种总线的传输级别、速率是有很大差别的。

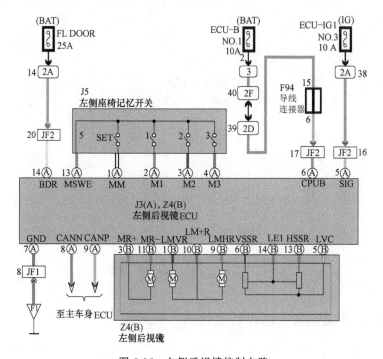

图 5-26 左侧后视镜控制电路

第六章

其他车系

第一节 路虎车系

一、2016款路虎发现4洗车后发动机无法起动

故障现象 一辆2016款路虎发现4（L319），行驶里程2760km，VIN：SALAN2V62GA×××××。据驾驶人反映该车洗车后，发动机无法起动，且遥控器无法解锁、闭锁车辆。

故障诊断 接车后，先验证故障现象。经试车发现遥控器无法解锁、闭锁车辆，踩下制动踏板进行发动机起动操作，故障车仪表提示"智能钥匙未找到 参阅手册"（图6-1）。将智能钥匙贴至防盗锁止系统单元（IAU）处应急起动，车辆可以起动，但起动后仪表及中央显示屏出现黑屏，且空调系统无法工作。

图6-1 故障车提示未找到智能钥匙

按照维修手册要求的步骤，连接专用诊断仪，以读取故障码及SDD关键故障码的指导建议。具体操作如下：

1）连接充电电源至车辆、等待蓄电池至正常状态。

2）自动读取VIN后选取相关故障症状，发现中速CAN所有模块无法通信，MOST无法通信，动力CAN部分模块无法通信（图6-2）。

3）读取故障码。

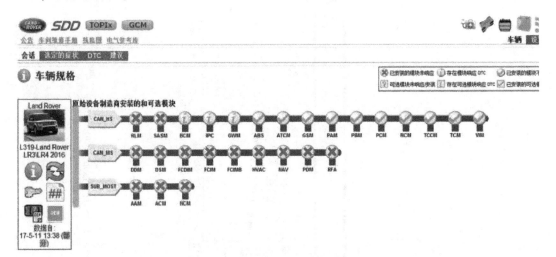

图 6-2 专用诊断仪上的故障提示

根据故障现象及 SDD 诊断相关信息判断，可能是 CAN 通信线路存在故障。由于动力 CAN 部分模块无法通信，中速 CAN 所有模块无法通信，而 MOST 环路故障不会关联中速 CAN 及车辆起动故障，所以首先要测量及检查中速 CAN 通信线路完整性。导致中速 CAN 所有通信瘫痪的主要原因，可能是线路存在短路情况。按照原因的主次以及先易后难的原则，先测量中速 CAN 工作电压及短/断路情况。为便于测量，首先对 16 针诊断接口进行中速 CAN 的测量。具体检测过程如下：

1）参考诊断接口电路图（图 6-3），断开蓄电池负极后，测量 C0040-3 CAN-H、C0040-11 CAN-L 的电压，分别为 0.12V、0.10V。

2）测量 C0040-3、C0040-11 CAN 线路终端电阻为 61Ω。

3）测量 C0040-3 CAN-H 对地电阻为 7Ω，C0040-11 CAN-L 对地电阻为 68Ω。

由此可判断 CAN-H 对地短路，参考电路图（图 6-4），将 C1168L 插头断开，再次测量 C0040-3，故障消失。

由于中速 CAN（图 6-4）节点较多，为了快速查找故障，选取 C2054A 中间节点断开，以便区分故障位置，断开该节点后测量 C0040-3，故障依旧，可判断故障点位于 C2054A 节点后。参考电路图断开连接器 C1000，测量 C0040-3 电阻，依然对地短路。

参考电路图（图 6-4），断开 C23Z78 插头测量 C0040-3，故障消失，且插上该插头后故障现象依然消失。晃动 C23Z78 至 C1168L 段线束时，故障偶尔再现。经仔细检查，发现故障点为 C23Z78 至 C1168L 段线束 CAN-H 对地短路。

经检查发现，由于座椅线束位置不当，与导航模块固定支架摩擦，导致线束破损（图 6-5），从而引发中速 CAN-H 线对地短路，造成中速 CAN 网络瘫痪。

故障排除　使用电器绝缘胶带包裹被磨损的线束，重新调整线束位置后，经反复试车，确认故障被彻底排除。

技巧点拨　线束磨损导致出现故障，在汽车维修中占有比较大的比率，维修人员在进行相关部件装配时要注意安装位置，防止线束磨损。

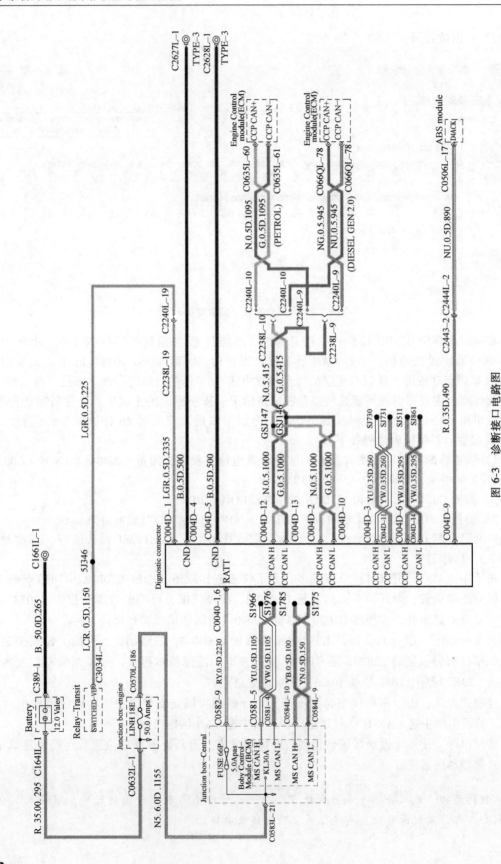

图 6-3 诊断接口电路图

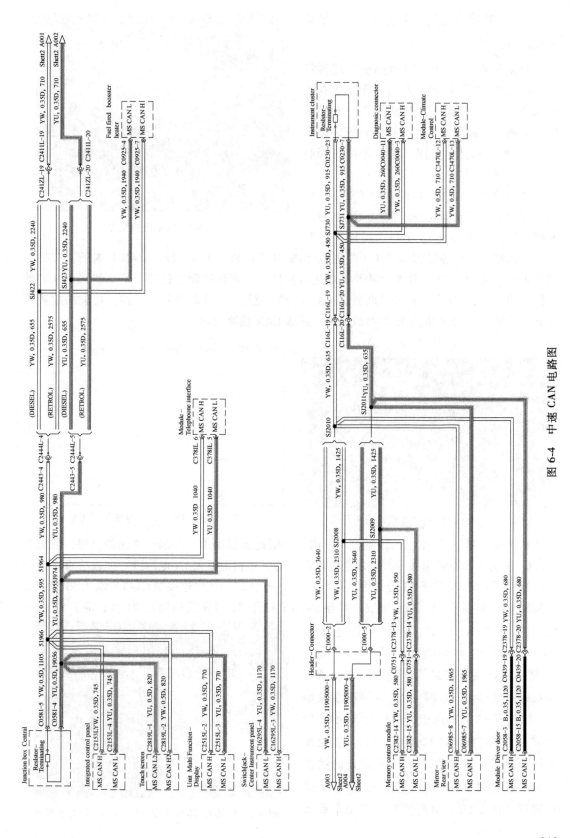

图 6-4 中速 CAN 电路图

二、路虎车组合仪表提示"盲点系统不可用"

故障现象　一辆 2016 款路虎发现神行车，配备 2.0T 涡轮增压发动机和 9 速自动变速器，在洗车后或下雨时，导航屏幕黑屏，空调控制面板不点亮，且组合仪表提示"盲点系统不可用"（图 6-6），但两三天后会自动恢复正常。

故障诊断　用故障检测仪（SDD）检测，在数据收集界面发现舒适 CAN 上的所有模块均无法通信（图 6-7）。接通点火开关，分别测量诊断连接器端子 1（舒适 CAN-H 端子）和端子 9（舒适 CAN-L 端子）与搭铁间的电压，均为 2.5V，异常；断开蓄电池负极接线，测量诊断连接器端子 1 和端子 9 间的电阻，为 5.6Ω，异常。由此推断舒适 CAN-H 线与舒适 CAN-L 线发生短路，可能的故障原因有：舒适 CAN 上的某个模块内部短路；舒适 CAN 线路短路。

图 6-5　线束破损位置

图 6-6　组合仪表提示"盲点系统不可用"

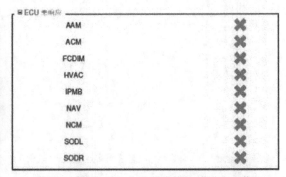

图 6-7　舒适 CAN 上的所有模块均无法通信

依次脱开舒适 CAN 上的控制模块，测量诊断连接器端子 1 和端子 9 间的电阻，依旧为 5.6Ω，说明故障不是由某个模块内部短路引起的。根据舒适 CAN 电路进行分段检查，断开导线连接器 C44YY 端子 52 与导线连接器 C44ZZ 端子 52、导线连接器 C44YY 端子 53 和导线连接器 C44ZZ 端子 53，测量导线连接器 C44YY 端子 52 与导线连接器 C44YY 端子 53 间电阻，约为 120Ω，正常。说明导线连接器 C44YY 端子 52 与导线连接器 C44YY 端子 53 至诊断导线连接器的线路均正常。测量导线连接器 C44YZZ 端子 52 与导线连接器 C44ZZ 端子 53 间的电阻，依然为 5.6Ω。检查结点 S3DB27G 和 S3DB28G 至盲点监控模块间的线路，发现左后车轮内衬处的线束破损，且舒适 CAN-H 线和舒适 CAN-L 线均破损（图 6-8）。由此推断，在洗车后或

图 6-8　舒适 CAN-H 线和舒适 CAN-L 线均破损

下雨时，破损的舒适 CAN-H 线和舒适 CAN-L 线因浸水而发生短路，从而造成舒适 CAN 瘫痪。

故障排除　修复破损的舒适 CAN-H 线和舒适 CAN-L 线并可靠固定后试车，故障现象消失，故障排除。

技巧点拨　本案例因左后车轮内衬处线束磨损导致故障发生，这种情况在一些车辆上时有发生，在诊断此类故障时应注意重点排查。

三、2015 款路虎发现 4 行驶中组合仪表突然黑屏

故障现象　一辆 2015 款路虎发现 4 车，搭载 3.0L 机械增压发动机和 8 速自动变速器，行驶中组合仪表突然黑屏，发动机熄火，且无法起动着机。

故障诊断　用故障检测仪（SDD）检测，在数据收集界面发现 MS CAN 上的所有模块均无法通信；读取故障码（图 6-9），均为 CAN 通信故障码。分析认为，故障是由 MS CAN 瘫痪导致的。

U0010-00	DDM	54,336公里	中速 CAN 通信总线 — 无子类型信息
U0010-88	DSM	54,336公里	高速 CAN 通信总线 - 总线断开
U0140-00	DSM	54,336公里	与车身控制模块的通信中断 — 无子类型信息
U0199-00	DSM	54,336公里	与驾驶员车门模块的通信中断 - 消息缺失
U3003-16	DSM	54,336公里	蓄电池电压低 - 电路电压低于临界值
U0010-00	FCDIM	54,336公里	中速 CAN 通信总线 — 无子类型信息
U0010-88	FCIM	54,336公里	高速 CAN 通信总线 - 总线断开
U0164-00	FCIM	54,336公里	与气候控制模块的通信中断 - 无子类型信息
U0010-88	FCIMB	54,336公里	高速 CAN 通信总线 - 总线断开
U0256-00	FCIMB	54,336公里	与集成控制面板的通信中断 - 消息缺失
U0010-88	HVAC	54,336公里	高速 CAN 通信总线 - 总线断开
U0140-00	IPC	54,336公里	与车身控制模块的通信中断 — 无子类型信息
U0184-00	IPC	54,336公里	与无线电的通信中断 - 没有任何子类信息
U0010-00	PDM	54,336公里	中速 CAN 通信总线 — 无子类型信息
U0010-88	RFA	54,336公里	高速 CAN 通信总线 - 总线断开

图 6-9　读取的故障码

断开蓄电池负极接线，测量 MS CAN 终端电阻（诊断导线连接器端子 3 与端子 11 间的电阻），为 60.2Ω，正常。分别测量诊断导线连接器端子 3（MS CAN-H 端子）和端子 11（MS CAN-L 端子）与搭铁间的导通情况，发现诊断导线连接器端子 3 对搭铁短路。

根据 MS-CAN 电路进行分段检查，断开导线连接器 C0903 端子 2 与导线连接器 C0868 端子 2，发现导线连接器 C0868 端子 2 对搭铁短路。断开导线连接器 C2412L 端子 19 与导线连接器 C2411L 端子 19，发现导线连接器 C2411L 端子 19 对搭铁短路。诊断至此，说明导线连接器 C0868 端子 2 与导线连接器 C2411L 端子 19 之间的线路或控制模块对搭铁短路。依次脱开导航模块、右前车门模块、无钥匙车辆模块的导线连接器，故障依旧。顺着线路仔细排查，在右后车门附近发现 MS CAN-H 线与车身发生干涉，且破损的 MS CAN-H 线对搭铁短路（图 6-10）。

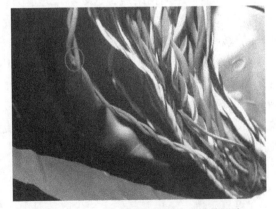

图 6-10　MS CAN-H 线破损且对搭铁短路

故障排除　修复破损的 MS CAN-H 线并可靠固定后试车，发动机起动正常，且组合仪表显示也正常，故障排除。

技巧点拨 本案例同样也是由于线束磨损而发生的故障,最终排除故障是通过常规检查。由此可见,对于网络总线一类的故障,常规检查是一个比较重要的方法。

四、路虎神行者 2 放置一夜打不着车

故障现象 一辆路虎神行者 2,配置 2.2T 柴油发动机,行驶里程 76087km。驾驶人描述车辆放置一夜打不着车,蓄电池更换过两块,还是没解决问题。

故障诊断 根据驾驶人描述,接车后把车放置一个下午,测量蓄电池电压为 10.34V,并且车辆已经无法起动,初步诊断该车存在严重的漏电现象。

首先,连接诊断仪 SDD 读取故障码,未发现有相关故障。接着检查休眠电流,等待电流稳定后读出的休眠电流为 1.67A,远超出规定的休眠电流,说明车辆的确存在严重漏电。

哪个用电器会漏电呢?根据以往的经验,中央显示屏漏电现象比较常见,休眠电流也很大,也是放一夜就打不着车。拆掉中央显示屏,电流变成了 1.42A,说明问题不在显示屏。

继续选择断开熔丝的方法,然后对比电流表断开前后的读数。当拔掉 CJB 上 F27 一个 5A 的熔丝时,读数降到了 0.62A。通过查找电路图,发现 F27 是空调模块的供电,难道是空调系统漏电吗?进一步分析,假设空调系统漏电的话,漏电的点应在模块本身或用电器,比如鼓风机、风门电动机等。当我们把空调系统的用电器逐个验证一遍后,都未发现漏电现象,但是为什么拔掉空调系统的熔丝电流会变小呢?

此时,意识到可能被误导了,因为拔掉 A/C 熔丝后,电流表的读数为 0.62A,这个电流并不是正常的休眠电流,神行者 2 正常的休眠电流小于 25mA。而且,之前拔掉中央显示屏的时候电流也降了一点,也就是说可能存在多个模块不休眠。也可能是由于某个模块出现问题,然后它向整个车身网络发出信号,阻止整个车辆的模块休眠。重新查看电路图,着重查看空调模块所在的中速 CAN 模块网络,相关电路图如图 6-11 所示。

根据电路图发现空调模块在整个网络中很特殊,因为它不是终端,网络线有进有出,也就是相当于一个中间网络线,这就不难理解为什么拔掉空调模块后电流下降比拔掉中央显示屏多了。那么现在检查的重点就在中速网络中的几个模块了:驾驶人侧车门模块、前排乘客侧车门模块、无钥匙模块、中央显示屏和 CJB。接下来分别拔掉各个模块,当拆掉前排乘客侧车门模块时,发现插头处已进水腐蚀,打开模块,发现模块内部有锈迹,如图 6-12 所示。看来问题就在这,找一个同型号的模块更换后,测试休眠电流为 13mA,休眠电流正常。车辆放置两天一次就能起动,问题解决。但为什么插头会有水呢?测试车门,没有发现漏水现象,与驾驶人沟通后得知该车为二手车,不清楚以前的使用情况,所以只能建议驾驶人观察使用。

故障排除 更换前排乘客侧车门模块并编程。

技巧点拨 该车的故障是一个典型的漏电故障,检测过程几经波折,但是事后总结,如果能对该车的电路图更熟悉一点,就不会走这么多弯路。这就要求我们平常多积累,多总结,遇到问题时思路展开一点,维修效率就会更高一点。

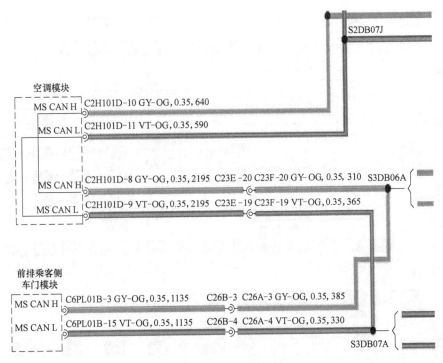

图 6-11 电路图

五、2017 款全新路虎发现车载网络系统

与老款相比，2017 款全新路虎发现无论从车身结构到电气系统，都带来了一系列的革新。2017 款全新路虎发现在网络通信方面做了修改，中速 CAN 被替换为高速 CAN 网络结构，其通信速度达 500kbit/s。另外，动力系统部分模块还配备了超高速 FlexRay 通信通道，其网络拓扑图如图 6-13 所示。

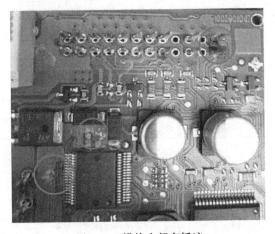

图 6-12 模块内部有锈迹

1) 车身高速 HS CAN：老款路虎发现 4，车身电气控制系统采用中速 MS CAN 网络，其通信速度为 125kbit/s。2017 款全新路虎发现的车身电气控制系统所有模块均采用了高速 CAN 网络结构，为全新的车身功能提供支持。

2) 底盘高速 HS CAN：包含了底盘/车辆动力以及驾驶人辅助系统和安全功能的所有模块。

3) 舒适高速 HS CAN：老款路虎发现 4 的车辆舒适电气控制系统采用中速 MS CAN 网络，全新发现改为高速 HS CAN 网络结构，为舒适度、控制信息娱乐，以及驾驶人信息功能提供支持，高速 CAN 舒适总线提供信息娱乐主控模块（IMC）与其他系统控制模块之间的通信。老款发现 4 的信息娱乐系统是基于 MOST 的 2.1 代高级信息娱乐系统。全新发现更新

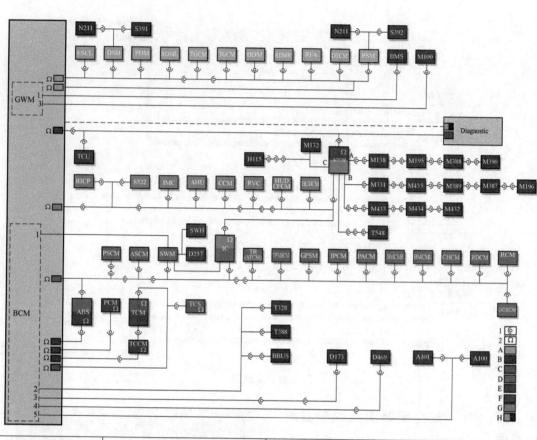

项目	说明	项目	说明
1	插头	2	终端电阻
A	高速车身 CAN	B	LIN 总线
C	高速动力 CAN	D	高速底盘 CAN
E	FlexRay	F	高速 HS CAN-电源模式 0
G	高速舒适 CAN	H	以太网
HSCAN-车身(拓扑图注 A)			
ESCL	电子转向柱锁	DSM	座椅模块-驾驶人
N211	主电磁阀-按摩	S391/392	开关组-驾驶人/乘客座椅
PDM	前排乘客侧车门模块	RDML	后车门模块-左
TGCM	尾门控制模块	TGCM	尾门控制模块
DDM	驾驶人车门模块	RDMR	后车门模块-右
RFA	遥控功能执行器	DTCM	展开式拖车钩控制模块
PSM	座椅模块-乘客	BCM/GWM	车身控制模块/网关模块
GWM-LIN 总线(拓扑图注 B)			
模块	LIN 总线	编号	说明
GWM	LIN 总线 1	M100	发电机
GWM	LIN 总线 3	BMS	蓄电池监测系统

图 6-13 2017 款全新路虎发现网络拓扑图

	HS CAN-电源模式 0(拓扑图注 F)		
TCU	远程通信控制模块	ATCM	自动温控模块
BCM/GWM	车身控制模块/网关模块		
	ATCM-LIN 总线模块(拓扑图注 B)		
H115	加热器-燃油燃烧	M132	电动机鼓风机-前部
M138	电动机模式-新鲜再循环空气	M195	电动机模式-右侧空气分配
M388	电动机模式-右前空气分配-混合	M390	电动机模式-右后空气分配-混合
M331	风窗玻璃分配(除霜)步进电动机	M435	电动机-面部/脚部-辅助气候控制
M389	电动机-左后空气分配-混合	M387	电动机-左前空气分配-混合
M196	电动机模式-左侧空气分配	M433	电动机-温度混合-左侧辅助
M434	电动机-温度混合-右侧辅助	M432	电动机-温度混合-辅助气候控制
T548	传感器风窗玻璃起雾		
	HS CAN-舒适(拓扑图注 G)		
RICP	后部集成控制面板	S522	后部开关组-控制台
IMC	信息娱乐主控制器	AHU	音频主机
CCM	摄像头控制模块	RVC	后视摄像头
HUDCFCM	抬头显示冷却风扇控制模块	HUDCM	抬头显示控制模块
ATCM	自动温控模块	IC	仪表板
BCM/GWM	车身控制模块/网关模块		
	HS CAN-底盘(拓扑图注 D)		
ABS	防抱死制动系统控制模块	PSCM	动力转向控制模块
ASCM	自适应速度控制模块	SWM	转向盘模块
SWH	ECU-可加热转向盘	D257	转向盘右侧模块
IC	仪表板	TR(ATCM)	全地形反馈开关组
TPMSCM	轮胎压力监测系统控制模块	GPSM	通用接近传感器模块
IPCM	图像处理控制模块	PACM	驻车辅助控制模块
BMCMR	盲点检测控制模块-右侧	BMCML	盲点检测控制模块-左侧
CHCM	底盘控制模块	RDCM	后差速器控制模块
RCM	约束控制模块	OCSCM	乘员分类传感器控制模块
BCM/GWM	车身控制模块/网关模块		
	FlexRay(拓扑图注 E)		
ABS	防抱死制动系统控制模块	PCM	动力传动系统控制模块
TCCM	分动器控制模块	TCM	变速器控制模块
BCM/GWM	车身控制模块/网关模块		
	HS CAN-动力传动系统(拓扑图注 C)		
TCS	变速器换档旋钮	TCM	变速器控制模块
BCM/GWM	车身控制模块/网关模块		

图 6-13　2017 款全新路虎发现网络拓扑图（续）

BCM-LIN 总线（拓扑图注 B）			
模块	LIN 总线	编号	说明
BCM	LIN 总线 1	SWM	转向盘模块
BCM	LIN 总线 2	BBU T388 T328	蓄电池供电发声器 内部位移传感器 雨水环境光线传感器
BCM	LIN 总线 3	D173	ECU 天窗
	LIN 总线 4	D469	模块-防盗止动系统天线
	LIN 总线 5	A101 A100	左侧前照灯 右侧前照灯

图 6-13　2017 款全新路虎发现网络拓扑图（续）

为 In Control Touch Pro，也称 NGI，即路虎新一代信息娱乐系统。In Control Touch Pro 系统使用了一种称为 Broad R-Reach® 的新型汽车技术，捷豹路虎是首家将此网络技术集成于其信息娱乐构架中的汽车制造商。

In Control Touch Pro 系统模块采用了基于 OPEN Alliance Broad R-Reach® 标准的新型车用以太网技术，来实现网络数据的传输。控制模块之间的每条链路具有 100Mbit/s 的带宽，汽车以太网技术能以远高于传统汽车网络的速度处理大量的数据。Broad R-Reach® 以太网技术是为满足车载的严格要求而设计制造的，且优化了多个车载应用程序，最终设计为通过无屏蔽的双绞线电缆进行工作，与 CAN 总线类似。在首款捷豹路虎应用中，采用了屏蔽电缆、高度受控电缆和接头装配工艺，Broad R-Reach® 以太网通信协议用于 IMC 与音频放大器模块（AAM）、远程通信控制单元（TCU），以及信息娱乐从控制器（ISC）后座椅娱乐系统 RSE 模块之间的通信。

4）电源模式 0 高速网络 HS CAN：电源模式 0 通信是一套电源管理网络，可在车辆钥匙处于关闭位置时，为需要通信的车辆交互功能提供支持。

5）动力传动系统高速 HS CAN：支持先前的网络架构设计，为无法迁移到 FlexRay 网络的模块提供通信。

6）FlexRay：全新的总线布局，动力传动系统已从先前的 PT-CAN 网络进行迁移，以便提高通信能力。

以上各网络都是相互独立运行的，各个网络的总线负载和稳定性得到了优化。任何连接到 CAN 总线和 FlexRay 网络模块的控制模块，均能够与连接到总线网络的任何其他控制模块进行通信，任何信息均可通过网关高效地从一个网络传输至另一个网络。同时，对网络运行负载的干扰降到最小。为了防止网络故障并降低网络负载，一些控制模块连接多个网络。在发生网络故障的情况下，仍可将基本数据从这些模块传输到其他网络连接，这使得该网络上的模块能够正常运行。

技巧点拨　每个网络包含一个双绞线，形成并联电路，为清晰和易用起见，拓扑图上只显示了一条导线。每个 CAN 网络有两个 120Ω 的端接电阻器，电阻器的位置可在拓扑图上找到，由位于相应控制模块上的欧姆符号（Ω）表示。

六、2017 款全新路虎发现 FlexRay 通信网络

2017 款全新路虎发现的通信网络是捷豹路虎车系首款采用 FlexRay™ 通信协议的 Land Rover 产品。FlexRay™ 是一套串行通信系统,适合在管理安全关键型车辆系统的模块之间交换数据。它提供了可容错的实时通信通道,工作速度高达 10Mbit/s。图 6-14 所示的网络包含三个分支,每个分支均使用一对双绞线构建,每个分支的末端均配有终端电阻器,这些电阻器按串联方式连接。

1. FlexRay 传输协议

FlexRay 传输协议示意图如图 6-15 所示,总线上的通信是通过周期包进行传输的,一个周期包又包括若干个周期,每个通信周期都包含静态分段,即划分为同等时长的时隙以传输静态数据;动态分段,即划分为同等时长的时隙以传输基于事件的数据;符号窗口,即用于网络维护,以及在网络闲置时间用于同步所有网络模块的字段。

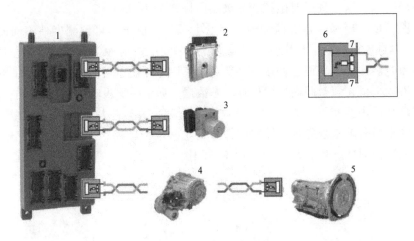

图 6-14 FlexRay 网络拓扑图
1—BCM/GWM 2—ECM 3—ABS 4—TCCM(分动器模块)
5—TCM 6—FlexRay™ 终端电阻器电路 7—电阻器

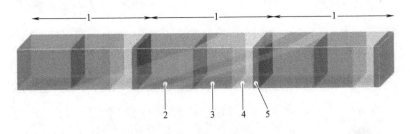

图 6-15 FlexRay 传输协议示意图
1—通信周期 2—静态分段 3—动态分段 4—符号窗口 5—网络闲置时间

FlexRay 使用了时分多址法(TDMA),而非多主概念。不允许模块按照随机或基于事件的顺序访问通信总线,它们仅可按照精确定义的、时长相等的时隙计划传输数据。模块基于时间的计划传输数据,所有 FlexRay 模块同步到相同的时钟时间。

（1）静态分段　网络设计者将确定所有FlexRay模块的通信顺序，确定顺序后，每个模块将被分配一个特定的时隙。模块在通信周期内等待其特定的时隙来临，可以获得用于传输数据总线的独家访问权限。若模块离线或未准备好传输数据，则分配的时隙将保持空白，该模块必须等到下一个通信周期才能传输数据。通过静态分段来传输周期性数据，此数据是既定的。以车轮转速作为变量示例，无论是静止还是移动，车辆将始终具备车轮转速（既定），并用车轮转速值来影响其他车辆系统，因此会把此信息反复传输到总线上。将定期传输消息"车速为$x$km/h"，因为只有变量"x"或实际车速会发生改变。使用了时分多址（TDMA）法后，便无需进行消息仲裁，现在将在可预测的时间范围内传输数据。静态分段示意图如图6-16所示，该示例显示了四个时隙，在现实中，每个通信周期可能包含数十个时隙，通信通道可以在每个通信周期传输大量数据。

（2）动态分段　TDMA功能足以完成静态消息传输，为实现由事件驱动的消息传输（动态消息传输），FlexRay通过动态分段扩展每个通信周期。动态分段具有固定的时长，分为一系列细微时隙，这些细微时隙按优先级顺序排列。

固定分段长度可确保静态数据传输不会发生延迟。由于不可预测事件驱动的数据（非既定），将对消息传输协议进行修改，传输将遵循时间的灵活性多重访问协议。尽管消息必须在特定细微时隙中传输，消息仲裁将决定哪个模块可以使用可用的分段时间。到达某个细微时隙时，模块可以在短时间内传输任意动态数据。如果模块没有传输数据，它将失去该时隙，系统将继续前进至接下来的时隙，并重复此过程，直至模块传输动态数据。在传输期间，接下来的细微时隙必须等待传输完成，如果时间范围到期，则具有较低优先级的消息，必须等待下一通信周期开始。动态分段示意图如图6-17所示，通信周期是静态分段和动态分段的组合。

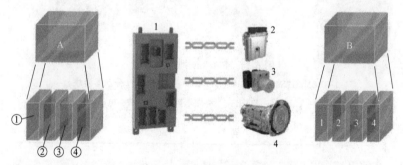

图6-16　静态分段

A—通信周期1　B—通信周期2　①、②、③、④—时隙　1—BCM/GWM　2—PCM　3—ABS　4—TCM

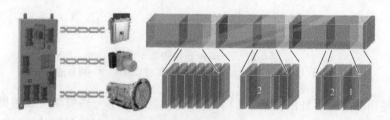

图6-17　动态分段

1、2—时隙

2. FlexRay 网络故障诊断-波形测量

FlexRay 数据传递也要服从一组规则，两条线同时应用电压差，创建数字逻辑"1 或 0"。就像所有总线数据传递一样，示波器是一种高度准确的网络活动观察工具。FlexRay 有两根双绞线，标准波形如图 6-18 所示，Busplus 和 Busplus 电压都在 1.5~3.5V 之间。

Busplus-Busplus = 2V 时定义为逻辑 1；Busplus-Busplus = -2V 时定义为逻辑 0，两导线的电平都为 2.5V 时为空闲，休眠时两根线电压均为 0。实际测量时，如果采用普通探针，测量出来的波形如图 6-19 所示。

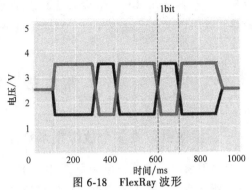

图 6-18　FlexRay 波形

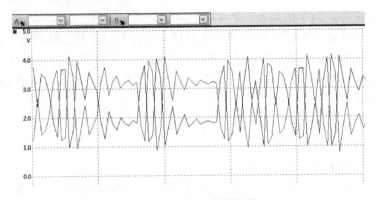

图 6-19　FlexRay 实测波形

3. FlexRay 网络故障诊断-终端电阻测量

众所周知，CAN 总线网络配有终端电阻器（防止信号反射），CAN 高和 CAN 低接线每端各具有一个 120Ω 电阻器，这实际上会创建一个并联电路。此方式创建的并联电路，决定了总电路电阻值应为 60Ω。在测试电路完好性时，此方法非常有效，高于或低于预期值表明存在断路或短路问题。

额外的部件会改变电路结构。在测试电路完好性时，简单的电路电阻检查无法提供准确的结果。在执行电阻检查之前，必须隔离每个终端电阻器。因为分动器模块是中间连接方式，其内部有 2 个串联的 1.3kΩ 的电阻，其他模块包含两个以串联方式连接的 47Ω 电阻器。要获得准确的结果，需要隔离要测量的分支，只需断开一端，然后测量断开的线束针脚之间的电阻值，便可以在分支的任意一端进行此类测量。至少需要执行两次测量（两端各一次），以检查整个电路。例如，要测试 BCM/GWM 和 ECM 之间的分支 ECM 终端电路，需断开相关的 BCM/GWM 接头，测量 FlexRay™ 总线正线和总线负线线束接头针脚之间的电阻值。要测试 BCM/GWM 终端电路，需重新安装 BCM/GWM 接头，断开相关的 ECM 接头，测量 FlexRay™ 总线正线和总线负线 ECM 线束接头针脚之间的电阻值，以此类推。

技巧点拨 每个 FlexRay™ 分支还在每端配有终端电阻器,每个接线具有专门的终端电阻器,这些电阻器按串联方式连接。模块中来自电阻器的分支通过电阻器提供了接地线路。这种布置方式提供了一个低旁通过滤器,可以从电路中去除不需要的噪声。

第二节 福 特 车 系

一、蒙迪欧致胜多个故障指示灯点亮

故障现象 一辆蒙迪欧致胜 2.0L GTDI 轿车,行驶里程 65km。此车为刚销售的新车,在车管所上牌时,按下点火开关后仪表板显示发动机故障,里程数/室外温度等显示"---",多个故障指示灯点亮,变速杆无法从 P 位脱开。

故障诊断 维修人员到达车管所对车辆进行基本检查无法排除故障后,拖车回厂,用 IDS 诊断仪进行检测,发现 IDS 诊断仪不能自动识别车辆,因为无法与 PCM 进行通信,利用先前对话功能识别车辆后,再进行网络测试,发现高速网络上所有模块都无法通信。

此故障的可能原因有:

① HS-CAN 网络线对电源短路。
② HS-CAN 网络线对地短路。
③ HS-CAN 高与 HS-CAN 低短路。
④ HS-CAN 网络上某模块故障造成 CAN 网络信号干扰或内部电子元件损坏造成短路。

先拔下 C11-N/P 插头(图 6-20)进行测量发现 HS-CAN 低电压为 0.17V,不正常,但更不正常的是 HS-CAN 高电压为 0V,再拔下插头 C23-C/D(图 6-21),测量 HS-CAN 低为

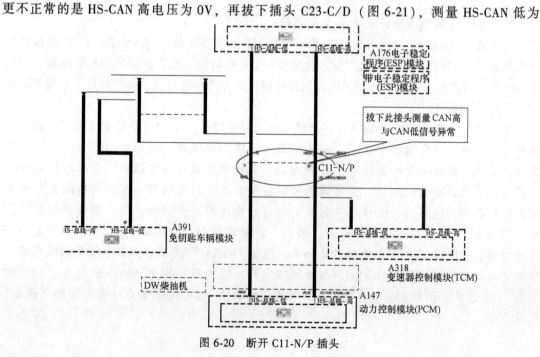

图 6-20 断开 C11-N/P 插头

2.3V，HS-CAN 高为 2.7V，网络信号恢复正常。此时，用 IDS 进行网络测试，发现 GEM（通用电子模块，相当于 BCM）通信恢复正常（图 6-22），很明显故障点就在 C23-C/D 后面的网络线或模块上。当重新插上此接头，意外地发现整个高速网恢复正常，发动机也可以正常起动，仪表显示也恢复正常，马上对 C23-C/D 接头进行检测，但并没有异常，用手拉动此接头线束时故障又再次重现。掀开地毯细查此线束，发现线束大部分裸露在外没有包扎（图 6-23），故障点就发生在拐弯处，多条线已经有轻量磨损，而导致此故障的是一条经过这里的 HS-CAN 高被车身钣金件毛刺刮破，造成对地短路（图 6-24）。

故障排除 重新对线路进行包扎后，故障排除。因此车为新车，驾驶人抱怨很大，建议厂家生产时对此处线束进行必要包扎，并避开钣金件毛刺。

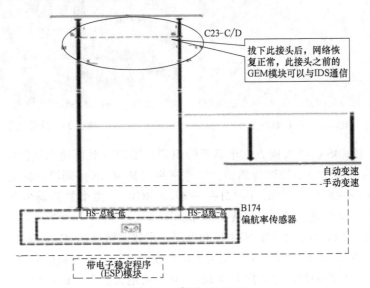

图 6-21 断开 C23-C/D

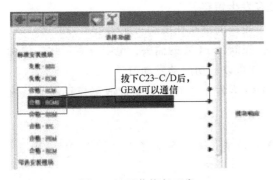

图 6-22 通信恢复正常

图 6-23 线束裸露在外

技巧点拨 标准 HS-CAN 高电压一般在 2.5~3.5V，平均值 2.6V 左右。HS-CAN 低电压在 1.5~2.5V 之间变化，平均值在 2.4V 左右，两者相加为 5V。另外，一般像仪表显示多个系统故障时，不是模块电源，就是 CAN 网络有问题。电路图非常详细，不仅能反映线色，而且能看出元件大致位置，这样有助于快速找到故障。

二、福特嘉年华多个指示灯点亮

故障现象 一辆福特嘉年华轿车配备 B2291.5L 发动机，手动变速器，行驶里程 3 万 km，发动机故障灯亮，ABS 灯亮，转向系统灯亮，驻车制动灯亮，PATS 灯闪烁（图 6-25），不能着车。

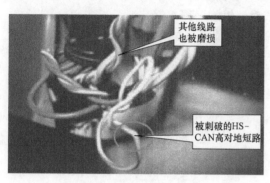

图 6-24 HS-CAN 高对地短路

图 6-25 故障现象

故障诊断 用 IDS 诊断仪检查，车辆不能识别，用先前对话功能检测发现，高速网络（HS-CAN）上的模块全部不能进行通信，中速网络（MS-CAN）则没有问题，BCM 有两个故障码：U0415——68-0A-BCMii；U0121——00-0A-BCMii。两个故障码的含义都是由 ABS 获得的数据无效，没有进一步更多的解释信息。

用万用表检查 DLC 插头上的网络电压和电阻，高速网络（HS-CAN 高）对地的电压为 0（标准电压 2.6V 左右），电阻无穷大，说明电压存在问题，但没有对地发生短路。再测量高速网络端电阻时，高速网络的端电阻只有 8Ω，对地则是无穷大，说明高速网络线路或模块内部发生了短路。断开 C31 接插器（图 6-26），乘客舱方向的电阻为 120Ω，说明仪表、RCM、动力转向控制模块 PSC 以及 DLC 线路没有发生短路。

而发动机舱方向的电阻则只有 8Ω，说明发生短路的电路在发动机舱线束相关的这一块，在发动机舱内的高速网络模块只有 PCM 和 ABS，先断开 PCM 的插头，电阻没有变化，说明 PCM 没有问题。断开 ABS 时，电阻变成 120Ω，并可以成功起动发动机。

故障排除 经反复试验，确认高速网络在 ABS 内发生了短路，至此故障点已找到，维修自然就不成问题了。

技巧点拨 此故障相当简单，当碰到仪表显示不正常，多个警告灯点亮，很多时候不用害怕，一般都是网络或电源线路故障。

三、福特野马仪表板上提示"斜坡起步辅助不可用"

故障现象 一辆福特野马车，搭载 2.3T 发动机，行驶里程 6300km，驾驶人反映，行驶过程中仪表板上防侧滑指示灯、安全气囊指示灯偶尔点亮，并且提示"斜坡起步辅助不可用"（图 6-27）。

故障诊断 接车后首先试车验证故障现象，起动发动机，发动机顺利起动。观察仪表

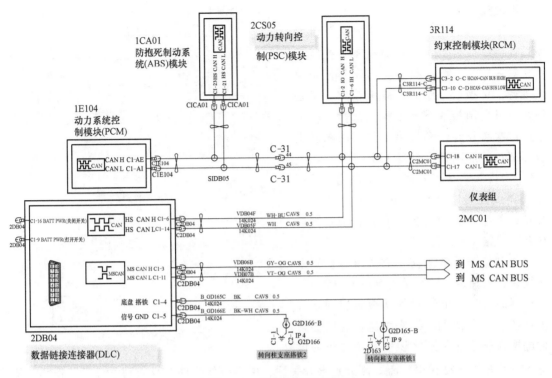

图 6-26 高速网络通信简图

板,没有故障灯点亮,尝试多次起动发动机,仪表板出现上述信息提示。将发动机熄火,发动机舱内有时传来"嗒嗒嗒"的异响,经多次试车确认,异响来源于节气门阀板动作的声音。另外还发现,发动机熄火后,左侧、右侧前照灯总成内的示廓灯偶尔会自动闪烁。

连接故障检测仪(IDS)读取故障码,电动转向柱控制模块(PSCM)内存储有故障码:U0100——与 ECM/PCM A 的通信丢

图 6-27 仪表板提示"斜坡起步辅助不可用"

失,U0151——与乘客保护系统控制模块的通信丢失,U0415——由 ABS 模块获得的数据无效;乘客识别系统模块(OCSM)内存储有故障码:B0061——乘客侧座椅安全带预张力器传感器;ABS 模块内存储有故障码:U0452——由乘客保护系统控制模块获得的数据无效。

存储的故障码中有 4 个是网络通信故障,故障码指引的方向也比较模糊,维修人员决定从故障现象着手检查。首先检查左侧前照灯内的示廓灯为何会自动闪烁。查看左侧前照灯相关电路(图 6-28),脱开左侧前照灯总成导线连接器 C1021,用万用表测量导线连接器 C1021 端子 3 的电压,为 4.75V(正常情况下,应该没有电压),不正常。依次测量熔丝 F68、F60、F62、F64 上的电压,也均为 4.75V,不正常。依次测量熔丝 F37、F21、F35、F19、F22 上的电压,仍为 4.75V;测量熔丝 F34 上的电压,为 12.11V,正常。诊断至此,分析认为造成上述故障的可能原因:车身控制模块故障;车身控制模块下游子模块故障;相

关线路故障。

查看车辆的维修履历，车辆之前没有做过任何事故维修。鉴于更换车身控制模块相对简单，维修人员首先对车身控制模块进行了更换、编程，但故障依旧。于是怀疑车身控制模块下游子模块故障，决定采用依次断开各子模块供电的方法来确定故障部位。依次拔下熔丝F21、F35、F19、F22，当拔下熔丝F22时，测得左侧前照灯总成导线连接器C1021端子3的电压由4.75V变为0V，由此推断乘客识别系统模块及其线路存在故障。

找到位于乘客座椅下方的乘客识别系统模块，发现乘客识别系统模块上加装了1个电器附件。该电器附件从乘客识别系统模块接了一个常电源用来供电，而电器附件的搭铁线接在了乘客识别系统模块的供

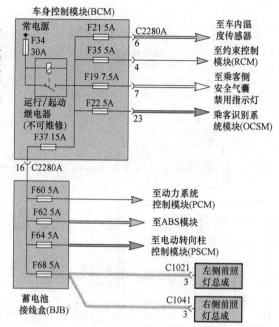

图6-28 左侧前照灯相关电路

电线（由熔丝F22供电）上。断开点火开关后，由于电器附件本身起到了分压的作用，使得常电源通过电器附件后的电压降为4.75V，导致前照灯总成、动力系统控制模块、ABS模块、电动转向柱控制模块在休眠时都有电源供给，以致出现了上述一系列的异常现象。

故障排除 拆除电器附件，清除故障码，多次起动发动机，各控制模块无任何故障码存储，上述故障现象消失，至此，故障彻底排除。

> **技巧点拨** 本文作者诊断思路清晰，诊断过程合理。现代汽车已广泛使用车载网络，装有车载网络的车辆一旦出现故障，维修人员应首先检测汽车车载网络系统是否正常。

四、福特福克斯事故修复后起动机无法起动

故障现象 一辆福克斯AT轿车，行驶里程3.4万km。事故修复后无法起动，起动机没反应。

故障诊断 首先验证故障，确实是无法起动，起动机没有反应，仪表无里程数显示，机油压力灯不亮，PATS灯闪烁，三角形的故障警告灯点亮，显示的内容是"自动变速器故障"。

经过多位维修人员的诊断维修，车身电路已经被翻得乱七八糟，所以先用"红盒子"故障诊断仪检测。连接"红盒子"故障诊断仪，但是无法与PCM形成通信，结合上述故障现象和检测内容，首先可以排除是"红盒子"的自身问题，因为"红盒子"在其他车上是可以通信的。结合故障现象分析，可能原因就只有以下几点了：一是PCM有问题损坏；二是PCM的电源搭铁有问题；三是高速网络有问题；四是ABS有问题损坏（以前在事故车上遇到过）；五是仪表有问题损坏；六是TCM有问题损坏。

首先，PCM 损坏的可能性不大，因为外观没有撞击的痕迹和进水的可能，但是也不排除人为因素造成的损坏。先分析后几条：第二条，因为在打开点火开关的时候，节气门电动机是有动作的，节气门是在关闭状态，基本上可以排除是第二条的可能了。第三条，如果是高速网络的 CAN+ 和 CAN- 对正极短路，CAN+ 对地短路，或者是 CAN+ 与 CAN- 之间短路，还有 CAN+ 和 CAN- 在某处断路，都有可能会造成高速网络无法通信。所以第三条的可能性是比较大的。第四条和第五条、第六条的可能性跟第一条是相同的，暂不排除也不肯定。

先从简单的高速网络查起，断开蓄电池的正负极及在高速网络上的模块插头，用万用表测量 CAN+ 和 CAN- 对地、对电源是否有断路、短路时，发现 CAN+ 有断路现象。结合电路图逐一排查，把断路点缩小到了 BJB 的 C90 插头到 C111 插头之间的灰红色 CAN+ 线上，试着在 C90 的 15 号脚与熔丝盒到 C111 插头方向的 CAN+ 线上接 1 根导线，装复模块和蓄电池，试着打开点火开关起动，此时 PATS 灯不再闪烁，仪表也有了里程数显示，起动顺利着车。看来问题就是 CAN+ 线断路引起的。

拆开熔丝盒的下护罩，仔细检查 C90 插头上的高速网络线的连接情况和走向，发现高速网络线在经过 BJB 后要往 EHPAS 模块方向布线，节点一直延伸到 EHPAS 模块附近后，再往 BJB 方向，穿过 BJB 一直到 C111 插头，再到仪表，绕了一大圈。可能是为了在 CAN 网络上减少干扰，提高抗干扰能力，保障通信能力不受外部因素影响。

故障排除　最后发现，CAN+ 在左前照灯下方的 BJB 到 EHPAS 模块方向的节点这段线路上断路，且是由于事故撞击造成的，只是线束外面包裹的塑料护罩没有损坏，所以不容易被发现。接好断线，顺利着车，至此故障排除。

> **技巧点拨**　迅速、准确地找到故障点，是建立在专业的技术知识储备和完整清晰的诊断思路基础上的。只有这样才能少走弯路，节约时间，提高一次修复率。

五、2013 款福特探险者仪表信息中心报警

故障现象　一辆加拿大生产的 2013 款福特探险者顶配车，搭载 3.5L V6 双独立可变气门正时发动机和 6 速手自一体变速器，行驶里程 16 万 km。驾驶人进厂对车辆进行维护，并报修仪表信息中心出现多个故障信息提示，以及左右侧后视镜上盲点监测指示灯常亮的故障。

故障诊断　接车后，试车验证故障现象，接通点火开关，尝试起动发动车，发动机顺利起动着车，仪表信息中心出现"倒车碰撞预警系统故障"和"盲区信息系统故障"的提示信息，同时左右侧后视镜上的盲点监测指示灯常亮。在对驾驶人所述故障进行验证的过程中，维修人员还发现空调系统有时会自动开启，但空调控制面板和显示屏上都没有开启空调的指示，由此确认故障现象确实存在。

连接故障检测仪（IDS）对车辆进行检测，测得的故障码均是"U"开头的网络故障码（图 6-29），且都是与中速网络模块通信相关的故障码。对中速网络上的模块进行测试，均显示为"失败"（图 6-30）；对高速网络、多媒体网络进行网络测试，均通信正常。根据该车型的网络拓扑图和 IDS 检测结果进行分析，初步判断故障原因可能为中速网络短路或断路、中速网络中某个模块内部故障等。

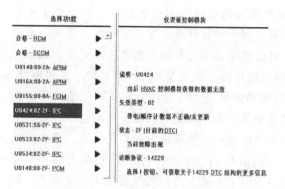

图6-29 IDS读取到的故障码

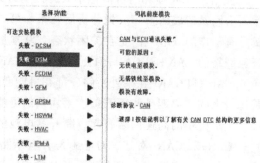

图6-30 中速网络上的模块均显示为"失败"

用万用表测量数据诊断接口（DLC）上与中速网络相连的端子3（CAN+端子）和端子11（CAN-端子）的电压和电阻。接通点火开关，测得端子3和端子11的电压分别为9.51V和9.73V，电压明显不正常（正常CAN+电压应为2.6~2.8V，CAN-电压应为2.2~2.4V）。断电测量端子3和端子11之间的电阻，为61Ω，在正常范围内，说明中速网络没有断路；分别测量端子3和端子11与电源和搭铁之间的电阻，均为∞，说明中速网络没有对电源和搭铁短路的故障现象。

根据上述检查结果进行分析，判断故障原因是中速网络中某个模块内部故障，或中速网络与其他线路存在短路。逐个断开中速网络上的模块，由于不需要拆装任何附件就可以断开两侧盲点监测模块的导线连接器，因此先断开两侧盲点监测模块的导线连接器。在断开右侧盲点监测模块的导线连接器后，发现中速网络电压恢复正常了，但稍后却又异常了。仔细检查2个盲点监测模块的导线连接器，并没有发现有进水、腐蚀的迹象。既然断开右侧盲点监测模块的导线连接器时，中速网络短时间恢复正常，说明故障应该与此条线路有关。

顺着线路检查拔插右侧盲点监测模块导线连接器时可能触动的导线连接器C405（图6-31），发现导线连接器C405外部都是湿的并且附有泥浆。断开导线连接器C405检查，发现导线连接器C405内部进水（图6-32）。断开导线连接器C405后测量DLC端子3和端子11的电压，分别为2.59V和2.35V，电压恢复正常，说明导线连接器C405进水就是故障点。

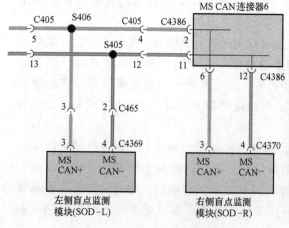

图6-31 导线连接器C405电路

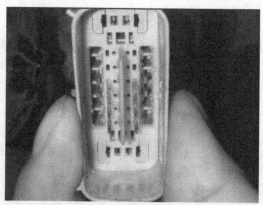

图6-32 导线连接器C405内部进水

故障排除 将导线连接器 C405 处理干净并吹干，然后做好导线连接器的防水处理，装复后试车，故障排除。

> **技巧点拨** 汽车上线束的导线连接器遍布车内各个部位，在下雨天行驶时，车身多个部位都会受到雨水的侵蚀，致使连接器进水、生锈、腐蚀甚至断路的情况屡见不鲜。如何制作良好防水性能的连接器，是汽车生产厂家要面对的问题。

第三节 本田车系

一、2007 款东风本田思域网络故障

故障现象 一辆 2007 款东风本田思域，行驶里程 9402km。行驶中发动机故障灯、ABS 故障灯、安全气囊故障灯点亮，转速表、冷却液温度表不起作用。故障为偶发，有时正常。

故障诊断 接车后仪表显示正常，连接诊断仪发现有多个系统存在和仪表无通信的故障，很明显这是一个偶发的网络故障。

为了使故障重现，清除故障码，在颠簸路面行驶一段时间后，故障重现，读取故障码依旧是仪表和多个控制单元无通信。从电路图 6-33 中可以看出，在思域车中仪表作为 BCAN 和 FCAN 两个网络的网关，起信息交换作用，如果网络线或仪表有问题都会导致无法通信。而此车的故障又是偶发故障，这就给诊断带来了困难。就在要拆下仪表检测网络线时，驾驶人提供了一个信息，此车在调校过里程表后就间歇性出现了这个故障。那么问题可能就在仪表上，于是直接更换了仪表，试车，故障没有再现。驾驶人不愿意更换仪表，请求维修，怀疑是仪表存储器数据错误。拆下仪表，用正常的存储器数据刷新了旧的数据，装车后试车，故障还是偶然出现。是仪表损坏了吗？再次把仪表装上后发现，偶然用力按压仪表线路板时，故障消失，放开手后故障重现。

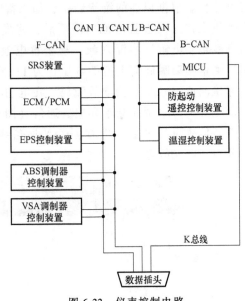

图 6-33 仪表控制电路

故障排除 于是，肯定是仪表线路板有接触不良的现象。再次仔细观察了线路板，终于在图 6-34 所示处看到了线路板的开裂处，可能是由于在拆卸仪表时用力过大造成的。把开裂的线路板焊接好（图 6-35）后试车，故障没有再次出现。

> **技巧点拨** 这例故障是人为拔插头时用力过大，使仪表的线路板断裂，无法和多个控制单元通信引起的。在修理时要小心谨慎，否则会修出更多的故障。

图 6-34　线路板开裂处

图 6-35　开裂处焊接

二、2015 款广汽本田奥德赛起停系统不工作

故障现象　一辆 2015 款本田奥德赛，搭载 2.4L 发动机，行驶里程 4.5 万 km，因起停系统不工作而进店检修。

故障诊断　接车后首先试车验证故障现象。系上安全带，起动发动机，进行路试，在路况较好的城区路面上行驶约 10min，然后在交通红绿灯前将车辆停下，发现起停系统确实不工作。根据以往的维修经验，如果蓄电池性能存在不良，怠速停止功能也会被禁用，于是决定首先检查蓄电池。回厂后，将发动机熄火，检查蓄电池表面，未发现蓄电池表面有鼓包、电解液渗漏现象；检查蓄电池正负极电缆，均连接牢靠。起动发动机，用万用表测量起动瞬间蓄电池的电压，为 11.5V，正常。至此，排除蓄电池故障的可能。连接故障检测仪（HDS）读取故障码，在电动车窗控制模块内存储有故障码：U1299——电动车窗主开关与空调控制单元失去通信（图 6-36）。查阅故障码 U1299 的相关说明，得知造成该通信故障的可能原因有：CAN 通信线路断路或短路；电动车窗主开关搭铁线断路；空调控制单元故障。

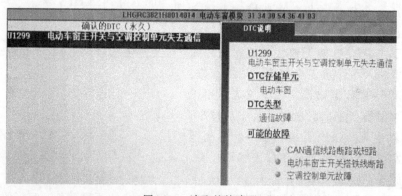

图 6-36　读取的故障码

继续读取发动机相关数据流（图 6-37），发现"怠速停止禁止（HVAC）"状态为"被禁止"，说明空调控制单元（HVAC）禁止怠速停止功能，推断空调系统存在故障。起动发动机，接通 A/C（空调）开关，将空调控制面板上的温度旋钮调至最低位置，发现没有冷风吹出；打开发动机舱盖，观察空调压缩机的运行状况，发现空调压缩机离合器没有吸合，同时发动机舱内的 2 个冷却风扇也没有运转。查阅相关电路（图 6-38），断开空调压缩机离

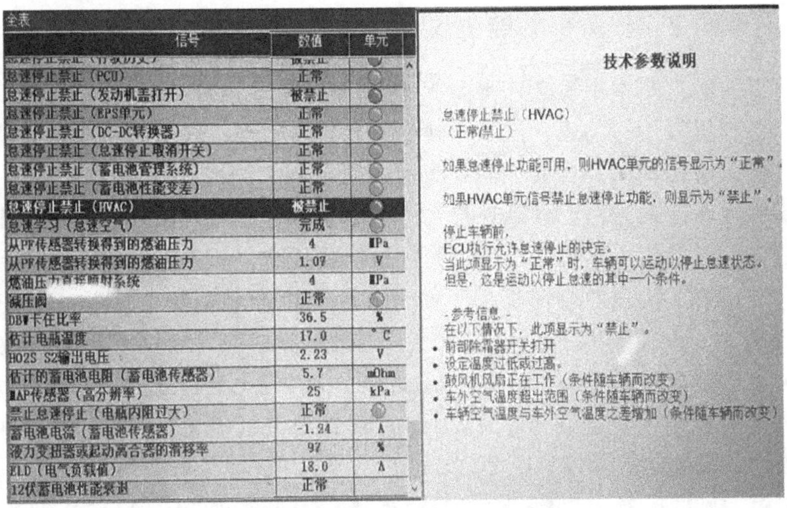

图 6-37 读取的发动机相关数据流

合器导线连接器，用二极管试灯测试空调压缩机离合器导线连接器端子 1，二极管试灯不亮，说明空调压缩机离合器供电存在故障，于是决定首先检查空调压缩机离合器的供电熔丝。打开发动机舱熔丝/继电器盒盖，找到空调压缩机离合器的供电熔丝 A25（7.5A），发现熔丝没有熔断，用二极管试灯测试熔丝的输出端，二极管试灯也能够正常点亮。尝试更换空调压缩机离合器继电器，空调压缩机离合器仍然不吸合。拔下空调压缩机离合器继电器，用二极管试灯分别测试空调压缩机离合器继电器座端子 1 和端子 3，二极管

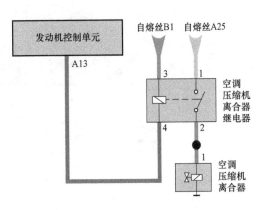

图 6-38 空调压缩机离合器供电电路

试灯正常点亮，说明空调压缩机离合器继电器供电端正常。短接空调压缩机离合器继电器座端子 1 和端子 2，空调压缩机离合器正常吸合，说明空调压缩机离合器继电器的控制端出现故障。根据图 6-38，得知空调压缩机离合器继电器是受发动机控制单元控制的。再次读取发动机相关数据流，发现 A/C 开关的值显示为"关闭"，尝试多次接通或断开 A/C 开关，A/C 开关指示灯始终点亮，A/C 开关的值始终显示为"关闭"，说明空调控制单元存在故障。

故障排除 更换空调控制单元，接通 A/C 开关，空调压缩机正常工作，进行路试，起停系统恢复正常。

技巧点拨 虽然故障现象是起停系统不工作，但却以更换空调控制单元而结束，故障涉及网络、空调、起停系统等多个方面，这使得我们在诊断时要综合多方面的因素去分析故障。

三、本田雅阁 2.4L 多个功能失灵

故障现象　一辆广州本田第 7 代雅阁 2.4L 轿车，搭载排量为 2.4L 的智能可变气门正时系统发动机，行驶里程 10 万 km，该车行驶中突然同时出现小灯不亮，前照灯只有近光，刮水器只有高速档，中控锁遥控器失灵等故障。

故障诊断　接车后首先验证故障现象，除了出现上述故障现象外还发现：开驾驶人侧车门时仪表不报警，指示灯也不亮。以前没修过这样的故障，于是查阅原厂维修手册，从维修手册中得知，本田第 7 代雅阁轿车采用了新型多路集中控制系统（Multiplex Integrated Control System，MICS），如图 6-39 所示。它由车身控制器局域网（Body Controller Area Network，B-CAN）和快速控制器局域网（Fast Controller Network，F-CAN）组成。其中，由 B-CAN 连接的控制模块有组合开关控制装置、MICU（多路集中控制模块）、继电器控制模块、车门多路控制装置、空调控制装置 5 个。而 ECM/PCM 和 TCS 这 2 个模块则是由 F-CAN 来连接的，仪表控制模块则同时被 B-CAN 和 F-CAN 连接，用于实现 B-CAN 和 F-CAN 之间数据的双向传输，使 2 个局域网中各控制模块能够共享信息。

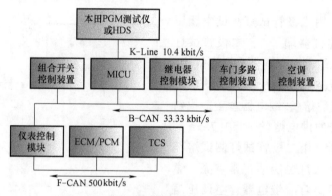

图 6-39　第 7 代雅阁轿车 MICS 控制系统

综合本车的功能失效元件来看，所有出现故障的元件都是要经过 B-CAN 来传递信息的，下面以刮水器的工作情况为例，来说明 MICU 多路集中控制系统中通信线路的工作过程：组合开关控制模块监测刮水器开关的动作，当刮水器开关置于低速档时，组合开关控制模块向通信线路传输此信号，继电器控制模块接收到此信号后，使刮水器继电器搭铁，从而使刮水器开始工作。维修手册显示，在 B-CAN 网络传输线路出现故障时，为了不影响基本的行车功能，前照灯开关的近光触点和刮水器开关的高速触点都有一个后备回路，来直接控制继电器模块内与之功能相对应的继电器。综合此车的故障现象分析，该车的故障原因应该是 B-CAN 网络出现故障而使车辆运行处于故障模式。于是，开始着手测量 B-CAN 线路，发现 B-CAN 线路上的电压在接通点火开关（置于 ON 位）的情况下有 12.8V 的电压，发动机运行时该电压竟然达到 14V，而正常的电压应该是 2~3V。感觉是 B-CAN 线路对正极短路了。为了验证这个判断，依次断开 B-CAN 上的仪表控制模块线束、空调面板线束、组合开关模块线束、车门多路控制模块线束、继电器控制模块线束后，测量 B-CAN 线路对搭铁的电压，还是 14V，唯一还没断开的是 MICU 线束。查看维修手册上的电路发现，该车 MICU 控制车内灯、车外灯、喇叭、遥控门锁、电动门锁、安全警告的线路。维修手册显示，MICU 位于

车身内部熔丝盒内。在驾驶人侧仪表板下侧找到MICU，拆开其导线连接器，发现有进水的痕迹，仔细检查发现导线连接器内的端子已经生出铜锈且扩散开了，看来故障就在这里了。

故障排除 把MICU解体后彻底清洗，将端子上的铜锈彻底清除后装好试车，故障排除。

> **技巧点拨** 修车的时候一定要借助资料，综合分析故障现象，搞清楚元件的控制原理。现在车辆各系统不再是单一系统独立地进行工作，而是在整个平台上，由多系统共同对一个部件进行控制，特别是在车辆广泛采用车载网络系统之后，这种系统与系统之间的相互影响就更明显了，就像本案例中的灯光、刮水器、中控锁同时失效，但并不就是相关元件或线路失效，而是由于局域网故障导致相关元件功能失效。因此，当对车辆进行故障诊断的时候，故障诊断的思路就要发生变化，很多时候"头痛"并不是"头"的问题，恐怕真是要"头痛医脚，脚疼医头"了。

第四节 日产车系

一、2012款东风日产轩逸无法起动

故障现象 一辆2012款东风日产轩逸乘用车，车辆型号G11，搭载MR20DE发动机，行驶里程44499km。驾驶人反映下班回家时，该车智能遥控钥匙无法开启车门，使用机械钥匙打开车门后，点火锁无法转动，车辆不能起动。接车后对车辆进行检查，发现智能遥控钥匙恢复正常，车辆起动正常。使用CONSULT-Ⅲ对系统进行检查，发现有历史故障码，清除之后使用遥控钥匙反复测试，车辆工作正常，因此怀疑是偶发性故障，让驾驶人开走继续使用。第二天驾驶人反映故障再次出现，两把遥控钥匙都不能打开车门，进入车辆后，转向盘锁止，无法起动车辆。连续按动转向锁开关后，转向解锁，车辆又正常起动。

故障诊断 现代汽车多采用智能钥匙遥控打开车门、起动车辆，智能钥匙控制系统与车辆CAN系统通信出现问题，就会在车辆使用过程中造成诸多不便，甚至不能起动车辆。由于该车采用智能钥匙控制系统，且车辆偶发出现无法起动的故障，首先对车辆蓄电池技术状况及极桩连接情况进行检查。蓄电池技术状况良好，极桩接触正常，排除掉车辆因为掉电引起的智能钥匙控制系统工作不良的可能性。接着对两把遥控钥匙的电池电压进行测量，电压符合使用要求，且两把智能钥匙同时坏掉的可能性较小，所以该故障可能引发的原因，就集中在车辆的智能钥匙控制系统上。该车智能钥匙控制单元控制原理如图6-40所示，智能钥匙控制单元要接收到遥控钥匙的合法请求信号，发送信息给车辆CAN系统进行信息交互，接收到CAN系统返回指令，智能钥匙控制单元控制转向锁总成解锁，BCM控制各车门门锁电动机动作。满足起动条件要求时，IPDM E/R模块控制起动机继电器工作，起动机工作带动发动机运转。根据该车智能钥匙控制系统工作原理及故障现象，结合维修经验，初步怀疑该故障应该是由于控制线路接触不良造成的。

由于维修车辆暂时工作正常，驾驶人表示该车无事故，保养正常且并未进行线路改装。于是先拆卸杂物箱、仪表板下护板，检查智能钥匙控制单元、BCM、转向锁单元的线路，外

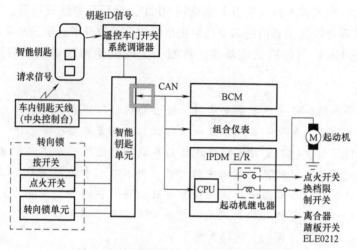

图 6-40 轩逸智能钥匙控制单元控制原理图

观及连接正常,用手晃动线路连接器接头,同时按动遥控钥匙按键进行检查。当晃动智能钥匙控制单元连接接头时,按下遥控钥匙按键,车外蜂鸣器工作,所有车门锁均不工作,用左前门门锁开关操作,门锁机构工作正常,且车内无法转动转向盘,转向锁无法释放。连续按下转向锁开关,转向锁能够释放,但仪表防盗指示灯点亮,起动时起动机无反应。此时,使用诊断仪进行系统检查,发现检测不到智能钥匙控制单元系统、BCM、仪表、发动机系统均出现故障码(图6-41)。这表明该故障是由于智能钥匙控制单元与BCM、ECM无法通信造成的。可以产生故障的线路包括电源电路、搭铁电路和数据通信线路。

查阅维修资料,发现该车智能钥匙控制单元(M40)连接端子11号端子为模块电源线,2号和3号端子为CAN系统通信线,12号端子为模块接地线。拔下M40连接器,使用万用表检查11号端子与搭铁之间有蓄电池电压,12号端子与搭铁导通正常,跨接2端子和3端子电阻为57.7Ω正常。插回连接器,故障现象消失,车辆恢复正常,这说明该故障的故障点应该在插接器与模块的连接部位。为了确定是哪一根线接触不良,将控制单元拆开,再将智能钥匙控制单元插头插好,用万用表对2号、3号、11号、12号线跨线

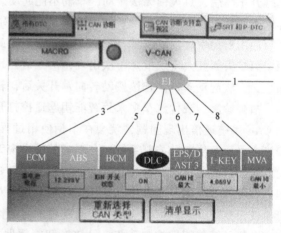

图 6-41 轩逸 CAN 故障诊断图

测量(图6-42),即用万用表表笔的一端接在控制单元内部针脚处,另一端接在插头外边线束端,万用表测量档在接通蜂鸣档处,当测量到控制单元的2号端子时,晃动插头万用表显示不导通,此时故障再现。由此判断为2号针脚接触不良。

故障排除 由于更换元件价格较贵,车辆已过保修期,驾驶人要求进行维修解决,就在内部针脚2号焊点焊接一根导线,引出后跨接焊接接入2号CAN-H线(图6-43),修复后进行检测,遥控钥匙工作正常,车门可以正常遥控开启,车辆正常起动。试车后交付驾驶人,

驾驶人使用一段时间后反映故障不再出现,到此该故障完全排除。

> **技巧点拨** 该故障是由于车辆智能钥匙控制单元接头 2 号端子内针脚连接松脱,造成模块与整车 CAN 系统失去通信,引发 CAN 系统通信故障,因而导致车辆车门无法打开、转向锁无法解锁、车辆无法起动等故障。这种偶发性接触不良故障虽然修理难度不大,但由于现代车辆电子设备较多,多采用 CAN 总线控制,常常会引起复杂的连锁故障,给维修工作带来较大的难度。维修此类故障时,应根据不同车型不同控制系统的工作原理,结合车辆故障现象分析各故障现象之间的关联性,运用先进检测设备进行故障辅助检测,通过电路图来分析原因,从而达到快速、准确排除故障的目的。

图 6-42　跨线检查线路连接情况

图 6-43　焊接 2 号端子引线

二、2017 款英菲尼迪 QX30 音响无法开启

故障现象　一辆 2017 款英菲尼迪 QX30 车,搭载 1.6T 发动机,行驶里程 5000km,因音响无法开启而进厂检修。

故障诊断　接车后首先试车验证故障现象,接通点火开关,起动发动机,发动机顺利起动,接通音响控制面板主开关,音响无法开启(图 6-44);按下转向盘上的音响控制按键和多功能开关的所有按键,音响也无反应。用故障检测仪(CONSULT3 PLUS)检测,在 CAN 网关中读得了 3 个故障码(图 6-45):U0147-87——音响或指令 ECU 通信故障(缺失信息),U105B-87——与转向盘电子通信有故障(缺失信息),U1901-88——与 M-CAN 总线通信有故障(BUS OFF);在 AV 系统中读得了 4 个故障码(图 6-46):U1240-02——开关连接,U1249-02——AUDIO H/U CONN(音响主机连接错误),

图 6-44　音响无法开启

U1267-02——CGW 连接(CAN 网关连接),U1300-01——AV 通信电路。记录并尝试清除故障码,故障码无法清除。

查阅维修手册关于故障码 U0147-87、故障码 U105B-87 和故障码 U1901-88 的解释及排查步骤，得知当在 CAN 网关中存储故障码 U0147-87 和故障码 U1901-88 时，需要对显示屏控制单元执行车载诊断。由于该车音响按键无反应，无法进行车载诊断，只能先对故障码 U105B-87 进行分析检查，从故障码的含义上可以大致判断故障出在 CAN 网关与 AV 主机的通信上。在 CAN 网关中存储故障码 U105B-87，需要执行 CAN 通信系统诊断。用故障检测仪执行 CAN 通信系统诊断，结果显示转向柱控制模块正常。通过上述对 CAN 网关中存储的故障码进行分析，其共同点是通信故障，唯一的突破口在 CAN 网关与转向柱控制模块之间的通信线及这 2 个控制模块上。

由于 CAN 网关的拆卸比较容易，于是决定先从 CAN 网关着手检查。检查 CAN 网关导线连接器连接牢靠，端子无腐蚀现象；检查 CAN 网关的供电及搭铁，均正常；测量 CAN 网关导线连接器侧通信端子（端子 16 和端子 17）之间的电阻，为 61.6Ω，正常，且对电源及搭铁无短路。鉴于对 CAN 信号波形的检测条件不足，暂时只能怀疑是 CAN 网关故障或转向柱控制模块故障。

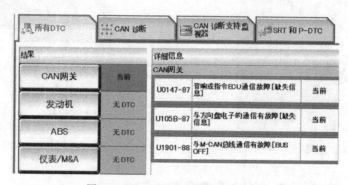

图 6-45 CAN 网关中存储的故障码

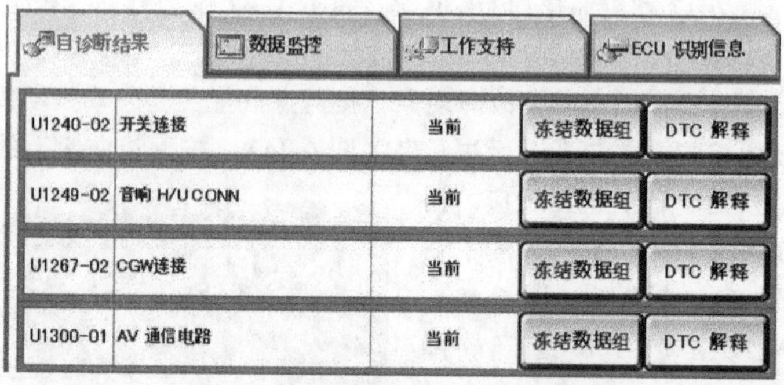

图 6-46 AV 系统中存储的故障码

查阅维修手册关于故障码 U1240、故障码 U1249、故障码 U1267 和故障码 U1300 的解释及排查步骤，由优先级说明可知，需要先检查故障码 U1240、故障码 U1249 和故障码 U1267。查询这 3 个故障码的相关说明，可知其共同点都是 AV 主机通信异常。拆卸 AV 主机，检查 AV 主机的供电及搭铁，均正常；测量 AV 主机导线连接器侧通信端子（端子 22 与端子 42）之间的电阻，为 61.7Ω，且对电源及搭铁无短路。鉴于对 CAN 信号波形的检测条件不足，认为造成故障可能的原因有：AV 主机故障；CAN 网关故障；转向柱控制模块故障；音响控制面板故障；相关线路故障。

本着由简到繁的诊断思路，对上述可疑的故障点进行逐一排除。首先将故障车的音响控制面板调换到试乘试驾车上，故障车的音响控制面板在试乘试驾车上能够正常使用，排除音响控制面板有故障的可能。调换试乘试驾车 AV 主机，试乘试驾车 AV 主机装上故障车后（只是连接了导线连接器，没有安装到位），故障现象消失。怀疑是 AV 主机故障，重新连接故障车的 AV 主机（没有安装到位），故障现象消失。安装到位后，故障再次出现。在故障出现的情况下，拆下音响控制面板，故障现象消失；重新装复后，故障再次出现，由此确定故障可能出在线束或导线连接器上。仔细检查，在音响控制面板安装到位时，AV 主机金属壳体挤压到多媒体 CAN 通信线，并使其破损（图 6-47），破损的多媒体 CAN 通信线通过 AV 主机壳体搭铁，从而出现上述的故障现象。

图 6-47 破损的多媒体 CAN 通信线

故障排除 修复破损的多媒体 CAN 通信线，并将线束重新固定后试车，故障现象消失。至此，故障彻底排除。

> **技巧点拨** 汽车故障的发生部位，多是线束破损、部件进水、搭铁不良、部件损坏、性能不良等方面，进行常规的基础检查，往往可以快速找到故障发生的部位。

第五节　北京现代车系

一、北京现代朗动车身电气系统的控制

北京现代朗动轿车将车身控制单元（BCM）和智能接线盒（称为 SJB 模块）结合，实现对车身各开关信号的采集和继电器及灯光的协同控制。SJB 模块安装在驾驶席侧仪表台左下方，其结构如图 6-48 所示，主要由印制电路板（PCB）、熔丝、内部继电器、模式开关和智能电源开关等组成。

智能电源开关（IPS）是智能接线盒实现多种智能控制的关键组成部分，它将继电器和熔丝的功能进行组合应用，实现对电路及负载的控制和过载保护，同时简化了控制电路，以车辆尾灯控制为例，传统控制电路与智能电源开关控制电路的区别如图 6-49 所示。为提升印制电路板的空间，简化软件结构和减少控制器的端子数量，北京现代朗动轿车将 4 个智能电

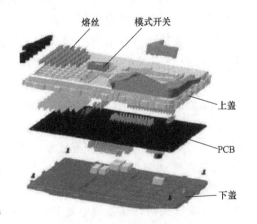

图 6-48 智能接线盒的结构

源开关集成为一个单一的整体,称之为 ARISU-LT。

朗动轿车车身电气系统在传统 BCM 控制基础上,由于智能接线盒的应用,有以下几个特点。

1. 部分开关信号经由智能接线盒送入 BCM

智能接线盒与 BCM 通过 CAN 线进行通信,车门开关等信号首先送至智能接线盒,再通过 CAN 通信由 BCM 接收进行计算判断。这种布局的优点是缩减了 BCM 的导线数量,以一组 CAN 通信线替代各种繁杂的开关信号线。当然,并不是所有的开关信号都是通过智能接线盒送至 BCM 的。例如,尾灯开关信号线便直接与 BCM 连接。两种开关信号传送方式如图 6-50 所示,具体开关信号输入方式见表 6-1 所列。

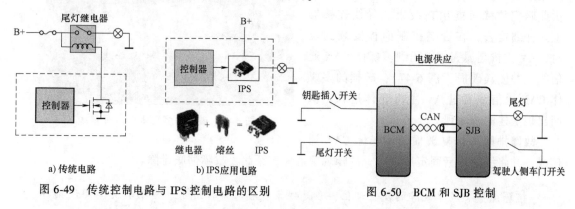

图 6-49 传统控制电路与 IPS 控制电路的区别　　图 6-50 BCM 和 SJB 控制

表 6-1 开关信号输入方式

信号输入方式	开 关 信 号
直接送至 BCM	IGN1、IGN2、ACC、制动开关、除雾开关、喷水器开关、R 档信号、前照灯近光开关、尾灯开关、雾灯开关、点火钥匙插入开关、前照灯远光开关、自动灯光开关、风窗玻璃除雾器开关、前照灯近光信号、碰撞信号、刮水器间歇档、自动灯光传感器
经由 SJB 送至 BCM	车门开关、门锁钥匙开关、安全带开关、门锁开关、电动车窗主开关门锁开/闭开关、转向信号灯左右开关、危险警告灯开关、前照灯近光开关、发动机舱罩开关、行李舱开关、行李舱释放开关、制动液液位传感器、驻车制动开关

2. 车身电气系统部分负载通过智能盒实现控制

车身电气系统的大部分负载,都由 BCM 通过 CAN 通信线向智能接线盒发出控制指令,再由智能接线盒控制负载电源的通断实现相应动作。例如,尾灯开关"闭合"信号直接送至 BCM,由 BCM 计算判断后向智能接线盒发生"点亮尾灯"的控制指令,智能接线盒接收指令后接通尾灯灯泡的电源正极(图 6-50)。智能接线盒控制负载工作方式有智能电源开关控制(包括前照灯、转向灯、前雾灯、尾灯等)、内部继电器控制(包括门锁继电器、车窗继电器、自动切断继电器等)和外部继电器控制(包括行李舱继电器、防盗继电器、除雾器继电器等)这 3 种。由 BCM 直接控制的负载包括室内灯、点火开关钥匙孔照明、安全指示灯、ATM 电磁阀等。

3. 限电流控制

智能电源开关同时具备继电器和熔丝的作用,因此当负载电路出现短路导致电流过大时,将自动切断负载电路。如图 6-51 所示,其工作过程是:电路出现短路→产生过电流→

传送过电流信息至控制器 MCU→300ms 内有过电流则自动切断电源并记录诊断结果。过电流切断的条件为检测到实际工作电流达到正常条件下的负荷电流的 2 倍以上。

4. 断路电流控制

该功能只适用于转向信号灯和危险警告灯的控制。如图 6-52 所示，其工作过程是：在转向信号灯开启时，若某一线路断路→断开的电路未检测到电流→控制器 MCU 控制其他转向信号灯以更快的频率闪烁，并记录诊断结果。

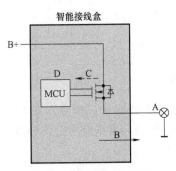
图 6-51　限电流控制过程

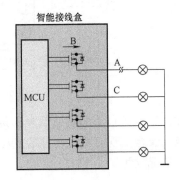
图 6-52　断路电流控制

5. 防冲击电压控制

传统灯光电路的施加电压随发电机的电压变化而变化，如果电压过低，则没有足够的亮度，如果电压过高，则会缩短灯泡的使用寿命。朗动轿车通过智能接线盒中的智能电源开关，以脉宽调制信号将电压控制在 13.2V（图 6-53），确保灯泡的使用寿命。防冲击电压控制运用于朗动轿车远近光灯和前雾灯装置中。

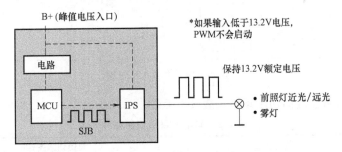
图 6-53　防冲击电压控制

6. 暗电流自动切断控制

暗电流自动切断装置由自动切断继电器和模式开关组成，自动切断继电器集成在智能接线盒内。模式开关置于 OFF（图 6-54）位置时，车身电气系统的灯光电源、多媒体电源和模块电源均受自动切断继电器控制，当满足切断条件时，以上所有电源都会断开，以防止车辆在长时间停放过程中出现蓄电池亏电现象。另外，控制器 MCU 通过模式开关搭铁，提供一个低电位信号给 ECM，ECM 根据该信号判断模式开关处于 OFF 位置。

模式开关置于 ON 位置（图 6-55）时，灯光电源仍然受自动切断继电器控制，而多媒体和模块电源改由 B+电源直接提供，同时模式位置信号与搭铁线断开处于"悬空"状态。当满足电源切断条件时，只有灯光电源断开，以保证驾驶人存储的各种车辆使用信息不会丢

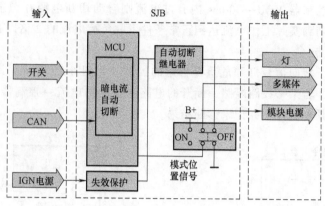

图 6-54 模式开关 OFF 位置

失。因此,暗电流自动切断控制并非是判断车身电气系统是否存在"漏电"的装置,而是通过智能接线盒实现对灯光电源的自动切断功能,以防止驾驶人离车后忘记关灯而导致蓄电池亏电的情况发生。

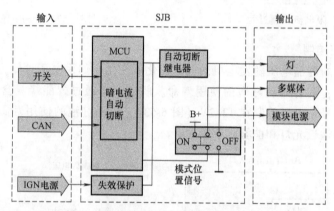

图 6-55 模式开关 ON 位置

暗电流自动切断控制的切断条件见表 6-2 所列。

表 6-2 暗电流自动切断条件

模式开关状态	车辆状态	自动切断条件
模式开关 OFF	警戒或信号开关状态无变化	进入 CAN 睡眠模式 20min 后,SJB 控制自动切断继电器断开,随后 SJB 进入省电状态
模式开关 ON	信号开关状态无变化	进入 CAN 睡眠模式 20min 后,SJB 控制自动切断继电器断开,随后 SJB 关闭电源
	警戒模式	自动切断继电器在 35~65s 后断开(SJB 睡眠待命时间为 5s,其他电气模块的睡眠待命时间为 30~60s),随后 SJB 关闭电源

技巧点拨 朗动轿车车身电气系统的特点包括部分开关信号经由智能接线盒送入 BCM,车身电气系统部分负载通过智能盒实现控制,限制电流控制,断路电流控制,防冲击电压控制,以及暗电流自动切断控制。

二、2016 款北京现代新名图行驶中发动机突然熄火

故障现象 一辆 2016 款北京现代新名图轿车（车型简称 CF），行驶里程 11043km，VIN：LBECFAFB3GZ××××××，搭载伽马 1.6T-GDI 发动机，发动机型号 G4FJ。驾驶人购买的是二手车，该车为大事故修复车，最近行驶中发动机突然熄火，再次起动，起动按钮电源转换正常，但起动机不工作，发动机无法起动。

故障诊断 点火按钮处于"IG ON"状态时，钥匙防盗指示灯会常亮一段时间，初步说明 SMK 智能钥匙系统钥匙防盗工作正常。踩下制动踏板，制动开关处于"ON"状态时，按起动按钮起动发动机，观察仪表、音响和空调工作状态。仪表（IG1 电源）持续供电，音响和空调（ACC 和 IG2 电源）断开约 15s 后恢复工作，说明 SMK 智能钥匙模块起动信号输出正常，但起动机不工作，发动机无法起动。

用 GDS Mobile 诊断仪扫描车辆各系统故障码。扫描 ENGINE（发动机）系统时，提示通信失败；AIRCON（空调）系统储存有 3 个故障码：B1672——APT 传感器故障 CAN 信号，B1685——发动机转速故障 CAN 信号，B1687——发动机冷却液温度传感器电路 CAN 信号；EPS（电子转向）系统储存有故障码 C1611——ECM CAN 通信故障；AT（DCT 双离合自动变速器）系统储存有两个故障码 U010087——与 ECM/PCM 通信故障，U110087——高速 CAN2 通信应答延误；ABS ESP（制动）系统储存有两个故障码 C1611——ECM CAN 通信故障，C1702——不同的代码故障。

根据上述故障信息可以看出，空调、转向、变速器、制动等系统，均无法通过 C-CAN 通信获取各自所需的发动机 ECM 相关数据，说明发动机 ECM 未向 AIRCON 系统发送相关数据，可能是 ECM 自身出现故障，也有可能是传输线路存在故障。

考虑到该车 SMK 智能钥匙模块起动信号（起动机信号）输出正常，同时又是大事故修复车辆，为了进一步验证是线路问题还是发动机 ECM 故障，首先检测了起动继电器在起动系统工作时的供电情况。

在起动操作时，起动机继电器线圈由 SMK 控制，正极电压为 12V；ECM 控制负极，无搭铁控制；开关触点处电压为 12V，起动继电器开关触点电压为 0，起动机未得到供电，所以起动机不工作。

通过上述检测及故障分析，均说明发动机 ECM 处于故障状态（ECM 自身故障或线路故障）。如果 C-CAN 通信故障，其他正常，发动机系统和起动系统能够独立工作，发动机可以起动运转。为慎重起见，查阅了该车 C-CAN 网络结构图，并通过车内诊断口和发动机诊断口分别测量了 ECM 内单独的终端电阻（120Ω，正常）和 C-CAN 系统电阻（60Ω，正常），这进一步缩小故障范围，应该是 ECM 自身故障或 ECM 供电电源和搭铁断路故障导致的。

检查发动机控制系统的电源、搭铁、通信状态。IG ON 电源电压 12V；记忆电源（常时电源）电压 12V；通过发动机控制继电器控制线人工模拟控制时，继电器输入至 ECM 电源电压 12V，且搭铁良好、C-CAN 通信电路状态均正常。

经过以上检测，可以排除线路故障，基本确定是发动机 ECM 内部故障。拆下 ECM，发现 ECM 壳体正面、背面均有凹陷变形。考虑到该车曾出过事故，ECM 壳体凹陷变形应该是事故造成的，但在事故车修复时未更换 ECM，由此基本可以判断 ECM 损坏可能与壳体凹陷变形挤压有关。

故障排除 进一步拆解发动机 ECM，发现 ECM 背壳的凹陷变形处挤压了 40077 1627 模块电源 IC 芯片，且 IC 芯片的封装塑料已经破裂损坏（图 6-56）。至此，故障原因已彻底查明。本着为驾驶人节省的原则，没有更换 ECM 总成，而只是更换了 40077 1627 电源 IC 芯片。装车后，通过 GDS Mobile 诊断仪检测，系统良好，起动发动机运转，并检测各项参数，均正常，故障被彻底排除。

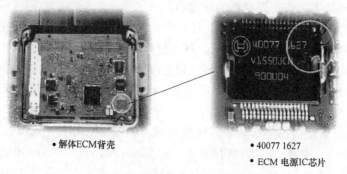

- 解体ECM背壳
- 40077 1627
- ECM 电源IC芯片

图 6-56 拆解故障车上的发动机 ECM

技巧点拨 该车因事故导致发动机 ECM 壳体凹陷变形，并挤压 ECM 内部的电源 IC 芯片，电源 IC 芯片的封装塑料当时已经破裂损坏，但芯片内部电路还没有完全断开，ECM 可以正常工作。经过一段时间的用车，车辆频繁颠簸振动，并且芯片在通电控制工作过程中受热升温，最终导致芯片内部电路完全断开，ECM 停止工作，从而引发车辆行驶中突然熄火。

第六节 奔 腾 车 系

一、奔腾 B30 无法熄火，日间行车灯常亮

故障现象 一辆奔腾 B30，驾驶人反映日间行车灯常亮，同时危险警告灯闪烁。接车后发现车辆能着车，拔下钥匙后，仪表可以关闭，只是车辆无法熄火，强制熄火后（拔下主继电器熔丝），如驾驶人反映的一致，再次起动时，没有反应。

故障诊断 奔腾 B30 作为一款全新 A 级车，装配 CA4GB 系列 1.6L 发动机，匹配 5 速 C548 依维柯手动变速器或爱信第二代 6 速自动变速器。B30 的车身网络采用 CAN 通信，CAN 通信网络有三路 CAN 和两路 LIN，BCM 兼具网关、车身控制单元、防盗控制器、胎压控制模块的功能。进行控制原理分析，用 FADS 诊断仪读取故障码，如图 6-57 所示。

故障码存在于 EMS 中，分别为：U012187——ABS/ESP CAN 节点超时，U013187——EPS CAN 节点超时，U015187——ACU CAN 节点超时，U012287——ASR/YRS CAN 节点超时，全部都是 CAN 通信故障。B30 日间行车灯控制原理为点火开关打开，BCM 控制日间行车灯点亮。转向灯也受 BCM 的控制，

图 6-57 读取的故障码

BCM 又在 CAN 网络中起网关的作用，初步判断 BCM 故障。交叉验证 BCM，故障依旧。

根据故障码含义，检查 EMS 的终端电阻，123Ω，正常。检查 EMS 与 BCM 之间的 CAN H 与 CAN L 通断正常。重新整理思路，发现在未插点火钥匙时，主继电器已吸合，检查点火开关正常，拔下点火开关插头，发现主继电器仍吸合，这就可以判断无法熄火且日间行车灯常亮的原因了，因为默认的钥匙开关一直在 ON 档，检查点火开关插头，发现 G 线在点火开关关闭时仍有 3.21V 的电压，正常应为 0。根据电路图（图 6-58），发现电压来自 C8 连接器。根据电路连接器位置图，在右侧 A 柱下方找到 C8 连接器（图 6-59），发现连接器进水，且绿色线已有水锈，同时根据电路图发现 C8 同时为 ESP、ACU、ASR 供电，同时 C8 还负责控制门锁。

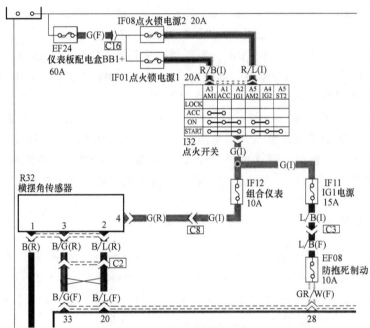

图 6-58　电路图

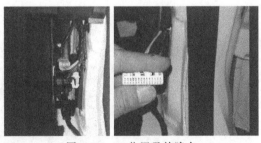

图 6-59　C8 位置及故障点

故障排除　最后，清洗处理 C8 连接器，故障排除。反复验证，故障未再出现。

技巧点拨　通过淋水实验发现右前门连接器处由于密封的问题，存在渗水的问题，可以判断此车是因为右前门车门连接器密封有问题、C8 连接器进水导致的故障。处理右前门和连接器，故障排除。

二、一汽奔腾 B70 发动机加速无力，无法正常行驶

故障现象　一辆 2010 年一汽奔腾 B70 轿车，车型为 CA7204AT4，行驶里程 8.8 万 km。驾驶人反映车辆起动后，仪表板上所有故障灯点亮，发动机加速无力，车辆无法正常行驶。

故障诊断　维修人员对该车进行路试，发现发动机有轻微抖动，换入 D 档后，踩下加速踏板，车辆不能行驶。使用诊断仪读取车辆信息，发现无法建立联系。根据此现象初步推测，该车的 CAN 网络系统存在故障。

首先，维修人员对 CAN 网络系统进行检测，用万用表测量诊断接口 CAN-L 和 CAN-H 之间的电阻为 60.3Ω，正常。继续用万用表分别测量 PCM、IC 插接器的 CAN-L 和 CAN-H 之间的电阻，均为 120Ω，正常。分别测量 CAN-L 和 CAN-H 与蓄电池正负极间的电阻，均为无穷大，正常。通过以上检测，证明 CAN 网络系统工作正常。

接下来对 PCM 供电与搭铁进行检测，用万用表测量 PCM 插接器 BA 端子和 AY 端子的电压均为 12V，正常。继续用万用表测量 BB、AZ、BD 及 BH 端子与搭铁间的电阻，均小于 0.5Ω，根据维修手册显示 PCM 供电和搭铁均无故障。

继续对 IC 供电与搭铁进行检测，用万用表测量仪表的 2B、2H 和 2V 端子的电压均为 12V，测量仪表的 2F 端子与搭铁点间的电阻，小于 0.5Ω，IC 供电和搭铁均良好。对 CAN 系统其他控制单元进行检测，依次拔掉 CAN 外围设备的插接器，当检测到 ABS 控制单元时，拔下其插接器，故障消失，插上其插接器，故障重现。通过上述方法确认了故障由 ABS 控制单元引起。

故障排除　更换 ABS 控制单元总成，试车故障排除。

> **技巧点拨**　一汽奔腾 B70 采用了 CAN 系统传输信号，车辆的发动机控制单元（PCM）、变速器控制单元（TCM）、防抱死制动系统控制单元（ABS）、组合仪表（IC）及车身控制单元（BCM）等控制单元，均通过 CAN 网络连接。在发动机控制单元和组合仪表中分别安装了一个 120Ω 的电阻。

三、奔腾 B90 仪表显示车辆认证失败

故障现象　一辆 2014 款奔腾 B90 轿车，搭载 1.8T 发动机，爱信 6 速手自一体变速器，行驶里程 4800km，打开点火开关，仪表显示车辆认证失败，仪表上所有指示灯均不亮（图 6-60）。

故障诊断　使用 FADS 诊断仪进行故障码（DTC）扫描，储存有 "U113095—VIN 码验证失败" 的故障码。

由于组合仪表是通过 CAN 线与网关进行认证的，分析可能的故障原因有：组合仪表、网关、CAN 网络、信号干扰等。仪表 CAN 网络的两个终端电阻分别位于仪表和网关内，与正常

图 6-60　故障车辆仪表显示

车辆调换网关、组合仪表，故障依旧，证明该故障与终端电阻无关。检查 CAN 高和 CAN 低两线没有断路或相互短路现象，两线对电源和搭铁也不存在短路现象。测量发电机 L 端子与接地之间电阻为 0.79kΩ、无信号干扰。

再次检查车辆发现关闭点火开关后，仪表还能检测到"车辆认证失败"，判断可能是点火开关关闭后，还有其他的电源给仪表供电。检查仪表电源线路，发现拔掉仪表熔丝（5A）后，故障消失。关闭点火开关后测量仪表熔丝电压为 7.5V，正常应为 0，认定此条线路存在与电源短路的现象。

故障排除 根据电路图逐个断开 5A 熔丝所控制的用电设备，当拔掉 TPMS 胎压监测模块插头时，7.5V 电压消失，同时发现"仪表认证失败"的提示消失，判断为 TPMS 胎压监测模块因内部短路所造成的故障，更换 TPMS 胎压监测模块，故障排除。

技巧点拨 在处理电器故障时，要考虑相关线路的共性，尤其是多个系统共用一个熔丝时，不要单凭借经验或感觉盲目地换件。

第七节 其 他 车 系

一、北汽 BJ40L 右前、右后及左后玻璃升降器间歇失效

故障现象 一辆北汽 BJ40L，配置自动档变速器，行驶里程 4168km。该车右前、右后及左后玻璃升降器不工作，而主驾驶侧升降器工作正常。

故障诊断 接车后，首先对驾驶人反映的故障现象进行验证。尝试操作仪表台处玻璃升降开关及有故障的车门自身的玻璃升降开关，结果这三个玻璃升降器都不工作。同时，还发现仪表显示屏不能及时显示这三个门的开、闭状态，随便这三个门怎么开、关，显示屏不响应对应的状态，一直维持显示故障出现时各自的原始状态。拨弄几次升降器开关后，故障突然消失，进一步询问驾驶人，这个故障确实是间歇出现的，而且出现的频率比较高。

根据这个故障的特点，分析有以下几种可能原因：相关通信线路故障；车身控制模块故障；车身控制模块与这三个门模块之间的连接线路故障；三个门模块共同的电源或者接地异常。

首先，尝试用 VDS 连接车身控制模块，读取到故障码分别是：U0199、U0200、U0201、U0202。以上都是通信中断类故障码，这些故障码表明车身控制模块与有故障的三个门控制模块失去通信。那么有可能是这三个模块同时不工作，或者它们共同的通信线路出问题了。查阅相关升降器电路图，发现这三个模块并没有共用的电源或者接地，而且当故障再次出现时，用小试灯检测这三个模块的电源、接地都正常。这说明问题极有可能出在它们公共的通信线路部分。如果能够把这几个故障码产生的原因找到，故障应该能排除。接下来重点研究这款车的玻璃升降器相关的通信网络结构图，如图 6-61 所示。

从图 6-61 可以看出，车身模块与四个门模块之间是并联通信关系，同时我们还发现右前、右后和左后门模块共用连接器 T23f（仪表线束与车身线束连接器，位于左 A 柱下部）。那么，如果 T23f/6 或者 T23f/5 虚接或断路，会不会出现这个故障呢？于是单独把这两根线挑出来模拟断路的现象，结果故障出现了。复原后，故障消失，这说明故障点很有可能就在

这两个插孔有虚接。断开 T23f，重点检查 5 号、6 号针脚和插孔，但没发现异常。但是这并没有影响我们的分析思路，尝试用跨接线的方法，来验证究竟 5 号、6 号插孔有没有问题，如图 6-62 所示。

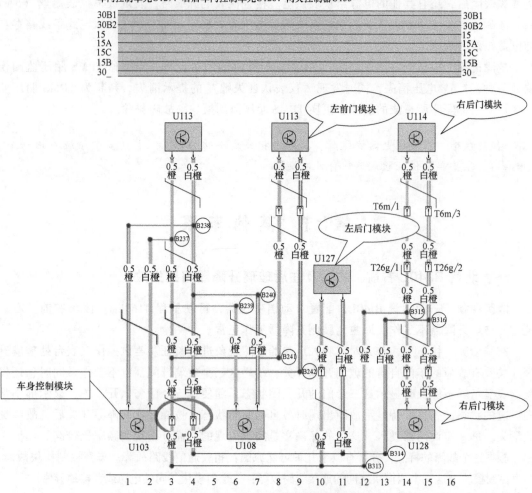

图 6-61　BJ40L 电动车窗通信网络结构图

故障排除　安装跨接线，给驾驶人试用一个月，电话回访驾驶人，得知故障不再出现。可见，这台车的故障点就是 T23f 的 5/6 号针脚有虚接。对于这类偶发的故障，大多数是线路原因导致的，建议大家不要轻易尝试换件，尽管替代法也是一种很好的途径。结合该车通信网络结构，组合仪表是依靠车身模块提供的车门开、关状态信息来显示门的状态的，由于车身模块与车门通信断路，它监测不到车门状态，无法向组合仪表提供相关信息，所以仪表就无

图 6-62　验证 5 号、6 号插孔

法及时显示门的状态。

> **技巧点拨** 遇到这种问题一定要冷静，仔细观察、分析故障现象，总结故障的特点、规律，再结合相关线路原理图，问题就会迎刃而解。

二、2018 款长安 CS75 起停系统不工作

故障现象 一辆 2018 款长安 CS75 自动档车，VIN：LS4ASE2E6JJ162××，行驶里程 4300km，起停系统（STT）不工作。

故障诊断 接车后试车，按下 STT 开关，仪表盘上能显示黄色的 STT 指示灯，关闭 STT 开关，黄色 STT 指示灯熄灭，说明 STT 开关工作正常。按行驶要求将安全带扣上，关闭所有车门，关闭空调，在发动机冷却液温度达到正常值后试车，按下 STT 开关，仪表盘上的黄色 STT 指示灯点亮，在车辆行驶中黄色 STT 指示灯一直常亮，而仪表盘上的蓄电池电量状态显示灯不亮（图 6-63），这说明该车存在不满足 STT 功能实现的条件。

用故障检测仪读取发动机系统的故障码，无故障码存储；读取 STT 系统的动态数据流，发动机数据流中的"当前循环发动机起停次数"显示为 0，这说明 STT 系统没有工作过。数据流中"SOC 充电状态"的值显示为 69.80，异常（正常情况下该值应大于 85），说明该车达不到起停系统工作的要求。此时，按长安车的维修要求，应使用专

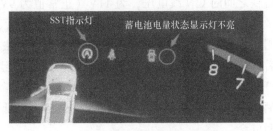

图 6-63 故障车的仪表盘显示情况

用充电机给蓄电池充电，使其达到规定值。使用专用充电机对蓄电池进行充电后，再次查看数据流中的"SOC 充电状态"的值，该值达到 99.61（图 6-64），符合要求。按要求将车辆所有车门都关闭，锁车，将车辆停放 4h，让蓄电池传感器（EBS）进行自学习；4h 后，连续起动 4 次以上（每次起动前，一定要 ON 档停留超过 0.3s，然后再起动）。发动机起动后，让发动机冷却液温度达到正常值（60℃以上），按下 STT 开关，扣上安全带，关闭所有车门，按要求进行试车，发现仪表盘上的黄色 STT 指示灯还是不熄灭，且此时仪表盘上的蓄电池电量状态显示灯仍不显示。用故障检测仪通过数据流能读到蓄电池的"SOC 充电状态"值，而仪表盘上的蓄电池电量状态显示灯却不点亮，由于仪表盘上除了蓄电池电量状态显示灯外，其他指示灯都正常，这说明车载通信网络正常，该车故障应该出在 STT 系统上。

该车 STT 系统由蓄电池（AGM）、发电机（IGC）、发动机控制单元（ECU）、LIN 线和 EBS 等组成。蓄电池已经充过电，也能用故障检测仪读到其 SOC 充电状态值，且 SOC 充电状态值也能达到标准值，故可以排除蓄电池造成故障的可能；用万用表测量发电机（IGC）的发电量，正常；发动机起动及运行均正常，也无故障码存储，且能用故障检测仪正常读取到动态数据流，因此暂时不考虑 ECU 损坏的可能；用故障检测仪能读取到蓄电池的"SOC 充电状态"值，但却无法读取到"SOC 状态值"（"SOC 状态值"显示为 1 和 2 才表明 EBS 自学习成功）这一关键数据，因此无法知道 EBS 是否自学习成功，并且由于仪表盘上的蓄

电池电量状态显示灯不亮，因此暂时不能排除 EBS 有故障的可能。

查看维修资料得知，ECU、EBS、IGC 三者之间通过 LIN 线进行通信，ECU 通过 EBS 监测蓄电池的 SOC 状态值、SOC 充电状态值，以判定能否达到 STT 系统工作的条件，并用来控制 IGC 是否发电及发多少电。ECU 将 EBS 输出的 SOC 充电状态值发到 PCAN 上，经网关转发到 BCAN 上；仪表盘读取该 SOC 充电状态值，并点亮对应的蓄电池电量状态显示灯。

图 6-64 "SOC 充电状态"的值达到 99.61

为了准确判定故障点，决定对 EBS、IGC、ECU 三者之间的 LIN 线进行检测。首先，用万用表测量 EBS 端子 2 与搭铁之间的电压，为 12.70V，正常。用万用表测量 EBS 端子 1 与搭铁之间的 LIN 线电压，为 11V（正常值为 9V~11V），正常。在 IGC 处用万用表测量 LIN 线电压，为 11V，正常。将 IGC 与 EBS 恢复后，测量 ECU 处 LIN 线的电压，也为 11V，说明 LIN 线正常。因为拆装了 EBS 及 ECU，无法立即进行 STT 功能测试，只能将车辆静置 4h 后再进行 STT 学习。将车辆静置 4h 后，连续起动 4 次以上（每次起动前，一定要在 ON 档停留超过 0.3s，然后再起动），用故障检测仪读取数据流，发现"SOC 充电状态"的值在车辆静置 4h 后，由 99.61 降低到了 90.59，降低了将近 9，不正常，为此笔者怀疑该车存在漏电。

用万用表电流档测量暗电流，等待 30min 后，发现该车的暗电流为 208mA，明显高于标准值（应不高于 30mA，使用时间较长的车辆暗电流不超过 50mA 均属正常）。这里需要说明的是：EBS 下电后重新上电（比如拔掉导线连接器再插回去）进行自学习时，整车的暗电流应≤150mA，且要持续 4h，EBS 的 SOC 状态值才能达到有效标志位（该标志位为 1、2 才有效），自学习才成功。由于该车的暗电流约为 208mA，已经超过了 150mA，因此 EBS 无法自学习成功，STT 功能便无法使用，仪表盘上的蓄电池电量状态显示灯也不会亮，这才是该车故障的关键点。

采用拔熔丝及继电器的方法排查造成暗电流高的原因，发现当拔下车身控制模块（BCM）的供电熔丝时，暗电流降至 14mA 以下。恢复所有部件，检查与 BCM 有关的部件及线路，发现该车在锁车状态下，左后视镜上的转向灯有 2 个 LED 灯微微亮，左后尾灯上的转向灯也微微亮，在白天光线强的情况下不容易发现。

经反复检查，发现只有在锁车后，左后视镜和左后尾灯上的转向灯才微微亮，而在车辆解锁后则不会点亮。拆下左后尾灯，断开导线连接器（端子 1 接搭铁，端子 2 接制动灯电源，端子 3 接位置灯和牌照灯电源，端子 4 接转向灯电源、端子 5 接后转向灯诊断线），在锁车的状态下，测量左后尾灯导线连接器的端子 5 与端子 1 之间的电压，为 5.37V，正常；测量左后尾灯导线连接器的端子 4 与端子 1 之间的电压，为 3.8V，异常（正常情况下应该为 0V）。

顺着线束检查，发现左前门线束连接器有端子弯曲（图 6-65）。查看电路得知，弯曲的端子正好是左侧转向灯的电源线，正常情况下，该端子在不开左转向灯时是没有电压的。怀疑该端子弯曲后，和周围的端子搭在一起造成串线。检查弯曲的端子左、右两边的端子，接门锁电动机解锁和闭锁信号线，在锁车的状态下，整车网络处于休眠情况下，用万用表测量这2个端子的电压，是没有电的，可以排除。检查弯曲端子弯曲方向的那个端子，接中控闭锁开关的电源线，经测量发现该端子有5V左右的电源，由此可以确认就是这2个端子搭在一起造成了串线。

故障排除 修复弯曲的端子，恢复线束连接器，再次测量暗电流，约为5mA，恢复正常。将车辆恢复并静置4h，重新学习EBS，并按前述方法起动车辆4次以上，完成STT学习。上电后，仪表盘上的蓄电池电量状态显示灯恢复正常，按下STT开关，仪表盘上的黄色STT指示灯也正常点亮（图6-66）。起动发动机，让发动机冷却液温度达到正常值，按要求进行试车，车速大于10km/h后，仪表盘上的黄色STT指示灯熄灭，车辆行驶一段距离后，踩下制动踏板，发动机熄火，仪表盘上的绿色STT指示灯点亮，松制动踏板，发动机自行起动，STT系统工作恢复正常，故障彻底排除。

> **技巧点拨** 随着网络技术在汽车上日益广泛的应用，总线系统的故障排查也正逐渐成为汽车维修技师们的一项重要工作。

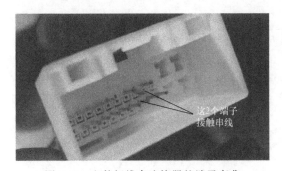

图6-65 左前门线束连接器的端子弯曲

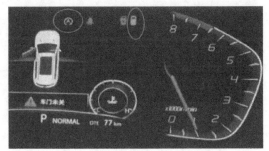

图6-66 故障排除后仪表盘上的显示

三、比亚迪思锐车载网络系统瘫痪

故障现象 一辆2013年比亚迪思锐轿车，行驶里程7.4万km，装备DCT双离合自动变速器和476ZQA型1.5T缸内直喷发动机，行驶中仪表盘上出现多个故障灯报警，转向盘多功能开关失效，空调无法控制，胎压监测失效，仪表盘上的信息固定不动（图6-67）等现象。

故障诊断 根据故障现象分析，该车同时出现这么多故障现象，最大的可能性就是车载网络系统出现故障，造成车载网络系统瘫痪，使得和车载网络系统相关的系统和功能出现失效和无法通信。接车后，首先对车辆进行试车以再现故障，但是故障却没有出现。用故障检测仪读取故障码，发现系统中存储有13个历史故障码，所有故障码均指向舒适系统网络2失效瘫痪。

分析认为该车在故障出现时舒适网2出现网络瘫痪故障。在征得驾驶人同意后和驾驶人一起进行试车，故障没有出现；进行常规检查，测量终端电阻，实测值为66Ω（图6-68），正常（正常情况下单个终端电阻为120Ω，2个终端电阻并联后在60Ω左右）。

图 6-67 仪表盘上的信息固定不动

图 6-68 终端电阻的实测电阻值

根据该车舒适网 2 的电路（图 6-69）分析，发现网络中任意一个模块出现问题都会引起上述故障现象，因此要想排除此故障必须在故障再现时通过测量 CAN 网络的电压（2.5V）及 CAN 网络线路，来确定具体故障部位。几天后驾驶人打来电话告知上述故障再次出现，让驾驶人将车辆停放在安全处等待，但不要熄火，到达现场后看到仪表盘上出现的故障现象（图 6-70）。

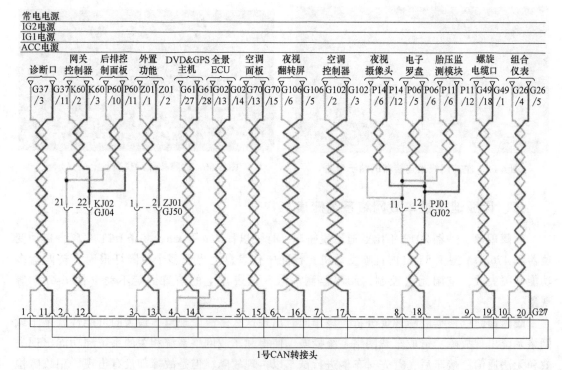

图 6-69 比亚迪思锐车 CAN 网络（舒适网 2）电路

首先，通过 OBD 故障诊断口测量端子 G37-3 和端子 G37-11 之间的电压，实测值为 8.23V（图 6-71），高出规定网络电压值（正常电压应为 2.5V）几倍。逐一断开舒适网 2 中的相关模块进行诊断（如果断开某个模块后网络电压恢复正常，则可确认故障点），但是在断开各个模块后，网络电压虽然会出现变化，但网络电压还是远远高于正常值。在检测过程中无意按了一下汽车喇叭，却发现实测的网络电压变为了 2.37V（图 6-72），仔细察看该车电路后发现，转向盘的多功能开关也是通过舒适网 2 来工作的。另外，在转向盘上的喇叭开关也和网络共用了螺旋电缆，但是喇叭却不是通过网络工作的，而是通过控制 12V 电源来实现喇叭工作的。笔者将螺旋电缆断开让驾驶人使用车辆几天，故障不再出现，确认故障就是螺旋电缆损坏（图 6-73）导致的。

故障排除　更换螺旋电缆后试车，故障排除。

> **技巧点拨**　分析认为螺旋电缆出现故障后造成喇叭开关的 12V 电源线和 CAN 网络的信号线产生干涉，进而造成 12V 电压加载到了网络信号线上，结果造成网络信号电压高于实际信号电压，使得整个网络瘫痪，造成相关模块无法通信，甚至无法正常工作，导致该车出现上述故障现象。

图 6-70　故障再现时的仪表盘显示

图 6-71　故障诊断口的端子 G37-3 和端子 G37-11 之间的实测电压

图 6-72　按到汽车喇叭时的实测网络电压

图 6-73　损坏了的螺旋电缆

四、东风雪铁龙凯旋发动机无法起动

故障现象　一辆 2006 款的雪铁龙凯旋轿车，行驶里程 4.5 万 km，将点火开关转至起动档，起动机没有任何反应，发动机无法起动。

故障诊断　凯旋轿车采用全新的 CAN 数据传输系统，该系统取代了 VAN/CAN 并存的结构。由 BSI 统一管理和协调各子系统之间的网络通信，同时进行电源管理，使所有连接的电控单元在低能耗模式下工作。凯旋轿车 CAN 数据总线与众不同，一是防盗系统的信号先传送到 ABS 电控单元，经过 ABS 电控单元处理后，再传送到发动机电控单元；二是不容易找到终端电阻。因此，诊断凯旋轿车无法起动之类故障，除了检查发动机电控单元的供电电路外，还要从 ABS 电控单元入手，可以将 ABS 电控单元的连接器拆下来，检查 ABS 电控单元的端子是否因接触不良而导致发动机电控单元与防盗电控单元不能通信，然后测量 ABS 电控单元、防盗电控单元、发动机电控单元之间的网线是否导通。若不导通就是线路问题，若导通，就是 ABS 电控单元有问题。

凯旋轿车 CAN 动力网有 2 个终端电阻，一个在智能控制盒（BSI）内，一个在发动机电控单元中，2 个电阻均为 120Ω，经过网线并联后，2 根网线之间的标准电阻即为 60Ω，换句话说，BSI 和发动机电控单元分别处于 CAN 动力网的两个终端位置。

由于 BSI 无法与发动机电控单元进行电子防盗起动的密码对话，BSI 无法唤醒发动机电控单元，发动机电控单元锁止，所以发动机无法起动。

检查蓄电池，电量充足，与起动机的连接也正常；使用雪铁龙专用故障检测仪（PROX-IA3）检测，无法与发动机电控单元通信。查阅该车电路图得知：接通点火开关后，智能控制盒（BSI）通过导线 7842（又称远程唤醒线、+RCD 线），把 CAN 动力网的唤醒信号（12V 电压）传递给发动机电控单元（1320），发动机电控单元唤醒后才进入工作状态，然后防盗钥匙芯片与发动机电控单元、BSI 之间进行通信。检查发动机电控单元的供电电路，发现供电线 7842P 在中间铰接点 E784 处断路。

故障排除 修复供电线 7842P 在中间铰接点 E784 处断路点后，故障排除。

> **技巧点拨** 这种一车一种总线的布局后来已被一车多种总线的布局所取代。例如，改进后的东风雪铁龙凯旋、C5、C4 等车型，就将 CAN 总线、LIN 总线等并用。这样，可使各种总线间相互取长补短，使总线结构更优化。

五、标致 307 加装音响后不能起动

故障现象 一辆标致 307 车，VIN：LDC913L3××××××122，行程里程 7.6 万 km 时，驾驶人自行到维修店加装了音响，后因不能起动来到东风标致 4S 店要求维修。

故障诊断 接车后，首先对故障进行验证，经检查发现：给发动机起动请求信号时，起动机没有运转迹象。检查蓄电池的电压为 12.23V，正常。发动机主线束及其连接部位检查也未发现异常，发动机机油液位、冷却液液位、转向液液位正常。当打开点火开关到+AA、+CC 档时，组合仪表指示灯除了里程数显示外其他指示灯都不亮，收音机及中央显示屏都不工作，前顶灯、阅读灯、后顶灯、储物箱灯、制动灯都不亮，电动后视镜不工作。使用 DIAGBOX 诊断仪，无故障码显示。

发动机不能起动是由于加装了音响引起的，且诊断仪无故障码，按照以往的习惯经验分析应直接判断为电路故障问题。因此查找到仪表盘、收音机和显示屏的关联电路图（图 6-74），仪表盘不工作可能是网关电脑的 10V NR 插接器的 6 号针脚供电线（EX24）不工作，或仪表盘 18V NR 插接器的 16 号针脚接地线（MC004）接触不良或断路。经检查，

供电线（EX24）导通良好，MC004接地线正常，且供电熔断器F24完好。因此怀疑是网关电脑、仪表盘、收音机和显示屏之间的网线故障，经检查它们之间的通信线路9004号线、9005号线连接完好，且无降级模式存在。

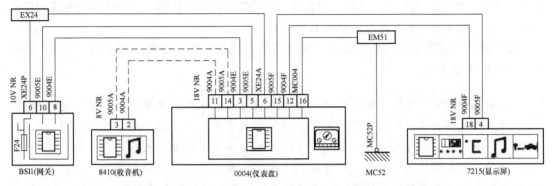

图6-74　网关电脑、仪表盘、收音机和显示屏供电与通信电路图

由于仪表盘、收音机和显示屏的关联供电线路没有问题，因此，怀疑起动机电路（图6-75）有故障。在图6-75中，使用万用表检查点火开关（CA00）的（3V VE）插接器的3号针脚到熔丝盒（BM34）的（16V GR）插接器的1号针脚之间的连线，熔丝盒（BM34）的（2V NR）插接器的1号针脚到起动机（1010）的起动控制线路，电源（BB00）正极到起动机（1010）的+12V电源线路均正常。但测量点火开关（CA00）起动请求时，没有+12V电源信号到起动机（1010）电磁开关。先把点火开关（CA00）的（3V VE）插接器的3号针脚断开，就近接1条+12V电源给点火开关3号针脚供电，这时起动机运转正常，因此，怀疑点火开关（CA00）有故障。

找到点火开关、网关电脑（BSI1）和熔丝盒（BM34）相关电路图（见图6-76所示），使用万用表测量点火开关到网关电脑（BSI1）的（2V NR）插接器的1号针脚+CC和2号针脚+AA线路及其连接，无故障。测量点火开关的3针脚绿色插接器（3V VE）的1号针脚到熔丝盒（BM34）的8针脚黑色插接器（8V NR）的7号针脚之间线路，没有+12V电压。进一步检查，熔丝盒（MF7-30A）熔断器熔断。那么什么原因会引起30A熔断器MF7熔断呢？

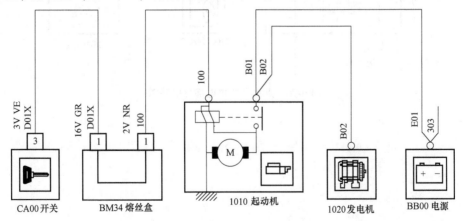

图6-75　起动系统电路示意图

经查明，造成熔丝盒（BM34）MF7熔断器熔断的原因是：驾驶人在加装音响时，电源由点火开关的+CC接线提供，把加装的音响安装在后行李舱内。后来驾驶人不再使用加装的音响，拆除音响装置后，没有及时对电源线做绝缘包扎，最后正负线碰在一起引起短路。由于制动灯、电动后视镜、前顶灯、阅读灯、后顶灯、12V前插座、储物箱灯的电源均取自于+CC（附件供电），所以这些附件都不工作了。

故障排除 拆除加装的音响线路，对电源线做绝缘包扎，更换新的MF7（30A）熔断器，试车后故障排除。

> **技巧点拨** 对于驾驶人私自加装外部用电设备后产生的故障虽不是个案，却给维修人员带来极大的考验。车辆故障的处理，往往需要维修人员平时维修经验的积累，从接车后对车辆故障现象的验证，常规的"5液3水"和线束检查，到与驾驶人的沟通和询问，都是汽车故障排除不可或缺的手段。目前，车载网络通信越来越复杂，如果不能借助电路图来分析和判断故障位置，虽有诊断仪，对于初级维修人员仍是一项严峻的挑战，因此，本案例的故障排除方法值得借鉴。

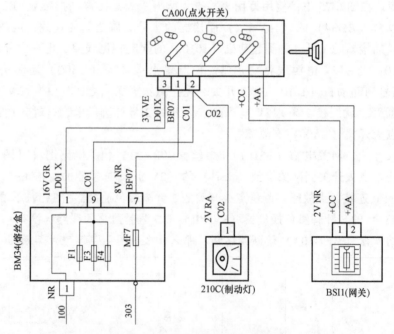

图6-76 点火开关供电部分电路图

参 考 文 献

[1] 凌永成. 车载网络技术[M]. 北京：机械工业出版社，2017.
[2] 刘春晖，刘光晓. 汽车车载网络技术详解[M]. 3版. 北京：机械工业出版社，2019.
[3] 张宪辉. 浅谈车载网络态势下的修车新思维[J]. 汽车维修与保养，2015（10）：52-53.
[4] 徐昌民，王滨. 2014款别克君威车组合仪表提示"请速检修车辆"[J]. 汽车维护与修理，2018（12A）：32-33.
[5] 王志力. 2018款奔驰E300驻车制动系统报警[J]. 汽车维修与保养，2018（10）：55-56.
[6] 雷海坤. 2015款宝马750Li组合仪表提示"传动系统有异常"[J]. 汽车维护与修理，2019（2A）：24-25.
[7] 茹力飞. 2016款宝马X5车款急呼叫出现异常[J]. 汽车维护与修理，2019（2A）：48-49.
[8] 王金宝. 2016年大众迈腾B8空调不制冷[J]. 汽车维修与保养，2018（6）：52-53.
[9] 庄文贤. 2015年奥迪A8L室内灯、前后天窗、遮阳卷帘等不工作[J]. 汽车维修技师，2018（5）：62-63.
[10] 马耀. 迈腾B7L车左后电动车窗升降异常[J]. 汽车维护与修理，2017（10A）：51-52.
[11] 曹玉兰. 大众车舒适系统总线单线模式引发的故障诊断[J]. 汽车维护与修理，2010（3）：61-64.
[12] 孙爱林，钱梁. 2014年别克昂科拉换挡背景灯不亮[J]. 汽车维修技师，2017（3）：98-100.